T0401740

JOSÉ MANUEL AZCONA PASTOR
MIGUEL MADUEÑO ÁLVAREZ

El exterminio de las tribus indias de Norteamérica

ALMUZARA

CÁTEDRA IBEROAMERICANA

Vicerrectorado de Investigación. Innovación y Transferencia

ŪRJC Santander PRESDEIA

Este libro se ha escrito al amparo del proyecto de investigación
F38-HC/Cat-Ib-2018-2023: *El exterminio bélico de los pueblos nativos en Estados Unidos de Norteamérica*, de la Cátedra Iberoamericana de Excelencia URJC Santander Presdeia (Vicerrectorado de Investigación, Innovación y Transferencia).

EDITORIAL ALMUZARA • COLECCIÓN HISTORIA
Director editorial: ANTONIO CUESTA
Edición: ALFONSO ORTI

www.editorialalmuzara.com
pedidos@almuzaralibros.com - info@almuzaralibros.com

Editorial Almuzara
Parque Logístico de Córdoba. Ctra. Palma del Río, km 4
C/8, Nave L2, n.º 3. 14005, Córdoba

Imprime: Romanyà Valls
ISBN: 978-84-11318-41-9
Depósito legal: CO-60-2024
Hecho e impreso en España - *Made and printed in Spain*

Índice

Introducción

La historia de los Estados Unidos de Norteamérica se ha edificado una y otra vez sobre episodios polémicos como la dulcificada conquista del Oeste, un concepto que eufemísticamente ha ocultado la colonización de un territorio y el genocidio perpetrado sobre la población nativa que lo habitaba. Desde que John Ford dirigiera el celebérrimo largometraje titulado *La diligencia*, en 1939, el género cinematográfico conocido como wéstern irrumpió con fuerza y ocupó uno de los grandes espacios de la gran pantalla. Durante décadas, las películas influyeron en la visión de tres generaciones que interiorizaban como real la crueldad y vileza de los indios nativos de Norteamérica frente a la justa visión de las acciones de la caballería estadounidense, dispuesta a prestar servicio al bien y a la justicia. A medida que el cine de Hollywood fue evolucionando y volviéndose crítico, aparecieron filmes revisionistas[1] —no solo en el género denominado wéstern—, que abrieron los ojos de los espectadores a otros escenarios y trasladaron una visión distinta de las denominadas guerras indias.

Con todo, la popularización de la televisión creó un espacio de entretenimiento y ocio en el que el cine americano del Oeste conquistó un destacado puesto y, pese a la irrupción

---

1   Véase Silverstein, Elliot, *Un hombre llamado Caballo*, Cinema Center Films, 1970; o Penn, Arthur, *Pequeño gran hombre*, Cinema Center Films, 1970. Décadas después, otros largometrajes que acercaban al público a una visión más humana de los indios norteamericanos fueron Aldrich, Robert, *La venganza de Ulzana*, Universal Pictures, 1972; y Costner, Kevin, *Bailando con lobos*, Orion Pictures, 1990.

de películas de mayor peso crítico con las guerras indias, las cintas redundaron hasta la saciedad influyendo en la percepción de millones de personas. Es evidente que el influjo del séptimo arte fue ciclópeo, pero aquel trabajo destinado a esbozar una historia en la que los colonos americanos forjaron su propio camino con tenacidad y trabajo comenzó mucho antes. La idea trascendental radicó en vincular a la joven democracia estadounidense con el progreso, pero para ello había que conquistar otras formas de vida ancladas en un modelo antiquísimo que lastraba el desarrollismo. La destrucción de las sociedades nativas norteamericanas era un requisito indispensable para conseguirlo, pero al tiempo situaba a Washington en una evidente contradicción, pues desde la Casa Blanca se había luchado contra uno de los mayores imperios globales, Inglaterra, y se combatía abiertamente a la influencia de los grandes poderes europeos en el resto del mundo. Esa fue la razón por la que los sucesivos Gobiernos estadounidenses se afanaron en justificar el avance hacia el oeste y en representar a los indios como los enemigos de la democracia y el progreso, y es una de las principales tesis de este libro. Los datos y cifras que arrojan las denominadas guerras indias no pueden compararse con las registradas en Europa y la guerra, por tanto, se antoja como una entelequia que el Gobierno estadounidense necesitaba imponer a lo que en realidad era una aniquilación sistemática de los nativos americanos por medio de otros métodos como el colonialismo de asentamiento y la anulación, no de los individuos, sino de los pueblos.

Confluyeron en el siglo XIX autores que justificaron lo que el cine haría un siglo después. Entre 1830 y 1850 se publicaron tantos libros destinados a ensalzar la figura del hombre de la frontera que las ganancias de la industria literaria ascendieron de 2,5 a 12,5 millones de dólares, lo que supuso un fenómeno sorprendente[2]. En este periodo se creó la literatura fundacional de Estados Unidos con autores de

---

2 Dunbar-Ortiz, Roxanne, *La historia indígena de Estados Unidos*, Madrid, Capitán Swing, 2015, p. 175.

la talla de Walt Whitman, Edgar Allan Poe, James Russell, Nathaniel Hawthorne o James Fenimore Cooper, todos ellos leídos en la actualidad y catalogados como impulsores del nacionalismo norteamericano, pues, sus obras defendieron el avance colonizador del hombre occidental hacia el oeste y la sumisión de los nativos. La visión de estos autores sobre las guerras emprendidas contras las naciones indias fue diversa y, si bien es cierto que no todos ellos trataron la guerra ni mucho menos la justificaron, algunos autores contribuyeron a ensalzar la conquista militar y a considerar que las victorias del ejército nutrían a la nación de un componente identitario. Frente a las tesis expuestas por Whitman, Ralph Waldo Emerson consideraba que las guerras eran contraproducentes, pues sustentaban que la asimilación tanto de mexicanos como de indios traería consigo una desvirtuación de la raza euroamericana[3], añadiendo además tintes de fondo racista.

Por supuesto, ninguna de las ideas que polemizaron en torno a la violencia en combate contra los indios pivotaba en el respeto por la soberanía que habían ejercido estos sobre la tierra durante siglos. Todos los escritores de aquella época ensalzaban la categoría del hombre de la frontera como un pionero, un adelantado de su época y un héroe; todos creían en la firme necesidad de conquistar el territorio y, aunque no había unanimidad sobre que se consiguiera a través del conflicto, el fin terminó por justificar los medios. Los nativos se convirtieron en los enemigos de un país en crecimiento, de una joven democracia que trataba de consolidarse, y toda la maquinaria militar, política y propagandística se puso en marcha para lograrlo hasta que, cien años después, las películas de Hollywood y el imaginario colectivo estadounidense terminaron por creer en el valor de aquellos hombres que extendieron las fronteras del país a costa de estigmatizar al indio. De aquellas guerras nacieron conceptos arraigados hoy en la idiosincrasia norteamericana: las zonas de conflicto en la actualidad siguen denominándose en la jerga

---

3   *Ibid.*, p. 176.

militar como «territorio indio», lo que constituye la prueba de que los Gobiernos estadounidenses del siglo XIX forzaron que la conquista del Oeste no fuese tenida en cuenta como un tipo de colonialismo sino como una guerra abierta que justificara su avance.

Las obras clásicas de la historia de Estados Unidos, que siguen construyéndose[4], dejaron paso a otras investigaciones catalogadas en algunos casos de sensacionalistas pero que en realidad mostraban una visión distinta a la oficialista y que dejó ver creaciones que traspasaban las fronteras de la historia política para fijarse en minorías o en elementos históricos poco investigados hasta entonces[5].

El concepto de guerra ilimitada también marcó la hoja de ruta del Gobierno estadounidense y se convirtió en su forma de batallar hasta que se consolidó como una potencia continental, estrategia muy ligada al «destino manifiesto». Según este, el pueblo norteamericano estaba llamado a ocupar todo el territorio continental uniendo para ello las costas este y oeste, hecho en el que los colonos o el ferrocarril tuvieron un protagonismo irrebatible y donde los pueblos nativos solo suponían un escollo. La idea del destino manifiesto consideraba que Estados Unidos había de ocupar el espacio geográfico del norte del continente americano sin importar si en dicho territorio se hallaban naciones soberanas o incluso países proclamados y reconocidos en el ámbito internacional como España, Francia o México[6]. Por ello, la simple predestinación del país alejaba, a ojos de sus valedores, la marca

---

4   Algunas obras clásicas de la historia de Estados Unidos son: Grant, Susan-Mary, *Historia de los Estados Unidos de América*, España, Ediciones Akal, 2016; Bosch, Aurora, *Historia de los Estados Unidos*, Barcelona, Crítica, 2010; y Remond, René, *Historia de los Estados Unidos*, vol. 53, Madrid, Publicaciones Cruz O., S. A., 2002.

5   Destacan, entre otras: Stone, Oliver y Kuznick, Peter, *La historia silenciada de Estados Unidos: una visión crítica de la política norteamericana del último siglo*, Madrid, La Esfera de los Libros, 2016; Zinn, Howard, *La otra historia de los Estados Unidos*, Logroño, Pepitas de Calabaza, 2021; y Ali, Tariq y Stone, Oliver, *La historia oculta de los Estados Unidos: una conversación*, Madrid, Pasado & Presente, 2011.

6   Véase Asimov, Isaac, *Los Estados Unidos desde 1816 hasta la Guerra Civil*, Madrid, Colección de Historia Universal, 2000.

del imperialismo o el colonialismo, como ocurría en otros países europeos criticados con ferocidad desde Washington por ejercer tales prácticas. El destino manifiesto daba derecho a los estadounidenses a expandirse y unir ambos océanos, amparados por la Divina Providencia, las ideas deterministas de la religión cristiana protestante y, por supuesto, el darwinismo social.

En fin, la historia de Estados Unidos se escribió borrando de forma literal y premeditada a las poblaciones nativas existentes con el uso de las armas y la violencia, sin miramientos y sin tenerlas en consideración, hasta el extremo de que episodios tan dramáticos como los acontecimientos de Wounded Knee en 1890 han sido catalogados como batallas. No olvidemos que aquellas «batallas» trajeron la matanza de indios lakota, buena parte de ellos mujeres, niños y ancianos, a manos de soldados del Séptimo de Caballería, disparando a discreción y segando las vidas de indios desarmados y en inferioridad. Aquellas acciones costaron la vida de casi un centenar de nativos y valieron la condecoración de veinte soldados con la medalla de honor, además de levantar monumentos a los caídos y figurar aquello en los anales de la historia de las academias militares más prestigiosas de Estados Unidos como una gran victoria[7].

No solo los medios de comunicación de la época y la idea etnicista y supremacista del destino manifiesto contribuyeron a crear aquel ambiente propicio para la estigmatización del indio: también los políticos y militares que lideraron la ofensiva en las denominadas guerras indias optaron por la violencia verbal. La gravedad de sus testimonios fue mucho más allá por la trayectoria e influencia que despertaron en su momento. Generales como Philip Sheridan, William Tecumseh Sherman o el propio Ulysses Grant, que llegaría a ocupar el sillón presidencial de la Casa Blanca, fueron venerados como héroes nacionales en su tiempo y sus palabras trascendieron en la mente de muchos hombres y mujeres.

---

7   Dunbar-Ortiz, Roxanne, *La historia indígena…*, p. 207.

Cuando Sherman afirmó que los indios debían trabajar o morir de hambre y apostilló inmediatamente después que nunca trabajaron, no trabajaban y nunca trabajarían, estaba dejando claro que el nuevo orden social no solo afectaba a la nación estadounidense, sino que también estaba sellado para las naciones nativas. Sus palabras fueron aún más duras cuando dijo «Debemos actuar con vengativa determinación contra los siux, incluso hasta exterminarlos, a los hombres, las mujeres y los niños»[8] y sin duda repercutieron en la sociedad del este. Sheridan sentenció que el único indio bueno era aquel que estaba muerto[9]. Y el propio presidente Grant ascendió a George Crook a general después de que este llevase a cabo la masacre del río Salado, mientras que el famoso George Armstrong Custer fue elevado a general a título póstumo tras su derrota en Little Bighorn. El mensaje que pretendían dejar aquellas afirmaciones y aquellos actos estaba claro y, viniendo de afamados militares, todos ellos héroes de guerra, contribuyó a denigrar la imagen del nativo americano.

Después, durante el siglo xx, los amerindios fueron asesinados una y otra vez en las pantallas de cine y en los televisores de cada estadounidense, transformándose la colonización y el genocidio de miles de nativos en una epopeya con un fondo de justicia, incluso romántica. Hace treinta años, el panorama empezó a cambiar y la visión del guerrero indio, que había sido tratado de manera poco amable, se dulcificó[10], llegando incluso a ser protagonista u ocupando el papel de héroe en las películas del western, y lo mismo ocurrió en todos los géneros de ficción, así como en

8   Carta de Sherman a Herbert A. Preston, 17 de abril de 1873, citado en Dunbar Ortiz, Roxanne, *La historia indígena...*, p. 195.

9   Doval, Gregorio, *Breve historia de los indios norteamericanos*, Madrid, Nowtilus, 2020, p. 314.

10   Paz Torres, Margarita, «La tradición de los indios Lakota: sociedad y mitología», en Jiménez, María Dolores *et al.*, *Espacios míticos: historias verdaderas, historias literarias*, Publicaciones del Área de Teoría de la Literatura y Literatura Comparada de la Universidad de Alcalá, de la Universidad Nacional Autónoma de México (UNAM) y del Centro de Estudios Cervantinos, Madrid, 2014, p. 222.

el ámbito académico. Son bastantes las investigaciones anglo-sajonas y no pocas las contenidas en lengua española que tratan el tema y nos acercan a un panorama completamente distinto al que estábamos acostumbrados (están incluidas en la bibliografía)[11]. Las razones, como expone Gregorio Doval, son meramente de justicia. La historia de Estados Unidos fue escrita por historiadores anglosajones que soslayaron la cuestión india, de modo que el vacío dejado ha suscitado reclamaciones y un incipiente interés por saber qué ocurrió realmente. La tradición de Estados Unidos debe escribirse con los nativos americanos contenidos en sus fronteras, porque, si bien fue una nación formada por millones de inmigrantes llamados a cumplir el sueño americano, también lo fue por las sociedades que habitaban allí antes de su llegada y hay que atender a la enorme importancia que los indios tuvieron en la creación y consolidación del país[12].

Son enormes los agravios cometidos por el Gobierno de Estados Unidos contra los indios, desde las masacres indiscriminadas, el encierro en reservas y la eliminación de sus formas fundamentales de sustento hasta el hecho de que tengan que litigar para que sus derechos sean reconocidos o de que uno de los baluartes de los siux, las Colinas Negras, sea el escenario de una de las mayores exaltaciones del nacionalismo norteamericano, como es la de los rostros esculpidos de los presidentes George Washington, Thomas Jefferson, Theodore Roosevelt y Abraham Lincoln en la pared rocosa del monte Rushmore. Pese a ello, la sociedad se ha percatado de que los valores que defendían aquellas antiguas civilizaciones basadas en las democracias comunitarias, el respeto por la naturaleza y el diálogo[13] son demandados en la

---

11 Algunas investigaciones revisionistas son: Tuhiwai Smith, Linda, *A descolonizar las metodologías: investigación y pueblos indígenas*, Santiago, Chile, Lom Ediciones, 2016; Brown, Dee, *Enterrad mi corazón en Wounded Knee*, Madrid, Turner, 2005; y Taiaiake, Alfred, *Wasase: Indigenous pathways of action and freedom*, University of Toronto Press, 2005.

12 Monge, Fernando, «Un largo camino de lágrimas: La política india de los Estados Unidos de América», *Revista de Indias*, 217, 1999, p. 820.

13 Doval, Gregorio, *Breve historia de los indios…*, p. 340.

actualidad, y esa tendencia ha transitado hasta la literatura, el séptimo arte y el academicismo[14]. Por ello, este libro es una aportación a la historiografía iniciada y una llamada a la reflexión sobre un asunto que con inocencia se denomina «la conquista del Oeste» y que no fue otra cosa que un episodio más de colonialismo violento y exterminio de los pueblos indios por parte del Gobierno de Estados Unidos y sus militares.

---

14   Véase Deloria, Vine, *Custer died for your sins: An Indian manifesto*, Universidad de Oklahoma, 1988.

I. LA EDULCORADA
CONQUISTA DEL OESTE

La conquista y el sometimiento de las tribus norteamericanas nativas, consideradas a sí mismas como naciones soberanas, fueron realizados por las tres grandes potencias de la Edad Moderna: España, Francia e Inglaterra.

Como hemos visto, en España se ha producido desde entonces un debate, algunas veces impulsado hasta la extenuación, pero en cualquier caso siempre productivo para los investigadores, pues ha abierto constantemente nuevas líneas de trabajo y suscitado un mayor interés analítico en el episodio de la conquista y colonización de América[15]. En cuanto a los otros dos países, el cuestionamiento ha sido menos pronunciado. La presencia de Francia en América ha pasado como la de un país en búsqueda de los recursos naturales con buenas relaciones con las tribus indias y que apenas influyó en la destrucción de los indígenas; nada más lejos de la realidad, pues su rivalidad con Inglaterra trajo consigo contiendas bélicas que involucraron a naciones soberanas nativas, como la guerra del rey Guillermo (1689-1697), la de la reina Ana (1702-1713), la del rey Jorge (1744-1748) y la más afamada guerra de los Siete Años (1756-1763). En el caso de Inglaterra, su implicación directa en estos conflictos y el establecimiento de las colonias conformaron similar reguero de destrucción, pero la independencia de las trece colonias (1783) dejó la responsabilidad última del calvario que sufrirían los indios americanos

---

15   A este respecto, es interesante Restall, Mathew, *Los siete mitos de la conquista española*, Barcelona, Paidós, 2004.

«Persiguiendo indios por la vía férrea. [...] Saltamos por la
ladera y directamente al hoyo» (ilustración de C. D. Graves)
[*Deeds of valor*; Beyer, W. F. y Keydel, O. F.; 1901].

en el nacimiento de un nuevo país, Estados Unidos, que con la habilidad de un maestro de esgrima consiguió convertir la conquista y la colonización en una cuestión de justicia divina mediante el destino manifiesto y razonar la destrucción de tan antiquísimos pobladores por una cuestión civilizadora.

Por ello, la conquista del Oeste ha sido edulcorada, mediante novelas en el siglo XIX y por medio del cine en el XX, y ha llegado a nosotros alejada de las connotaciones nocivas que rodean a cualquier tipo de colonización, como una epopeya nacional. En este capítulo, pretendemos adentrarnos en dicha realidad evitando caer en el error de generalizar sobre la cuestión del fin de las naciones soberanas nativas en Norteamérica. En primer lugar, mencionando lo que encontraron los europeos al arribar a aquellas tierras, pobladores ancestrales de vastos territorios que no habían conocido los progresos que se gozaban en Europa pero que estaban muy lejos de ser considerados bárbaros. De este modo, continuaremos con la justificación esgrimida por Gobiernos y gentes de Estados Unidos para someter a los indios y hacer lo mismo que la colonización africana de los países europeos a partir de la Conferencia de Berlín (1885). El intento de desvincular a su país de su papel colonizador e imperialista, basado en las ideas del destino manifiesto, y de alejar el fantasma del genocidio de un episodio histórico que puede ser considerado como tal ha sido la tarea de los divulgadores norteamericanos durante los siglos XIX y XX.

Sin embargo, aquella colonización fue un hecho y tuvo elementos comunes a todas las tribus, como el avance del progreso en forma de vías férreas, la fiebre del oro, el alcoholismo, la destrucción de las formas primigenias de vida y de recursos alimenticios de tribus enteras como el bisonte, el encierro en agencias más tarde transformadas en reservas y, por supuesto, las enfermedades y la violencia intrínseca. Todo ello hace suponer que la conquista del Oeste, mitificada y plasmada en la gran pantalla, en las novelas y en la opinión pública, no fue tan pacífica ni romántica como parece, sino que revistió importantes y traumáticos males a sus protagonistas locales.

EN LAS TIERRAS MILENARIAS

Los primeros habitantes de América pasaron a través del estrecho de Bering, posiblemente, hace 40 000 años, aunque la gran marcha se produjo en torno al 15 000-12 000 a. C., cuando la última glaciación disminuyó el nivel del mar y dejó al descubierto las laderas continentales en algunos puntos[16].

A partir de ese momento, tribus nómadas asiáticas de la actual Siberia comenzaron el flujo migratorio en busca de tierras más productivas y fueron recalando en el continente americano, asentándose en enormes territorios de caza. Se cree también que el éxodo y la masiva entrada de grupos humanos fueron empujando a las poblaciones ya asentadas hacia latitudes meridionales, ocasionando un continuo reparto de la tierra sobre la base de accidentes geográficos y barreras naturales. La similitud lingüística de las tribus vecinas hace pensar en una cercanía y homogeneidad mayor, pero, en el siglo XVI, cuando se dieron los primeros contactos con los españoles provenientes de la Nueva España, había distribuidas en Norteamérica más de quinientas tribus, lo que convierte el territorio en un enorme mosaico de particularidades[17].

Uno de los aspectos más embarazosos a la hora de abordar el estudio de los indios nativos de Norteamérica es precisamente la diversidad y, por ello, nos vemos obligados a trazar una serie de generalidades, pero hay que tener presente que lo que era aplicable para los indios de las llanuras no lo era para los nativos del noroeste o los habitantes de la zona ártica. Para una mejor comprensión de la distribución de los pueblos locales en América del Norte, que abarca los actuales Estados Unidos, Canadá y México, esta se dividió en nueve zonas: ártica, subártica, costa noroeste, California, gran

---

16   Doval, Gregorio, *Breve historia de los indios...*, p. 11.
17   Véase Alonso Baquer, Mariano, *Españoles, apaches y comanches*, Madrid, Centro Geográfico del Ejército, 2016; y Muro Benayas, César, «Apaches y comanches. La pacificación de Nuevo México», *Laus Hispaniae. Revista de Historia de España*, Especial Norteamérica, 2022, pp. 66-79.

cuenca, meseta, llanuras, noreste, sureste y suroeste. Esta distribución nos da una idea aproximada de la influencia de las condiciones climáticas y los accidentes geográficos a la hora de estipular las diferentes formas de vida de las tribus.

En el norte, donde se agrupó a los pobladores de la zona ártica y subártica, con similares técnicas de supervivencia, se dieron varios ciclos dependientes de las regiones geográficas, entre las que destacaron el bosque boreal, la tundra y la costa. En la primera, el bosque boreal, las condiciones de vida fueron muy difíciles debido a las bajas temperaturas y la inexistencia de vegetación y, en consecuencia, de fauna. En la tundra, la economía de los indios se basó en la caza y explotación del caribú, un mamífero de la familia de los renos que proporcionaba carne como alimento, pieles para combatir el frío y huesos para la fabricación de herramientas; mientras que, en la costa, la supervivencia dependió de la caza de mamíferos marinos como las focas, de las que extraían carne, pieles y combustible a través de su grasa.

Esta dependencia de la caza condicionó sociedades itinerantes basadas en el nomadismo, que se movían continuamente dependiendo de las migraciones de las grandes manadas, evitando asentamientos y poblados; pero otorgó una enorme flexibilidad a gentes que no creían en la propiedad privada, que respetaban a los animales que cazaban y que compartían los bienes.

ÁREAS GEOGRÁFICAS EN LAS QUE SE UBICARON LOS INDIOS NATIVOS EN NORTEAMÉRICA

En la costa noroeste, las sociedades evolucionaron de diferente forma debido a la existencia de mayores recursos, lo que propició que se establecieran poblados y se diera el sedentarismo, proporcionando dietas variadas y ricas pero también excedentes. Estos, a su vez, provocaron la aparición de desigualdades por la posesión de recursos y sociedades más competitivas[18]. Se adentraron en mar abierto a bordo de embarcaciones de más de veinte metros de eslora construidas en una sola pieza de madera —probablemente un tronco vaciado—, para acceder a la pesca de mamíferos marinos más grandes que las focas, como las ballenas. Asimismo, desarrollaron sistemas de conservación de alimentos debido a los excedentes que poseían, como el ahumado del pescado o el secado al sol de la carne, y construyeron casas sólidas a base de madera, con vigas y tejados a dos aguas que aguantaron varias generaciones en pie. Crearon su propio arte con la manufactura de cestería y mantas. Tenían esclavos procedentes de luchas o enfrentamientos con otras tribus y, a pesar de conocer la propiedad privada, ostentaban sistemas solidarios de reparto de bienes conocidos, como el llamado *potlatch*, mediante el cual el jefe o las familias más pudientes de la tribu donaban parte de sus recursos al resto del clan con ocasión de festividades varias[19].

La gran cuenca, caracterizada por el clima semidesértico y la consecuente escasez del agua, obligó a sus habitantes a idear su canalización mediante la construcción de diques y zanjas, así como a la creación de almacenes para el grano y las bellotas recolectadas, que, debido a la temporalidad,

---

18 Von Aderkas, Elisabeth, *American indian of the pacific northwest*, Men at arms 418, Londres, Opsprey Publishing, 2005, p. 5.
19 Adánez Pavón, Jesús, *Sociedad y cultura de los indios de Norteamérica*, Madrid, Akal, 1991, p. 23.

hacían necesaria su conservación. Erigieron enormes depósitos de más de tres metros de altura y metro y medio de diámetro, con ramas entrelazas que colgaban o bien de árboles o en estructuras propias construidas a tal efecto con madera; se podían almacenar hasta 2500 kilogramos. Una de las mayores peculiaridades de las tribus de la gran cuenca fue el establecimiento de alianzas militares por medio de confederaciones étnicas, que también podían tener un carácter comercial. Incluso se dio el caso, entre las tribus shasta, miwok, chumash, gabrielino, tipai, ipai y salinan, de la unión bajo una única autoridad política[20]. A su vez, existieron las relaciones matrimoniales o alianzas puntuales entre tribus, todo ello como consecuencia del almacenaje, la creación de excedentes y las desigualdades por el acopio de recursos y el temor a perderlos.

Áreas geográficas en las que se ubicaron los indios nativos en Norteamérica [elaboración propia a partir de la investigación realizada en Adánez Pavón, Jesús, *Sociedad y cultura de los indios de Norteamérica*, Madrid, Akal, 1991].

---

20   *Ibid.*, p. 34.

Indios cazando el bisonte (Karl Bodmer, 1839) [*Maximilian Prince of Wied's Travels in the Interior of North America*, Karl Bodmer, 1843-1844].

En el suroeste, los productos naturales asequibles facilitaron la creación de estructuras de mampostería y adobe conocidas como «pueblos», similares a las construcciones de sus vecinos aztecas, pero la cercanía a zonas semiáridas también hizo aparecer, entre los indios pimas y los pápagos, canalizaciones para conducir el agua y aprovechar mejor el escaso bien. Por ello, tenían acequias y se guiaban por un calendario agrícola marcado por fechas señaladas según sus creencias religiosas.

Las grandes llanuras, el lugar predilecto por la industria cinematográfica de Hollywood para plasmar las películas del género wéstern y, por otro lado, el escenario en el que se localizó una mayor resistencia indígena al paso del hombre blanco, también revistieron sus propias características.

La primera y más llamativa fue la fuerte influencia que recibieron de los europeos, concretamente de los españoles, en el siglo XVII, cuando unos cuantos caballos de la expedición de Vázquez de Coronado, proveniente de la Nueva España, se perdieron[21]. Los indios de las llanuras no tardaron en aprender los beneficios de su uso y, menos de tres generaciones después, ya eran un elemento esencial en sus vidas. La caza del bisonte, tradicionalmente basada en partidas de cazadores a pie que guiaban a las reses hacia acantilados o zonas acotadas donde les daban muerte, sufrió una revolución con el uso del caballo. Miembros de las tribus cheroqui, cheyene y apache se hicieron expertos jinetes e inmortalizaron la indisoluble imagen del indio montado. Las llanuras, no obstante, eran un terreno agreste con grandes posibilidades solo para el experto superviviente, que convirtió a los protagonistas que las habitaban en practicantes del nomadismo. Aprendieron a ahumar los alimentos y a conservar la carne del bisonte, mezclada con bayas y hierbas, en «parfleches» o recipientes de cuero que podían aguantar en buenas condiciones durante semanas[22].

La razón del carácter seminómada de las tribus dependía del bisonte al igual que su economía. Del mal llamado búfalo[23] extraían carne, pieles, cuerdas para sus arcos —a partir de los tendones—, combustible —de sus heces— y distintas herramientas de astas y huesos. Pero, cuando la época de caza del gigante mamífero de las llanuras decaía por sus propios y naturales movimientos migratorios, las tribus se asentaban en algún valle o cerca de un río y pasaban largas temporadas cultivando maíz, recolectando y cazando a otros animales. Esta forma de vida seminómada requería viviendas de fácil desmontaje y traslado: los tipis, estructuras de madera

---

21   Johnson, Michael y Smith, Johnattan, *The tribes of the Sioux Nation*, Men at arms 344, Wellingborough, Osprey Publishing, 2000, p. 44.

22   Adánez Pavón, Jesús, *Sociedad y Cultura...*, p. 46.

23   El *bison* o bisonte se divide en dos ramas: el *bison bison*, propio de las llanuras y planicies americanas y el *bison bonasus*, natural de los bosques de Europa Oriental. Generalmente conocido como bisonte, también ha sido denominado en ocasiones como búfalo.

cónicas cubiertas de pieles y con una abertura en la parte superior como salida de humos. Las tribus fueron las mayores unidades políticas de los indios de las llanuras, que pronto conocieron las distinciones de clase a causa de la asimilación del caballo. Cuando estos animales se convirtieron en el símbolo de riqueza de cualquier miembro de la tribu, las desigualdades afloraron. Pese a ello, algunas tribus que habían adoptado el sistema decimal sólo contaban hasta mil, suponiendo que un mayor número confrontaba con la honradez.

En el sureste oriental, los indios se vieron sometidos desde el siglo XVII a la presencia de europeos, especialmente de franceses e ingleses, que modificaron sus formas de subsistencia. Estos indios cultivaban el girasol, el maíz, la calabaza o el frijol, actividad que combinaban con la caza, la recolección y la pesca, en sociedades mayoritariamente sedentarias. Además, desde muy temprano comenzaron a comerciar pieles con los europeos, creando incluso alianzas que continuaron en periodos de guerra, como la de los hurones con los británicos o los iroqueses del lado francés[24]. La organización política de estas tribus era más compleja y hasta fraguaron coaliciones comerciales y militares como la liga iroquesa, que agrupaba a mohawk, oneida, onondaga, cayuga, seneca y, a partir de 1715, a la tribu tuscarora. La presencia de otras etnias enemigas o tal vez del hombre blanco originó sociedades más militaristas que dejaron sus evidencias en la creación de empalizadas alrededor de sus poblados, como fue el caso de los iroqueses, que llegaron a edificar núcleos urbanos de más de mil habitantes. Sus hogares también sobrepasaban los de sus congéneres en el continente, con construcciones de treinta metros de longitud, pero, a medida que las familias crecían, podían alcanzar los sesenta.

Las tribus de los indios norteamericanos presentaron complejos sistemas de gobierno con un carácter fuertemente democrático. Aunque los jefes eran una realidad, ejercían solo como representantes para hacer cumplir las leyes,

---

24   Véase Johnson, Michael, *Tribes of the Iroquois Confederacy*, Men at Arms 395, Osprey Publishing, 2003.

que además debían velar por la seguridad y bienestar del grupo[25]. Normalmente, las decisiones se tomaban de manera colegiada entre los miembros de un consejo de ancianos o de los mejores guerreros y esto se extendía a otras tribus o naciones. Los iroqueses, por ejemplo, tenían un consejo formado por cincuenta hombres para ocuparse de las relaciones diplomáticas con otras tribus.

Asimismo, pese a la imagen nómada del indio que nos han mostrado las películas y los libros, son destacables los inventos adelantados por los indios hohokam en sistemas de regadío capaces de inundar grandes superficies, con canales acuíferos de veinte a veinticinco metros de anchura y llegando a alcanzar, en el caso del más largo del que se tiene testimonio, treinta y dos kilómetros. Esto les dio un excedente agrícola suficiente como para convertirse en un nudo de comunicaciones vital entre las tribus de las llanuras y de la costa antes de la llegada de los europeos. La ciudad-Estado de Cahokia, situada en las orillas del río Misisipi y construida con casas de barro y pirámides escalonadas parecidas a las aztecas, reunía una población de más de cuarenta mil habitantes, con templos que se elevaban a más de treinta metros de altura[26]; algo similar demuestran los restos de Poverty Point, una urbe con plaza central y plataformas para asentar imponentes templos que posiblemente fue un centro comercial trascendente en su época. Sin embargo, al no encontrarse grandes edificaciones como sí había ocurrido en la conquista de México o en Perú, los británicos entendieron el carácter de inferioridad de las tribus nativas y se fomentó el impulso conquistador basado en las ideas supremacistas[27].

Pekka Hamalainen realizó una investigación sobre la nación comanche equiparando su poderío al de un imperio, dadas su existencia como centro neurálgico del comercio y su independencia respecto a las naciones que lo rodeaban, sobre las que, incluso —llega a afirmar—, ejercía influencia.

25   Dunbar-Ortiz, Roxanne, *La historia indígena...*, p. 44.
26   Doval, Gregorio, *Breve historia de los indios...*, p. 19.
27   Monge, Fernando, «Un largo camino de lágrimas...», p. 824.

Ingleses, franceses y españoles, así como las tribus vecinas, resultaron en algún momento tributarios del poder que emanaba desde el imperio comanche y orbitaron a su alrededor[28]. La nación comanche, según opina Hamalainen, gestó un sistema político centralizado y jerárquico con particularidades alejadas de los grandes imperios europeos. Las tribus que formaban la confederación que dio lugar al poder comanche tenían libertad y poder de decisión con respecto a su participación en la misma. Tampoco había fronteras definidas ni nítidas y no pretendieron la colonización ni la absorción de sus vecinos, lo que, junto con el hecho de que no dejaron una manifestación artística destacable ni imponentes ruinas, supone que no se trataba de un imperio ni de una realidad política poderosa desde la óptica eurocentrista. No obstante, fue un poder real que respondió con violencia a la presencia euroamericana y mantuvo su hegemonía sobre el resto de las tribus hasta que la superioridad demográfica y tecnológica blanca terminó por ganar la batalla[29].

Cahokia, tal como pudo haber lucido alrededor del año 1150 d. C. Ilustración de Michael Hampshire [Cahokia Mounds State Historic Site, CC BY-SA 4.0 DEED].

---

28   Otro trabajo de referencia es Gwynee, C. S., *El imperio de la luna de agosto. Auge y caída de los comanches*, Madrid, Turner, 2011.
29   Hamalainen, Pekka, *El Imperio comanche*, Madrid, Península, 2011, pp. 13-15.

DISTRIBUCIÓN DE LAS NACIONES AMERICANAS NATIVAS

Con todo, las sociedades nativas americanas crearon armas, utensilios y viviendas adaptadas a su entorno. No construyeron grandes urbes ni enormes templos como habían hecho los incas o los aztecas, o como, a la sazón, hacían las sociedades europeas y algunas asiáticas. Tampoco desarrollaron la escritura ni fueron grandes terratenientes ni ganaderos avezados, lo que parecía un relativo atraso técnico con respecto a Europa, que las corrientes ideológicas de la supremacía racial y el darwinismo social utilizaron como excusa para justificar la colonización. Los indios norteamericanos crearon lo que necesitaron y lo que las condiciones climatológicas y geográficas exigieron para su supervivencia, pues eran sociedades íntimamente ligadas a la naturaleza de la que dependían.

Distribución de las naciones americanas nativas [elaboración propia].

Los seminolas, habitantes de las zonas pantanosas de Florida, construyeron los *chikis*, casas elevadas sobre plataformas para evitar la humedad, sin muros para que circulara el aire en el ambiente caluroso y con tejados a dos aguas para descargar las abundantes lluvias que sacudían la zona. Los indios de las llanuras, como ya hemos mencionado, se guarecieron en los tipis, construcciones desmontables para facilitar sus movimientos tras las grandes manadas de bisontes. Los iglús de los inuit constituían el mejor método para combatir las hostiles condiciones del Ártico a base de nieve prensada. Los algonquinos crearon los *wigwam*, chozas cónicas de seis metros de diámetro cubiertas de pieles y con un hogar en el centro que solían habitar dos familias y que garantizaba la superación de los duros inviernos. Las construcciones iroquesas, enormes y capaces de albergar a diez familias, recordando a los salones señoriales de los nórdicos en Europa, garantizaban protección, calefacción y comida a todos sus huéspedes.

Uno de los argumentos más utilizados para justificar la colonización de América fue el retraso tecnológico de sus pueblos, especialmente por no conocer el uso de la rueda en sociedades precolombinas como la azteca. Desde hace ciento cincuenta años, diferentes investigaciones y hallazgos arqueológicos han demostrado que el uso de la rueda era ya un hecho en el 3500 a. C. en el Medio Oeste, aunque no se generalizó en otros lugares hasta la llegada de los europeos[30]. La escritura estuvo ausente entre las más de quinientas tribus que habitaban Norteamérica, pero sí existieron un lenguaje de signos común y otros como las señales de humo, de carácter intertribal, que facilitaron las comunicaciones y el comercio. Cuando los europeos irrumpieron en el territorio iniciando el comercio de pieles, los indios no conocían el dinero y se basaban en el trueque para completar sus intercambios comerciales; con todo, algunas tribus del nordeste comenzaron a hacer uso del *wampum*: cuentas elaboradas con conchas marinas, que emplearon como divisa.

---

30   Charnay, Désiré, *Les anciennes villes du Nouveau monde: voyages d'explorations au Mexique et dans l'Amérique Centrale*, Paris, Hachette et cie, 1885.

Los indios norteamericanos formaron sociedades arcaicas, pero demostraron la viabilidad de sus formas de vida con el medio que los rodeaba y, aunque hemos visto importantes avances en los lugares en los que fueron necesarios por sus requisitos medioambientales, estos no fueron aceptados en los cánones europeos, ni mucho menos en los de los colonos americanos y posteriormente por el Gobierno de Estados Unidos. Al retraso tecnológico se sumó que los occidentales encontraron, a su llegada, sociedades relajadas en cuanto a convencionalismos y leyes; la realidad era que los integrantes de las tribus norteamericanas tenían un fuerte sentimiento de unión y pertenencia a la misma y que respetaban las leyes —que existían— más por la tradición que por el peso de la justicia[31]. Las naciones europeas vieron con desconfianza la aparente anarquía que se respiraba en las relaciones de las naciones amerindias y con su entorno, así como la existencia de consejos y decisiones colegiadas. El divorcio, tabú en el mundo europeo, estaba contemplado, así como la homosexualidad[32]; sin embargo, las costumbres de los nativos sirvieron para sustentar las bases del colonialismo, tachándolos de bárbaros e inferiores. Hay otro elemento que no se dio en la colonización nativa norteamericana y sí tuvo lugar en la española de Centroamérica y Sudamérica: los españoles y portugueses se afanaron en cristianizar a los indígenas y, aunque los episodios de violencia e imposición no faltaron, el indio fue elevado a un estatus mayor. Los británicos y franceses, y después los inmigrantes de tipología anglosajona, no entraron nunca en este proceso de cristianización, lo que ayuda a explicar la total destrucción y el exterminio absoluto de las etnias norteamericanas.

Otro aspecto primordial que empujó a los euroamericanos a justificar su expansionismo a costa de los pueblos nativos fue la violencia. Hallaron sociedades eminentemente violentas y orientadas a la guerra, con una concepción moral

---

31   Moore, William, *Guerras indias de los Estados Unidos*, Madrid, Aldebarán, 1993, p. 42.
32   Doval, Gregorio, *Breve historia de los indios...*, p. 37.

distinta, lo que terminó por horrorizarlos, cuestión contradictoria si atendemos a la brutalidad y la falta de escrúpulos demostradas, primero, por los colonos ingleses y, después, por los sucesivos Gobiernos de los Estados Unidos.

Los indios americanos eran instruidos en las artes cinegéticas desde edad muy temprana y esto no era más que un entrenamiento para el papel de guerreros que debían cumplir en la tribu. Todo estaba orientado hacia la lucha y pueblos como los siux, al adquirir el caballo, mejoraron sus técnicas bélicas con respecto a otras tribus. La guerra, en cambio, no tenía las mismas reglas que la practicada en los campos de batalla occidentales entre grandes ejércitos, sino que adoptaba un carácter ritual e individualista, con un número de bajas menor. Esa forma de lucha, basada en pequeñas incursiones y ataques furtivos, provocó que los indios apenas contaran muertos en los primeros enfrentamientos contra los colonos euroamericanos, de modo que la forma de lucha adoptada por estos para combatir dichas tácticas se basó en métodos sucios muy violentos que iban desde ataques biológicos —aprovechando los patógenos que portaban los colonos— al uso de *rangers* y cazadores de indios. Aquello, por supuesto, alimentó la espiral violenta, mientras la prensa y la opinión pública responsabilizaban únicamente al nativo[33].

La carencia de armas de fuego hasta su contacto con los europeos provocó que las tribus norteamericanas esgrimieran formas de lucha en las que primaba el combate cuerpo a cuerpo, normalmente más violento. Aunque la panoplia de un guerrero de cualquier tribu constaba de armas a distancia como el arco, este quedaba reservado básicamente para la caza. Las armas de mano, como el hacha —comúnmente denominado *tomahawk*—, la lanza, el cuchillo y la maza, eran empleadas por los indios en sus combates individuales y servían para mostrar su valía.

El camino hasta convertirse en guerrero de cualquier tribu era largo. El carácter de los niños era endurecido con técni-

---

33   Dunbar-Ortiz, Roxanne, *La historia indígena...*, p. 99.

cas consistentes en la privación de alimentos o de sueño; a los catorce o quince años eran conducidos a su primera incursión o ataque violento contra otra tribu o, en su caso, contra alguna granja de los euroamericanos. Con todo, a los dieciocho años se esperaba que el joven guerrero hubiera dado algún «toque» con una de sus armas. El «toque» consistía simplemente en tocar al enemigo con una de sus armas de combate cuerpo a cuerpo. En un principio, la ritualidad de las acciones entre tribus no hacía necesario matar al adversario, pues el simple hecho de contacto con el enemigo daba el prestigio suficiente como para ser considerado un guerrero, pero, a medida que la espiral de violencia fue aumentando contra los colonos blancos, los toques fueron transformándose en golpes mortales. Otros hechos que elevaban la fama y el honor del guerrero eran el latrocinio de caballos, especialmente entre las tribus de las llanuras, donde su uso era mayor; el robo de la panoplia del enemigo, por lo que no era extraño ver a incursores indios con casacas o sombreros de los destacamentos de caballería gubernamentales; y más aún, la obtención de cabelleras, que consistía en cortar la piel del enemigo con un cuchillo y tirar del pelo con un fuerte impulso, arrancando cabello y cuero cabelludo, lo que suponía un gran trofeo de guerra[34].

Aspecto brutal de algunas tribus indias era la necesidad de mutilar a sus enemigos una vez muertos. Era usual «torturar» a los cadáveres con cortes de extremidades, destripamientos u obtención de sus cabelleras, dedos u órganos sexuales. En algunas ocasiones disparaban sus flechas sobre los cuerpos, convirtiéndolos en alfileteros. La sádica razón de aquellas prácticas descansaba en el hecho de que, según sus creencias, los muertos podían volver del más allá para cobrarse su venganza y, por ello, cuanto peor quedasen sus cuerpos, menos posibilidades tenían de regresar y provocar daños. Los apaches entendían estos aspectos más que cualquier otra tribu y especialmente les aterraban los niños, a

---

34   Cozzens, Peter, *La tierra llora. La amarga historia de las guerras indias por la conquista del Oeste,* Madrid, Desperta Ferro, 2016, pp. 42-43.

los que consideraban más peligrosos, por lo que el ensaña-miento con ellos era escalofriante. La pintura de guerra tam-bién fue una práctica habitual, emparentada con la violen-cia que luego desataban; por tanto, la imagen del guerrero tribal pintado y adornado con sus mejores abalorios y plu-mas se asoció con la violencia. Los indios, sumamente ritua-les en sus relaciones, no solo se pintaban y adornaban en caso de combate, sino también en otras muchas manifesta-ciones cotidianas de la vida, de modo que en ocasiones fue-ron tomados erróneamente por guerreros violentos.

Pese a su brutalidad y a ser representadas por la prensa del este como bárbaros y salvajes sanguinarios, el Ejército de Estados Unidos contó con la colaboración de algunas tribus para luchar contra otras, aprovechando la rivalidad ancestral que existía entre ellas. Su uso fue crucial para someter a las naciones nativas hostiles; los emplearon no solo como gue-rreros, sino también como exploradores, guías y asesores.

No entrar en dichas costumbres o errar en su ejecución podía traer consigo la condena del amerindio al ostracismo o a la depresión más absoluta. No ser un valiente luchador o mostrar cobardía en el combate era señal de deshonor y sometía a su infractor a una vida relegada al olvido, la ver-güenza y la marginación. Esta forma de entender la guerra y el hecho de que, para acceder a la condición de guerrero, hubiera que obtener «toques», matar o conseguir trofeos, provocaron que los jóvenes se obsesionaran con ello y fue-ran tan impetuosos que sus jefes, más ancianos, experimen-tados y sabios, no pudieran contenerlos[35]. Los episodios de fuerza física se repitieron en ambos bandos. La diferencia esencial fue que las tribus nativas creían en esas prácticas por motivos rituales o religiosos, mientras que los colonos, cazadores de indios, *rangers* y soldados del Ejército lo hacían cumpliendo órdenes o buscando un beneficio personal. La espiral de crueldad se cobró muchas vidas, pero especial-mente sirvió para que la opinión pública norteamericana

---

35   Moore, William, *Guerras Indias de los Estados Unidos...*, p. 50.

se convenciera de la brutalidad que representaba la existencia de los indios americanos. La mala fama de los nativos entre la población foránea y el ostensible retraso que les presuponía la sociedad occidental, con una clara ideología eurocentrista y supremacista, esbozaron la justificación que el Gobierno de Estados Unidos necesitaba para hacerse con aquellas tierras que creían suyas por derecho.

La gran paradoja se dio cuando, debido a los desplazamientos de tribus desde el este durante el asentamiento de las comunidades de colonos ingleses y el posterior avance, la mayoría de las tribus se encontraban defendiendo territorios que nada tenían que ver con sus tierras ancestrales de caza[36].

Modoc arrancando la cabellera y torturando a los prisioneros
[*Harper's Weekly*, 17 de mayo de 1873].

---

36   Cozzens, Peter, *La tierra llora...*, p. 7.

DESTINO MANIFIESTO

La razón por la que Estados Unidos destruyó a los nativos que habitaban en sus tierras puede explicarse por la necesidad de forjar un país democrático y avanzado tecnológicamente, en cuyo caso, los indios americanos no eran más que un estorbo en el camino civilizatorio. Nada hacía pensar que el Gobierno de Washington se detendría en su misión, ya preconizada mediante la teoría del destino manifiesto, pero cada Ejecutivo que emprendía una acción de ese calado necesitaba justificarse ante el resto de las naciones del orbe y frente a su propia población. Por ello, dedicaron todo su empeño en presentar el problema de los nativos como una guerra abierta entre la civilización y la barbarie, alejada de etiquetas colonialistas o de imperialismos no deseados —precisamente atacados duramente por la diplomacia estadounidense—, para así obviar el hecho de que se estaba cometiendo un genocidio.

Progreso de América [Domenico Tojetti, 1875].

La primera idea fuerza que justificaba y reforzaba el expansionismo de Estados Unidos era el destino manifiesto. Como ya hemos indicado, esta premisa situaba al país y, especialmente, a sus gobernantes en la necesidad y obligación de ocupar todo el continente, desde la costa este hasta California, pues Estados Unidos estaba *llamada* a convertirse en una gran nación. En medio de estos dos focos de civilización (el este, heredero de las trece colonias inglesas y núcleo del recién nacido país; y la costa oeste, donde se encontrarían oro y riquezas y cuya máxima realidad política era California), se situaban decenas de naciones indias que ocupaban vastas extensiones de tierra y que, evidentemente, lastraban los planes de la Casa Blanca. La doctrina que sustenta este modelo de pensamiento comenzó a utilizarse a partir de 1845 de una manera generalizada y sus precursores aprovecharon el impulso de la prensa que se vendía en las grandes ciudades, pues el objetivo era convencer a la ciudadanía de que Estados Unidos debía ocupar un espacio geográfico que por naturaleza no le correspondía. La doctrina, muy vinculada al protestantismo y a las bases dogmáticas del determinismo, apostaba, sin cuestionamientos de ninguna clase, por el engrandecimiento del país a costa de otros territorios sin importar quiénes fueran sus habitantes, pues estaba escrito, con carácter divino, que así debía ser. No hubo distinciones y afectó tanto a las tribus de las llanuras como a México, nación soberana desde su independencia de España.

La reforma de la Iglesia católica romana que derivó en el protestantismo y que fue iniciada por Martín Lutero (1483-1546) en Alemania agudizó el rechazo contra los judíos y las formas totalitarias de gobernación. La expansión del protestantismo por Europa, en las zonas de ocupación española (Países Bajos, Franco Condado, Alemania), tenía mucho que ver con una ambientación política sustentada en terminar con su hegemonía en el mundo. El surgimiento de la Iglesia luterana, que proponía la salvación divina por la fe y no por las obras, y que insistía en la predestinación social de los hombres por voluntad de Dios, nos ayuda a entender el maltrato a los indios americanos. Toda vez que fue Lutero quien sostuvo que Inglaterra era la nación escogida por Dios para organizar el mundo y sus ámbitos intelectuales y espirituales, desde la supremacía de la raza inglesa de tipología anglosajona y teutona. Los pobres estaban predestinados a serlo por mandato del cielo y los indios a ser ejecutados pues no entraban en la nueva Jerusalén que se quiso estructurar en el ámbito de las trece colonias angloamericanas.

Todo esto, sin olvidarnos de los 350 000 muertos que supusieron las guerras de religión y las quemas de brujas en la Europa de los siglos XVI y XVII (1524-1697). Lutero denunció la maldad de los católicos italianos y españoles que guardaban fidelidad al papa de Roma. Pero aún era mayor la de los españoles: a ellos los definía como violentos y a su Gobierno como tirano y cruel, y añadía: «Por eso el Papa, ese perro sediento de sangre, hace venir a esos hombres crueles contra nosotros»[37].

Lutero en la Dieta de Worms. Grabado a partir de la pintura de Anton von Werner (1877) [*Seventy centuries of the life of mankind*, (2), J. N. Larned, 1905].

---

37   Roca Barea, Elvira, «España en el mundo de Martín Lutero», *El Mundo*, 30 de octubre de 2017.

Para Lutero, los españoles eran la encarnación del demonio y, en su criterio de intereses, al igual que en el de sus seguidores de base, los nobles y la escasa burguesía centroeuropea debían presentar la guerra civil sangrienta que habían iniciado como algo a su favor, como hicieron después con las mal llamadas guerras indias. Según Lutero, los protestantes recogían los valores patrióticos y los católicos eran la antipatria. Además, los nobles y determinados sectores de la burguesía centroeuropea se habían puesto del lado de la Reforma para quedarse con los bienes expropiados de la Iglesia católica y de sus seguidores y para ampliar su poder político, pues los príncipes y reyes luteranos, protestantes, se convertían automáticamente en los máximos mandatarios de sus respectivas Iglesias nacionales. Pero los hechos son tozudos y los 130 000 campesinos que murieron por el ideario de Lutero suponen el 1,08 % de la población alemana de la época.

Jean Calvin (Calvino) nació el 10 de julio de 1509, en el seno de una familia católica francesa de la ciudad de Noyon, unos cien kilómetros al norte de París, en la región de Picardía. Pronto empezó, con su visión particular de la Reforma, a ejecutar a los enemigos de su modelo espiritual, en Ginebra, donde mantuvo gobernación en dos ocasiones. Entre 1542 y 1561 asesinó por su mando a 58 personas y ordenó el destierro de otras 76. Ginebra se convirtió en centro de formación para protestantes franceses, ingleses y escoceses como John Knox (1514-1572), padre del calvinismo escocés de la Iglesia presbiteriana: fue uno de los editores de la Biblia de Ginebra, en la que se recogían las más significativas enseñanzas del maestro Calvino. La influencia de este sería total en las trece colonias de Norteamérica, pero su obra más importante fue *Institutio Christianae religionis chrétienne*, publicada primero en latín y después en francés, que es un libro guía sobre conductas personales pero también políticas y de teología dogmática. Calvino pasó a ser el principal ideólogo de la Reforma con este libro, en el que insistía en que los hombres nada podían pensar, querer o hacer que no hubiese sido previamente resuelto por Dios desde la eternidad. Así, añade:

Medalla conmemorativa de Calvino, en cuyo anverso puede leerse «Juan Calvino de Noyon, en Picardía: pastor de la Iglesia de Ginebra» alrededor de su efigie y cuyo reverso muestra a la diosa Fama tocando una trompeta, blandiendo la *doctrina* y descansando sobre la *virtud* junto con la leyenda «El saber y la virtud iluminan a los hombres tras la muerte» [*Commentaries on the first book of Moses, called Genesis*; John Calvin, 1947].

Embarque de los peregrinos [Robert Walter Weir, 1857].

Llamamos predestinación al eterno consejo de Dios, por lo que ha determinado lo que ha de hacer cada hombre. Porque Dios no los crea a todos en las mismas condiciones, sino que ordena a unos hacia la vida eterna y a otros hacia la eterna condenación[38].

Las tesis de Calvino hicieron asumir que enriquecerse era glorioso y que los ricos que llegaban a tal condición por su vida, su trabajo y sus negocios estaban llamados a la salvación divina. En cambio, quienes solo tenían desgracias y negocios fracasaban estaban condenados a lugares turbios del cielo. Así que los puritanos, tanto en Europa como en América del Norte, pensaban que a los piadosos les iba bien en la perspectiva económica y que aquellos que no lograban prosperar es que no gozaban del favor divino. Esta tesis terminó por convertirse en la principal corriente de opinión de la conciencia social norteamericana[39]. De esta forma, la idea de la creencia del pueblo elegido por Dios (el inglés) iba a permitir y justificar el genocidio de los indios norteamericanos.

Las victorias, no siempre fáciles, contra amerindios y mexicanos eran la prueba palpable de que los estadounidenses de estirpe anglosajona habían sido escogidos por Dios para dirigir los designios mundiales. Pero «no es exagerado afirmar que las primeras consecuencias de la Reforma protestante fueron la confiscación masiva de bienes, la violación sistemática de los derechos humanos, el asesinato en masa de campesinos, la intolerancia, la creación del Estado autoritario y, en el caso de los territorios que hoy conforman Alemania, la corrupción y la pobreza»[40].

Calvino estableció que la riqueza es un signo de predestinación, de forma que no hay contradicción entre ser cristiano y utilitarista, pragmático. Según este criterio, ni los hombres ni las naciones deben buscar las buenas obras, sino

38   Gullo, Marcelo, *Nada por lo que pedir perdón*, Barcelona, Espasa, 2021, p. 145.
39   Johnson, Paul, *Estados Unidos. La Historia*, Buenos Aires, Ediciones B, 2002, p. 63.
40   Gullo, Marcelo, *Nada por lo que pedir perdón...*, p. 146.

enriquecerse y acumular poder. Esta forma de concebir el mundo y los valores conductivos de las sociedades acepta y justifica el imperialismo de Londres y el capitalismo salvaje sin límites. En ambas estructuras, las personas no triunfadoras no tienen cabida, sean indios, negros, mexicanos, católicos, irlandeses o mendigos protestantes. Es el triunfo de las élites blancas escogidas por Dios para la creación de una nueva sociedad perfectamente bíblica y más puritana en todo el continente americano. Por ello, en América del Norte se exterminó a los indios sin cuartel. Así lo expresó el navegante John Davis (1550-1605):

> No hay duda de que nosotros, la gente de Inglaterra, somos ese pueblo redimido y predestinado a ser invicto ante estos gentiles en el mar, en las islas y en los famosos reinos, para allí predicar la paz del Señor. Pues ¿acaso no hemos sido puestos sobre el monte Sion para derramar nuestra luz sobre el resto del mundo? Solo nosotros, por tanto, debemos ser esos refulgentes mensajeros del Señor ¡y nadie más que nosotros![41].

En una sociedad tan extremadamente religiosa y afecta al determinismo —corriente filosófica y religiosa que apunta que todo lo que ha de suceder está predestinado—, fue fácil consumar esta ideología conquistadora. Además, el destino manifiesto estuvo respaldado por las corrientes que surcaban Europa y sustentaban las ansias expansionistas de los grandes imperios: el supremacismo y el darwinismo social. Ambos términos, intrínsecamente relacionados, propugnaban que existía una raza, la blanca, superior a las demás y, por ende, con derecho para liderar al resto de las que cohabitaban el planeta. Las teorías supremacistas tuvieron mucha fuerza en la Europa del siglo xix, donde se situaban los grandes imperios con expectativas de conquistar y colonizar otros territorios. El Imperio de los zares se hallaba inmerso en la con-

---

41   Gullo, Marcelo, *Nada por lo que pedir perdón...*, p. 163.

quista de Asia Central; los británicos dominaban los mares de todo el globo y tenían importantes colonias en todos los continentes; Francia había comenzado su carrera colonizadora más tarde, pero disponía de enormes suelos en Norteamérica, África y Asia; el Imperio austrohúngaro dominaba el centro de Europa mientras nacían por aquel entonces países con una gran proyección hacia el exterior como Alemania e Italia. Por eso, no es extraño que, en el continente con las mayores posibilidades de dominar a otros pueblos, nacieran corrientes supremacistas. Estas, a su vez, estaban fuertemente ligadas al darwinismo social. Las expediciones de científicos y prestigiosos exploradores al corazón de África habían despertado el interés de las clases dirigentes en las cancillerías europeas. De pronto llegaban noticias de otros mundos con riquezas y recursos naturales capaces de colmar las fraguas de la Segunda Revolución Industrial y todos los Gobiernos ponían sus ojos en el continente negro. Pero incluso algo así tenía que ser justificado y por ello irrumpieron otras corrientes que defendían no solo la superioridad del cristiano protestante anglosajón, sino la obligación de este de sobrevivir y liderar a los demás habitantes del planeta.

En términos comparativos, Charles Darwin expuso la teoría de la evolución de las especies[42], en la que las criaturas mejor preparadas para la evolución estaban llamadas a sobrevivir frente a las que no se adaptaban. El darwinismo social trasladó aquella filosofía a la humanidad y defendió que el cambio industrial y social que se vivía en el mundo debía ser liderado por Europa y que todos aquellos que no se adaptasen a las nuevas condiciones de vida se enfrentarían al tránsito de su desaparición. El jefe de guerra apache Cochise fue definido por el general George Crook como un «inflexible enemigo de toda la civilización»[43]. El darwinismo social había sido implacable con aquellos pueblos que se resistieron, pero entonces apareció otra idea: el paternalismo.

42 Véase Darwin, Charles y Russell, Alfred, *La teoría de la evolución de las especies*, Barcelona, Crítica, 2006.
43 Cozzens, Peter, *La tierra llora...*, p. 201.

«Al ver a hombres así, uno difícilmente puede creer que son semejantes y habitantes del mismo mundo», había escrito Darwin de los nativos de Tierra del Fuego [*Patagonian Indians*, Conrad Martens, 1834].

Quienes lideraron ese cambio fueron los blancos, especialmente los europeos, pero no a base de la mera destrucción de los que se resistieran o no entendieran dicho camino, sino dirigiendo y *ayudándolos* como el padre que guía a sus hijos y los presupone inexpertos, inocentes y también ilusos. El papel para el que creían haber nacido los habitantes del Viejo Continente, también en Norteamérica, era el de guiar y ayudar a transformar a sociedades que llevaban miles de años funcionando y que no entendían el camino civilizador que había emprendido la humanidad[44]. Sin embargo, si los nativos no se sometían, quedaba expedito el camino de la fuerza, como argumentó el general Sherman, que creía que había que tratarlos como a niños tercos que necesitaban disciplina y que, cuando esta fallaba, era necesaria y justificada la guerra total[45]. Otro ejemplo de la violencia oculta tras la negativa de los nativos al cumplimiento del destino manifiesto, también protagonizado por Sherman, fue su advertencia sobre que no podrían detener la locomotora y el progreso del mismo modo que no era fácil impedir que el sol saliera un día más: cualquier tipo de oposición sería barrida de la faz de la tierra[46]. Las ideas paternalistas no pueden atribuirse únicamente a los Gobiernos de los Estados Unidos, ya que, desde

---

44   Cruz, Alberto, *Pueblos originarios en América. Guía introductoria de su situación*, Pamplona, Aldea, 2010, p. 119.
45   Cozzens, Peter, *La tierra llora...*, p. 20.
46   *Ibid.*, p. 77.

los primeros días del colonialismo inglés y la creación de las trece colonias, los indios fueron tratados como seres inferiores y utilizados como herramientas en las luchas de poder[47].

A este conglomerado de ideas, que se tejieron siempre a favor de los designios de los colonizadores, Estados Unidos sumó un nuevo concepto ideado por John Quincy Adams, conocido como la doctrina Monroe pues se desarrolló durante la presidencia de James Monroe. Este sistema se resumía en la frase «América para los americanos» y se proponía alejar de Europa y de las metrópolis colonizadoras los *problemas* que acuciaran al continente. Pero, de acuerdo con las ideologías que hemos mencionado, el testigo paternalista fue recogido por la clase dirigente de Estados Unidos y cualquier problema surgido en el continente fue resuelto por su Gobierno. Esto dejaba claro que el poder de esta nación era real y equiparable al de las grandes potencias europeas del siglo xix —Francia, Inglaterra o Alemania—, y asimismo dejaba sus manos libres para que ejerciera sus derechos sobre cualquier territorio, estuviese habitado por tribus nativas, como en el caso de las llanuras del oeste, o por países soberanos como México. Las intervenciones sobre la base de esta doctrina se extendieron durante un siglo y favorecieron el imperialismo emanado desde la Casa Blanca. Pese a reunir teorías supremacistas, darwinismo social, paternalismo y estar amparados por la doctrina Monroe, Estados Unidos se esforzó sobremanera por concluir que no era un país colonialista como las potencias europeas. Desde finales del siglo xix hasta mediados del siglo xx, incluso después de que el presidente Rutherford Hayes declarara que los pasos interoceánicos del continente americano eran responsabilidad únicamente de Estados Unidos, se reforzó un intervencionismo extremo en México, República Dominicana, Haití, Cuba, Colombia, Panamá y Nicaragua, en las conocidas guerras bananeras (1898-1934). De esta manera, entre 1798 y 1896, Estados Unidos realizó 94 intervenciones militares en ultramar[48].

---

47 Monge, Fernando, «Un largo camino de lágrimas...», p. 817.
48 Dunbar-Ortiz, Roxanne, *La historia indígena...*, p. 216.

COLONIALISMO

En el caso de Estados Unidos, todos los esfuerzos se centraron en negar el colonialismo y el genocidio. La corriente de los historiadores que sustentan discursos indigenistas, entre los que figura Roxanne Dunbar-Ortiz, defiende que hubo tanto un colonialismo, denominado *de asentamiento*, como un claro genocidio. Las víctimas eran, para los defensores de la doctrina del destino manifiesto, los propios responsables de su desaparición; se exonera, de ese modo, a los Gobiernos de la Casa Blanca[49]. Además, se consideraba, más que un colonialismo de libro, una expansión territorial en la que el nativo americano no fue víctima sino partícipe, amparándose en que algunas tribus ayudaron al Gobierno en la conquista. Frente a este planteamiento se confronta que en todas las conquistas y colonizaciones de cualquier territorio han existido nativos colaboradores con los Gobiernos metropolitanos, que, enfrentados por motivos ancestrales a los rebeldes, han visto la oportunidad de ajustar cuentas. Un ejemplo meridiano se sitúa en la conquista de Tenochtitlán, en la que un grupo de españoles, minúsculo en comparación con el imperio que planteaba conquistar, contó con la ayuda de pueblos enemigos de los mexicas, como los tlaxcaltecas.

Antes de continuar, conviene clarificar qué es el colonialismo. La Real Academia de la Lengua Española lo define como la «tendencia a establecer y mantener colonias». En nuestro caso, exponiendo una definición más completa, acorde con los cánones del siglo XIX, podríamos decir que fue un sistema socioeconómico en el que una nación —llamada metrópoli— con un poder tecnológico, financiero e industrial más avanzado se imponía sobre un territorio, sometiéndolo por medios militares para proceder después a la explotación económica de sus recursos y a la anulación total o parcial de sus elementos identitarios sociales, eco-

---

49   *Ibid.*, p. 18.

nómicos, políticos y culturales. La colonización, por tanto, estaba ligada a un proceso inequívoco de aculturación y al sometimiento o incluso la desaparición de la cultura nativa. Desde la perspectiva que nos brinda la historia del colonialismo en África, es perfectamente comparable al proceso que ocurrió en Estados Unidos[50]. Otros procesos como la conquista y colonizacion de América del Sur y Central reunieron características parecidas, pero no pueden englobarse dentro del colonialismo. Si algo caracteriza a este es que fue un proceso en el que se dio una explotación masiva de los recursos usando la fuerza, se produjo un monopolio comercial y hubo un consentimiento de todas las potencias para llevarlo a cabo. Esta última cuestión es la que define el colonialismo en un marco cronológico muy concreto que arrancó en la Conferencia de Berlín y concluyó en los procesos de descolonización del siglo XX. Por ello, es comparable al proceso africano y no al del resto del continente europeo.

La colonización en el continente negro comenzó con el interés que despertaron las expediciones científicas y los viajes de míticos exploradores narrando sus hazañas y descubriendo las bondades y recursos que brindaba. Mungo Park, Henry Morton Stanley o el afamado David Livingstone tuvieron su analogía en las empresas de Meriwether Lewis y William Clark. Mientras que el mecenas de la exploración africana fue el rey de Bélgica Leopoldo II, en América ese papel fue cubierto por el presidente Thomas Jefferson. Los paralelismos continúan con la labor que llevaron a cabo los misioneros en ambos continentes, extendiendo la fe cristiana —en África, católica y protestante; en América, íntegramente determinista—, y la introducción de algunos aspectos propios de la civilización desconocidos por los indios: nos referimos al alcohol, las armas de fuego o el caballo. El cuadrúpedo fue incorporado a las tribus de las llanuras por el contacto con las expediciones de Vázquez de Coronado en el siglo XVII, y las armas de fuego, a través de varios puntos

---

50   Dunbar-Ortiz, Roxanne, *La historia indígena...*, p. 21.

Lewis y Clark en la baja Columbia [Charles Marion Russell, 1905].

«Manera de instruir a los indios». Frontispicio de *Indian nullification of the unconstitutional laws of Massachusetts*, William Apes, 1835.

como moneda de cambio por oro, pieles o bienes cotizados en Europa. En todo caso, desestabilizaron el mundo existente, crearon distinciones entre las tribus y dotaron a algunas de una superioridad sobre otras que no dudaron en aprovechar para liquidar antiguas disputas. El alcohol fue más peligroso. Lo que se vendía o intercambiaba con los indios era de escasa calidad y tuvo un efecto nocivo entre ellos que se extiende hasta la actualidad. Todas estas «armas», introducidas quizá no de forma deliberada, bajo premisa de obtener beneficio económico, terminaron por constituir el principio del fin del mundo indígena. Y a esto hay que unir el dramático efecto de las enfermedades en ambos hemisferios, pues diezmaron a las poblaciones nativas y debilitaron su poder mucho antes de que se iniciara la conquista final.

La violencia también fue común en ambos tipos de colonización. En algunas ocasiones no se produjeron enfrentamientos directos ya que la simple presencia de un ejército respaldando un asentamiento anulaba la oposición de los nativos, que se veían indefensos ante ingenios mecánicos que no conocían o ante elevados contingentes de tropas. Pero, cuando la simple disuasión fracasó, se iniciaron conflictos bélicos. Como ya hemos indicado, algunas tribus se mostraron leales a la defensa de su hábitat, pero otras se aliaron con el poder de Washington; incluso se dio el caso de agrupaciones étnicas que pidieron asilo al Gobierno de Estados Unidos para protegerse de otra tribu y sentaron la justificación del ataque, en una figura muy parecida a los protectorados en África. Y, como en ellos, las promesas hechas por el Ejecutivo estadounidense fueron deliberada y continuamente olvidadas[51]. No obstante, las diferencias intertribales y las relaciones de odio existían, en algunos casos remontándose a siglos; por tanto, no se puede responsabilizar al efecto colonizador de fomentar la violencia entre tribus, pero sí de aumentarla[52]. El colonialismo en ambos mundos se pareció tanto que tuvieron sus analogías en grandes derrotas superadas después por

---

51   Cozzens, Peter, *La tierra llora...*, p. 10.
52   Monge, Fernando, «Un largo camino de lágrimas...», p. 823.

la tecnología y la presencia de un ejército numéricamente mayor. Se dieron casos como la derrota del Ejército británico frente al reino zulú en Isandlwana (1879) y su posterior resarcimiento; la batalla de Adua (1896), entre italianos y abisinios, y la ulterior venganza en la segunda guerra ítalo-etíope; o el desastre de Annual (1921), en el que las tropas españolas del Rif fueron masacradas y cuya respuesta vino con el desembarco de Alhucemas (1925). Los indios también saborearon las mieles de la victoria en Little Bighorn y conocieron después la brutal represalia del Gobierno de Estados Unidos, mejor preparado y tecnológicamente más letal.

Un rasgo que también define al colonialismo es la eliminación del modo de vida del nativo y su asimilación completa por parte de la metrópoli. El Congo, propiedad privada de Leopoldo II desde 1885 hasta 1908, puso a disposición de la

Antes y después del navajo Tom Torlino al entrar en la Carlisle Indian Industrial School (1882) y a los tres años (1885). Se cree que el fotógrafo Choate manipuló la iluminación de la segunda imagen para sugerir que la reeducación permitía a los indios mezclarse con los blancos [Beinecke Rare Book & Manuscript Library].

industria del caucho a la mayor parte de la población y no tuvo reparos en asesinar, en condiciones de trabajo brutales, a decenas de miles de personas. Las poblaciones nativas claudicaron ante los Gobiernos de Estados Unidos y fueron privadas de formas de vida ancestrales como la caza del bisonte, quedando condenadas a concentrarse en espacios reducidos determinados por las leyes que se iban dictando desde un poder democrático con supuestas garantías constitucionales.

La asimilación también afectó a las culturas sometidas de manera dramática, pues perdieron su identidad y en muchos casos terminaron por colapsar. En el caso de África, el interés en destruir la cultura no fue tan acusado debido a que los territorios eran considerados colonias y no parte del territorio nacional, salvo algunas excepciones como Argelia, que sí fue considerado un departamento francés. En América, lo que se pretendía era la creación de un país que uniera las costas este y oeste, sobre la base de la doctrina del destino manifiesto; por tanto, la aculturación fue mucho más pronunciada. Un ejemplo de ello fue el uso de expresiones como «el primer» para designar los logros de los blancos, sin tener en cuenta lo hecho anteriormente por los nativos: se habló de «la primera exploración hacia el oeste», de Lewis y Clark; de «la primera vez que un hombre atravesó caminando Estados Unidos», refiriéndose a la epopeya de Álvar Núñez Cabeza de Vaca (que recorrió una gran distancia desde el valle del río Misisipi hasta el mar de Cortés después de un naufragio), etc.; todos ellos, aspectos que ignoraban la existencia de los indios antes de la llegada de los blancos y suponían reescribir la historia[53]. Del mismo modo, aunque los amerindios tienen en la actualidad la consideración de ser los primeros estadounidenses, de nuevo el discurso nacionalista hace trampas, pues reiteradamente se afirma que Estados Unidos en una nación de inmigrantes y no se apostilla ni se aclara si son una excepción, buscando deliberadamente la relación de las naciones nativas con la tierra que habitaban[54].

---

53 Dunbar-Ortiz, Roxanne, *La historia indígena*, p. 23.
54 *Ibid.*, p. 28.

Con todo, Washington no pretendió en ningún momento reconocer que lo que estaban haciendo en el Oeste era aplicar los fundamentos más preclaros del colonialismo. Mientras lo hacía, criticaba la actitud de las metrópolis europeas en África y camuflaba sus actos en el contexto de una guerra. El matiz es sustancial porque la colonización era una iniciativa que provenía del Gobierno o metrópoli y, por ende, la responsabilidad última recaía en él, mientras que la guerra confrontaba dos realidades y ambas partes debían responder de sus actos. Las etnias originales se convertían así en enemigas del Gobierno de Estados Unidos y Washington justificaba la necesidad de combatir contra bárbaros que se oponían, supuestamente, al desarrollo de la civilización[55]. Por ello, en 1824 se creó la Oficina de Asuntos Indios, dependiente del Departamento de Guerra[56], porque lo que realmente interesaba a Estados Unidos era crear un ambiente bélico, aunque fuera artificial. Según narra el historiador Francis Jennings, en América del Norte se dieron cuatro tipos de enfrentamientos: los que atañeron a las potencias europeas; los que se produjeron entre las tribus; los enfrentamientos mixtos que englobaban alianzas de todo tipo; y, por último, las luchas agresivas entre indios y blancos, que cataloga como escasas y hay que encuadrar en la expansión por el oeste americano, más un acto de colonialismo que de guerra[57]. El coronel Jefferson C. Davis, encargado de dirigir los ataques contra la tribu modoc, evitó calificarlos de ataques y uso en sus informes el término *montería*, lo que supone prácticamente el reconocimiento de la superioridad norteamericana[58]. En cualquier caso, la Oficina de Asuntos Indios actuó como cualquier otro órgano colonial de estilo europeo, pues las decisiones que emanaron de la institución no tuvieron jamás en cuenta las preferencias de las tribus locales.

---

55   Cozzens, Peter, *La tierra llora...*, p. 3.
56   Dunbar-Ortiz, Roxanne, *La historia indígena...*, p. 142.
57   Jennings, Francis, *The invasión of America: Indians, colonialism and the cant of conquest*, Carolina del Norte, Chapel Hill, 1975, p. 47.
58   Cozzens, Peter, *La tierra llora...*, p. 169.

El colonialismo llevado a cabo por Estados Unidos parece evidente, más si cabe cuando estaba amparado en acuerdos internacionales y respaldado por unas fuerzas armadas abrumadoras. Mientras que la conquista y colonización de América por parte de España y Portugal fue legitimada por una serie de bulas papales dispuestas desde Roma, Estados Unidos obtuvo su sello de las leyes emanadas del Congreso de Estados Unidos, un Gobierno democrático y sustentado en una constitución. Así, el resto de los países no tuvo más remedio que aceptar esta superioridad de Washington en América, especialmente cuando la flota norteamericana se equiparaba a las más modernas de Europa, su peso demográfico iba en aumento y su participación en eventos internacionales empezaba a ser indispensable. En la Conferencia de Berlín, celebrada entre 1884 y 1885, se dirimió el destino de África, entre las potencias mundiales. Los asistentes fueron europeos, con la excepción de los representantes del Imperio otomano y Estados Unidos, y, aunque solo siete potencias de las catorce convocadas obtuvieron derechos sobre la tierra en África —Reino Unido, Francia, Alemania, Italia, Bélgica, Portugal y España—, su presencia en la mesa de negociaciones ratificó un pacto entre naciones que, por un lado, ayudaba a descomprimir la tensión en el Viejo Continente y, por otro, daba derecho a todas ellas a ejercer el colonialismo en sus determinadas áreas de influencia. La libre circulación por los ríos Niger y Congo fortaleció la complicidad y el compromiso de las metrópolis, de modo que ningún país europeo, por poderoso que fuese, tenía la potestad para denunciar la expansión de Estados Unidos a costa de los territorios de las etnias nativas de Norteamérica.

No obstante, a partir de 1848, en virtud del Tratado de Guadalupe Hidalgo, que ponía fin a la guerra contra México, Estados Unidos se anexionó la mitad de su territorio soberano, en lo que corresponde a los actuales estados de California, Utah, Nuevo México, Nevada, Arizona y Colorado, así como fracciones de Kansas, Wyoming y Oklahoma. En ese preciso instante, Estados Unidos se convirtió en una potencia continental, a la que solo restaba, para completar el sueño de la doctrina del destino manifiesto, el sometimiento de un puñado de tribus asentadas en las grandes llanuras, lo que para el poderío militar de Washington era tan solo una molestia. Aquellas fueron denominadas por la historiografía como guerras indias (1850-1890) y supusieron la derrota más importante del Ejército estadounidense en su propio suelo, en Little Bighorn, pero, desde su comienzo, las tribus nativas estaban destinadas a su desaparición.

Cesión de territorios tras el Tratado de Guadalupe Hidalgo (1848) y la anexión de Texas (1845) [elaboración propia].

Ningún capítulo colonizador hubiera tenido éxito en Norteamérica sin la existencia del espíritu de frontera y sin los inmigrantes y pioneros que lo protagonizaron. El hombre de la frontera fue definido como un individuo duro, conocedor de la tierra y de las costumbres indias y con pocos escrúpulos para defender lo poco que tenía. El espíritu de frontera nació gracias a la existencia de un vasto territorio a merced de aquel que lo quisiera ocupar por un precio irrisorio. Las riquezas llamaban a granjeros y pioneros, buscadores de oro o simplemente de fortunas, a encontrar el que empezaba a ser conocido como el sueño americano. Las posibilidades de las familias en Europa eran mínimas y estaban encorsetadas por una tierra ya ocupada, de modo que muchos decidieron marchar a aquel país recién nacido en el que podían encontrar una oportunidad de mejorar su propia existencia[59]. Estados Unidos se nutrió de inmigrantes del Viejo Continente, con una mayor profusión de irlandeses y alemanes, que, unidos a los herederos de los antiguos colonos ingleses, convertidos de pleno derecho en estadounidenses, fueron adentrándose en la frontera, hostil y peligrosa[60].

El final de la guerra civil americana (1861-1865)[61] contribuyó al impulso «conquistador» que se había iniciado en la década de los cincuenta. La demografía de Estados Unidos se vio abultada mientras que las corporaciones mercantiles capitalistas comenzaban a tener un éxito estratosférico, especialmente ferroviarias como la Union Pacific y la Central Pacific. También surgieron proyectos para establecer comunicaciones entre el este y el oeste, como el Pony Express o las popularísimas diligencias. Los avances tecnológicos y los inventos favorecieron la creencia de que el mundo había cambiado más entre 1865 y 1900 que desde Julio César a

59   Fohlen, Claude, *La América anglosajona de 1815 a nuestros días*, Nueva Clio, Barcelona, 1976, p. 203.
60   Doval, Gregorio, Breve historia de la conquista del Oeste, Nowtilus, Madrid, 2017, p. 15.
61   Véase Huguet, Montserrat, *Breve historia de la guerra civil de los EE. UU.*, Nowtilus, Madrid, 2015.

George Washington[62]. Lo cierto es que el conflicto aumentó la producción de prácticamente todos los productos y bienes de consumo y propició la dependencia a ese mercado. Pero, cuando el Ejército del sur capituló, decenas de miles de personas quedaron sin ocupación y sin sustento, viéndose obligadas a movilizarse hacia el oeste en busca de nuevas oportunidades, lo que dio mayor libertad de acción a los cazadores de fortunas, a los pioneros y a los constructores del ferrocarril, prácticamente la empresa más boyante del momento. Por todo ello, el final de la guerra significó la llegada de renovados aires a la Casa Blanca y la certeza de que debían unificarse los factores socioculturales, algo que culminó en 1887 con la ley de parcelación general —conocida como Dawes Act—, que consideraba a los indios como a iguales, como a ciudadanos integrados en Estados Unidos y partícipes de su civilización y cultura[63]. Esta ley, pese a tener connotaciones positivas e inclusivas, significaba la sentencia de muerte legal de las naciones americanas, que veían desaparecer sus derechos soberanos.

Detalle de la portada de la *Great Trans-Continental Tourist's Guide* [Crofutt, 1870].

---

62   Véase Mauris, Andre, *Historia de los Estados Unidos*, Surco, Barcelona, 1957 y Huguet, Monserrat, «El determinismo tecnológico», *Claves de Razón Práctica*, 2003, pp. 40-46.

63   Monge, Fernando, «Un largo camino de lágrimas…», p. 828.

ENTRE LA PROVIDENCIA DIVINA
Y LA SUPERIORIDAD RACIAL

A partir de 1605, Inglaterra se tornó cada vez más anticatólica y se estructuró como una nación protestante con el mito según el cual los ingleses habían reemplazado a los judíos en el papel de nación elegida y eran señalados para cumplir la voluntad de Dios sobre la tierra. En el origen de este mito estaba la firme creencia, del todo arraigada, según la cual la fe cristiana había sido llevada directamente a Inglaterra por José de Arimatea, siguiendo la voluntad de los apóstoles. Había religiosos que pensaban que el agente había sido san Pablo; otros aseguraban que el propio Cristo había hecho un viaje secreto a la isla[64]. En la obra de John Fox (1516-1587) *Book of Martyrs*, que fue lectura obligatoria de los jóvenes ingleses de la época, se fortalecía el mito de la nación elegida por Dios. Pero hubo más. El obispo John Aylmer (1521-1594), en su obra *Refugio para fieles y justos*, llegó a afirmar:

> Dios es inglés. Por eso no lucháis solo por vuestro país, sino también, y principalmente, en defensa de la verdadera religión de Dios y su querido hijo Cristo. Inglaterra dice a sus hijos: «Dios ha dado a luz en mí el mayor y más excelente de los tesoros que tenía para nuestro consuelo y el de todo el mundo. Él ha querido que de mi vientre saliera ese siervo de Cristo, John Wycliff, que engendró a Huss, que engendró a Lutero, que engendró la verdad»[65].

Si Dios era inglés, los enemigos de Inglaterra eran también los enemigos de Dios. Por tanto, quienes se oponían a la voluntad de Inglaterra, se oponían a los designios de Dios.

---

64   Véase Belloc, Hilaire, *historia de Inglaterra desde los orígenes al siglo* XX, Buenos Aires, CS Ediciones, 2005.
65   Johnson, Paul, *Estados Unidos. La historia*, Buenos Aires, Ediciones B, 2002, p. 43.

Visita de Samoset [jefe abenaki sagamore, primer nativo en contacto con los peregrinos] *a la colonia* [*A popular history of the United States*; Bryant y Gay; 1876].

De ahí que no había que manifestar piedad ni con los irlandeses, ni con los indios de América, ni con los de la India, ni con los aborígenes de Australia, ni con los papistas españoles. Además, durante el reinado de Isabel I de Inglaterra, su joven favorito, Walter Raleigh, dispuso que el objetivo máximo de la política exterior del país debía ser el dominio de mares y océanos. No en vano, quien domina el mar domina el comercio y quien controla el comercio se hace con el poder mundial.

En consecuencia, en los albores del siglo XVII, se establecieron las primeras colonias en la costa atlántica de la actual Norteamérica para emprender la empresa divina de conquista. Llegaron a considerarse los sucesores de las tribus perdidas de Israel[66]. Así que, en los siglos XVII y XVIII, los ingleses definían su propósito en el Nuevo Mundo utilizando términos bíblicos. Debían crear allí la nueva Jerusalén, la

---

66   Gullo, Marcelo, *Nada por lo que pedir perdón... op. cit.*, p. 177.

nueva Israel, la tierra prometida, «el escenario de un nuevo cielo y una nueva tierra, el hogar de la justicia, el país de Dios»[67]. Por ello, los hombres y mujeres que llegaron a la actual Norteamérica a bordo del Mayflower no lo hicieron con el propósito de hacerse ricos ni con la intención de ganarse la vida, aunque tenían en cuenta ambas trayectorias como bendiciones, sino que buscaban crear el reino de Dios en la tierra. «Eran idealistas, utópicos... extremistas, fanáticos, intransigentes y desmesurados en sus pretensiones de superioridad moral. También eran inmensamente enérgicos, tenaces y valientes»[68].

En 1630, el reverendo John Winthrop guió otra partida de colonos estando todos convencidos, especialmente su pastor, de que la purificación y la salvación solo podían alcanzarse en el virginal y auténtico Nuevo Mundo. Se veía a sí mismo como un nuevo Moisés que guiaba a sus compatriotas a la tierra prometida. Cuando el grupo se encontraba cerca de la costa de Nueva Inglaterra, Winthrop recibió la noticia de que los indios estaban siendo diezmados por la viruela y afirmó: «Dios ha dejado claro nuestro derecho a ocupar este territorio»[69]. Entre 1620 y 1640, unos veinte mil puritanos llegaron a las costas de Massachusetts. La coexistencia pacífica duró hasta 1637, cuando doscientos guerreros pequot atacaron la aldea de Wethersfield y mataron a seis hombres y tres mujeres. El capitán John Mason, al frente de setenta puritanos y doscientos setenta nativos, vengó la afrenta. Solo aquella noche murieron quinientos indios pequot, incluidos mujeres y niños; cinco lograron huir y siete fueron hechos prisioneros para ser vendidos como esclavos. El capitán Mason fue recibido como un héroe.

A partir de entonces, en las colonias inglesas de América del Norte empezó una política gubernamental sustentada por su Parlamento nacional y por los de los Estados que se iban configurando. El nexo crucial de esta política era «el

---

67   Huntington, Samuel, *¿Quiénes somos?*, Buenos Aires, Paidós, 2004, pp. 89-90.
68   Johnson, Paul, *Estados Unidos... op. cit.*, p. 51.
69   Gullo, Marcelo, *Nada por... op. cit.*, p. 2309.

mejor indio es el indio muerto», idea que más tarde repetirían los estadounidenses en sus deseos de conquista. Había que limpiar América de los salvajes «pieles rojas». Los Gobiernos fomentaron tal actividad incentivando económicamente a la población para que todos sus miembros anglosajones europeos se afanaran en la tarea intensa de matar indios. En adelante, se puso precio a las cabelleras de los miembros de las tribus americanas. Así empezó la limpieza étnica, el genocidio de los indios norteamericanos, que finalizaría formalmente, en sus aspectos bélicos pletóricos de violencia, en 1890. Todo ello, como sostiene el filósofo mexicano Leopoldo Zea, sustituyendo al amoroso Dios del Nuevo Testamento por el justiciero e iracundo Jehová del Viejo Testamento. Desde el primer momento, los colonos norteamericanos sabían que los amerindios no podían formar parte de la nueva Jerusalén y también que ellos, los colonos, no estaban allí para evangelizar: estaban en América para la edificación del reino de Dios en la Tierra como un hecho incuestionable.

Para los inmigrantes protestantes, todos los seres humanos nacen iguales pero no todos se mantienen en esa igualdad con el paso del tiempo, porque, si todos los hombres tienen la misma oportunidad para salvarse por su fe, que no por sus obras (como afirmó Lutero), no todos se salvan. Para conseguirlo había que seguir a rajatabla los preceptos rígidos del protestantismo en la vida privada; las costumbres indias, como el nomadismo, el repudio a la propiedad privada y otras prácticas espirituales, no encajaban, y su resistencia al cristianismo, menos aún. En una palabra, no formaban parte de los elegidos. Los anglosajones protestantes, calvinistas, luteranos, anabaptistas... tendían a dividir la humanidad en elegidos y réprobos. Ellos, los portadores de la verdad, los escogidos de Dios, eran los elegidos. Los amerindios formaban parte del reino de Satán y persistían en permanecer en él manteniendo sus formas de vida; no eran dignos de entrar en la nueva Jerusalén. El mal había tomado posesión de estos hombres, que, en consecuencia, dejaban de tener tal condición. Como afirmó el cardenal Joseph Höffner:

Allí los colonizadores, invocando continuamente —y por extraño que parezca— el Antiguo Testamento, exterminaron casi por completo a los indios y convirtieron las tierras de éstos en territorios de colonización exclusiva de los blancos. No hubo mezcla de razas, pues «los puritanos veían en cada indio a un hombre de condición inferior»[70].

Para la edificación gloriosa de la nueva Jerusalén, los indios debían ser exterminados. En 1637, como decimos, los colonos puritanos habían puesto en marcha el genocidio de las tribus originarias con el beneplácito de Su Majestad británica. En el país de Dios no había espacio para los hijos del demonio. Así, sirva como ejemplo que, en 1795, el 95 % de la población de Massachusetts era ya de ascendencia inglesa[71].

George Washington definía a los indios como «bestias salvajes de los bosques»[72]. Thomas Jefferson manifestó: «Debemos perseguir y exterminar, o bien desplazarlos hacia nuevos asentamientos fuera de nuestro alcance»[73]. Por si fuera poco, el Congreso ordenó la completa destrucción de las naciones indias aliadas con Inglaterra «incluidas las mujeres y los niños»[74]. Son solo ejemplos de agentes principales de esta limpieza étnica, de este genocidio institucional. El 4 de junio de 1779, el referido y venerado George Washington, entonces general en jefe del Ejército revolucionario, ordenó la invasión del área geográfica donde se asentaba la Confederación Iroquesa, cuyos miembros (amerindios) luchaban con los ingleses frente a los postulados independentistas. Mandó que se ejecutase a tantos nativos como fuese posible, se destruyeran sus poblados y plantaciones, se arrancara todo lo sembrado y se impidiese cualquier nueva plantación o cosecha, y añadió:

---

70 Höffner, Joseph, *La ética colonial española del Siglo de Oro*, Madrid, Ediciones de Cultura Hispánica, 1957, p. 218.
71 Gullo, Marcelo, *Nada por lo que pedir perdón... op. cit.*, p. 245.
72 Losurdo, Domenico, *Contrahistoria del liberalismo*, Barcelona, El Viejo Topo, 2005, p. 27.
73 *Ibid.*, p. 29.
74 Gullo, Marcelo, *Nada por... loc. cit.*

«Lo que no pueda lograr el plomo, lo harán el hambre y el invierno»; su propósito es claro: «arruinar sus cosechas en los campos e impedir que vuelvan a sembrar»[75]. Así que, entre los meses de junio y diciembre de aquel año, el ejército norteamericano destruye más de cuarenta aldeas y campamentos autóctonos, miles de hectáreas de cosecha resultan devastadas y los indios capturados son entregados como esclavos a los colonos que apoyaban la independencia. Diez años más tarde, en 1789, George Washington fue elegido el primer presidente de los Estados Unidos de Norteamérica. Entonces decidió que los asuntos indios estuviesen dirigidos por la Secretaría de Guerra, al frente de la cual ubicó al brigadier general Henry Knox, un encumbrado héroe de la independencia. Se permitiría el acercamiento de las misiones religiosas protestantes hacia aquellas etnias que habían entrado progresivamente en la cultura occidental; este influjo se produjo, especialmente, en las llamadas «cinco tribus civilizadas»: cheroqui, chickasaw, choctaw, creek y seminola.

Destrucción de poblados indios [*A popular history of the United States...*, 1876].

75 Graymont, Barbara, *The Iroquois and Revolution*, Nueva York, Syracuse, 1972, p. 289.

El sendero de lágrimas cheroqui [Robert Lindneux, 1942].

En 1829, Andrew Jackson se convirtió en el séptimo presidente de Estados Unidos. En diciembre de ese año, en su primer mensaje anual al Congreso, indicó (y en ese sentido obró) que la mejor área geográfica para que las naciones indias vivieran en paz se ubicaba al oeste del río Misisipi. A finales de mayo de 1830 se aprobó la llamada Ley de Traslado Forzoso de Indios. La superioridad militar del ejército norteamericano era de tal magnitud que logró parte de sus objetivos. En 1835, el presidente Jackson designó como comisario de Tratados al reverendo John F. Schermerhorn, para animar a los cheroquis a que se instalasen al oeste del Misisipi; a cambio, el Gobierno les pagaría cuatro millones y medio de dólares. El Consejo de la Nación Cheroqui rechazó la oferta en el mes de octubre y poco después presentó al Congreso un memorial de súplicas donde se decía:

En verdad nuestra causa es la misma causa vuestra. Es la causa de la libertad y la justicia. Se basa en vuestros propios principios, los cuales hemos aprendido de vosotros mismos [...]. Hemos practicado sus preceptos con éxito y el resultado es evidente. La tosquedad del bosque ha hecho lugar a viviendas confortables y campos cultivados [...]. La cultura intelectual, los hábitos industriosos y los gozos de la vida doméstica han remplazado a la rudeza del estado salvaje. Hemos aprendido también vuestra religión. Hemos leído vuestros libros sagrados. Cientos de nuestras gentes han abrazado sus doctrinas, practicado las virtudes que ellos enseñan y fomentado las esperanzas que ellos despiertan [...]. Nosotros hablamos a los representantes de una nación cristiana; a los amigos de la justicia, a los protectores de los oprimidos. Y nuestras esperanzas reviven y nuestras perspectivas se abrillantan cuando nos damos a meditar. De vuestra sentencia está suspendido nuestro destino [...]. En vuestra benevolencia, en vuestra humanidad, en vuestra compasión y en vuestra buena voluntad están depositadas nuestras esperanzas[76].

Como puede suponerse, la petición fue rechazada y 17 000 cheroquis fueron obligados a dejar sus hogares en el norte de Georgia para trasladarse a pie hasta Oklahoma; fue «el sendero de las lágrimas», con un recorrido de 1600 kilómetros, y allí murieron en el empeño 4000 de ellos[77]. No sería el primer caso pues, años más tarde, el Gobierno de Abraham Lincoln obligó al pueblo navajo a abandonar sus tierras en Arizona y a caminar más de 500 kilómetros hasta una zona de Nuevo México, llamada Bosque Redondo, y miles de sus miembros fallecieron en el desplazamiento. Benjamín Franklin, por su parte, llegó a escribir:

---

76 Ortega y Medina, Juan, *la evangelización puritana en Norteamérica*, Ciudad de México, FCE, 1976, pp. 11-12.
77 Gullo, Marcelo, *Nada por lo que pedir perdón...*, p. 250.

Forma parte de la Providencia destruir a estos salvajes con el fin de dar espacio a los cultivadores de la tierra. Me parece probable que el ron sea el instrumento apropiado. Este ya ha exterminado a todas las tribus que habitaban con anterioridad la costa[78].

Así que, tal y como narramos en este libro, el alcoholismo fue uno de los males mayores en la destrucción de las tribus indias. De hecho, cuando, en 1803, Luisiana fue transferida a la Unión Americana, por la venta que efectuó Napoleón, eran pocos los casos de embriaguez entre los indígenas allí asentados, pero «todo ello cambió cuando llegaron las multitudes de habitantes angloamericanos de la frontera con sus barriles de *whisky* y se tomaron la libertad de desobedecer las leyes existentes»[79].

Para configurarse, en consecuencia, la nueva nación de los Estados Unidos de Norteamérica, fue obligado considerar al indio como un ser infrahumano, lo que es el primer eslabón del genocidio. En 1850, en California, se calcula que convivían unos 100 000 indios; en 1860 habían quedado reducidos a 35 000; y de una población total de 1 115 000 habitantes en la primera fecha se pasó a menos de 500 000 en la segunda. Y aquella descendió aun a 228 000 en 1890[80]. Los que sobrevivieron a las balas, al hambre y a los traslados forzosos fueron arrinconados en campos de concentración llamados, de forma eufemística, «reservas». No fue hasta 1924 cuando el Congreso aprobó la Ley de Ciudadanía India, pero no tuvieron derecho a voto hasta 1948 en el total de los Estados de la Unión y hubo que esperar hasta 1993 para que se les reconociera la libertad de culto. Así que ni a los colonos ingleses, súbditos de la monarquía británica, ni a los ciudadanos libres norteamericanos se les ocurrió otra solución acerca

---

78 Losurdo, Domenico, *Contrahistoria...*, p. 28.

79 Bitterli, Urs, *Los salvajes y los civilizados*, México D. F., Fondo de Cultura Económica, 1981, p .164; citado en Gullo, Marcelo, *Nada por...*, p. 252.

80 Véase el interesante trabajo de Dávila, Carlos, *Nosotros los de las Américas*, Santiago de Chile, Editora del Pacífico, 1950.

de los indios que no fueran el exterminio genocida o los campos de concentración. Nadie pensó ni en la integración ni en el mestizaje. Al fin y a la postre, en el pensamiento de los puritanos protestantes, los amerindios fueron equiparados a los cananeos y amalecitas, las razas que debían desaparecer de la faz de la tierra, como rezaba el Antiguo Testamento.

Esta política, que nos recuerda al genocidio judío de los nazis en el III Reich de Adolf Hitler, también fue aplicada, en escala menor, a escoceses e irlandeses y otros delincuentes comunes que eran obligados a trabajos forzados para redimir sus penas o para pagar el billete de barco que había trasladado a determinados emigrantes al Nuevo Mundo. Había campesinos pobres que, movidos por el hambre, vendían a sus propios hijos o a sí mismos como esclavos. Y, por último, estaban los niños que eran secuestrados en Londres y otras ciudades de Inglaterra «para ser vendidos por los "spirits", así llamados porque hacían desaparecer a la gente, tal y como queda documentado en las novelas de Charles Dickens y otros autores de la época»[81]. Muchos de los emigrantes hacia la América inglesa se enajenaban en lo personal y se endeudaban totalmente para asentarse en las trece colonias: eran los llamados «siervos» o «alquilados» (*bond servants*), que fueron traídos por los primeros puritanos, los caballeros de Virginia y los hugonotes. Terminarían por trabajar de forma ruda en los campos del este, especialmente de Massachusetts y Georgia. Sus condiciones de vida eran tan crueles que no distaban mucho de las de los negros; por ejemplo, no podían casarse sin permiso de su señor[82]. Los colonos se referían a ellos como «basura blanca» y eran proporcionados por comerciantes ingleses que se dedicaban asimismo a secuestrar hombres, mujeres y niños en las calles de Inglaterra. Así, en 1680, «alrededor de 10 000 personas fueron llevadas a América. Muchos eran niños pequeños, ya que el trá-

---

81 Sebreli, Juan José, *El asedio a la modernidad*, Buenos Aires, Sudamericana, 1965, p. 226.
82 Sánchez, Luis Alberto, *Breve historia de América*, Buenos Aires, Losada, 1965, p. 226.

fico con ellos era muy lucrativo, y en 1627 unos 1500 niños fueron enviados a Virginia»[83]. La mayoría de estas personas, como apunta Marcelo Gullo, eran niñas y jóvenes irlandesas que habían sido raptadas en las calles de Dublín, Cork, Galway y otras ciudades católicas de Irlanda, que fueron usadas como esclavas sexuales y empleadas domésticas. A estas niñas y mujeres las hacían tener relaciones con negros africanos esclavos para que nacieran mulatos, pues estos se podían vender a precio superior a los irlandeses y salían más baratos que los esclavos traídos del continente africano[84]. Pero esta práctica perjudicó sobremanera a la Royal African Company, que tenía el monopolio del comercio de negros en las trece colonias al amparo de la Corona inglesa. Por ello, en 1681 se prohibió la unión sexual de esclavas irlandesas con esclavos africanos para el negocio de sus hijos mulatos; sin embargo, la práctica continuó hasta los inicios del siglo XVIII. Como ha estudiado Javier Sanz[85], en la década de 1650 más de cien mil niños irlandeses fueron separados de sus padres y vendidos como esclavos en las Indias Occidentales británicas, especialmente en Virginia y Nueva Inglaterra. En Barbados y Virginia, 52 000 más, en su mayoría mujeres y niños; en Jamaica, 2000. Además, como ya se ha dicho, eran más baratos que los africanos, pues, en el siglo XVII, un esclavo irlandés costaba en torno a cien libras esterlinas, y un negro, ciento cincuenta. Y los hijos de estos esclavos blancos seguían siendo esclavos aunque su madre obtuviese la libertad.

En 1700 había en Estados Unidos 330 000 esclavos negros; en 1800 eran ya un millón; y en 1850, dos millones[86]. La élite política, económica y cultural de este país estaba totalmente comprometida con la esclavitud de negros africanos: George Washington, James Madison y Thomas Jefferson, por ejemplo, eran propietarios de esclavos. Este último, autor

83 Véase al respecto, Beard, Charles, y Beard, Mary, *History of the United States*, Nueva York, McMillan, 1921.
84 Gullo, Marcelo, *Nada por lo que pedir perdón... op. cit.*, pp. 257-258.
85 *Ibid.*, p. 258.
86 *Ibid.*, p. 259.

de la Declaración de Independencia en 1776 y fundador de la Universidad de Virginia, llegó a tener seiscientos. En su Declaración de Independencia se dice que todos los hombres (del nuevo país que fundó junto con otros políticos) eran libres e iguales; en su cosmovisión lo eran cuando se trataba de blancos, anglosajones, protestantes y, especialmente, ricos[87]. Pero hubo otros presidentes de Estados Unidos que tuvieron esclavos, a saber: James Monroe, Andrew Jackson, Martin van Buren, William Henry Harrison, John Tyler, James Polk, Zachary Taylor, Andrew Johnson y Ulysses Grant. De hecho, entre 1788 y 1850 estos presidentes se hacían servir por esclavos negros en la Casa Blanca.

Izqda.: Isaac Jefferson, esclavo del presidente Thomas Jefferson (ca. 1845) [McGregor Library of American History, University of Virginia Library]. Dcha.: Alfred Jackson, esclavo del presidente Andrew Jackson (ca. 1900) [Thuss].

87   *Ibid.*, p. 261.

Abraham Lincoln fue presidente de Estados Unidos del 4 de marzo de 1861 al 15 de abril de 1865. Es conocido como el político que más se afanó en la lucha contra la esclavitud, pero tal circunstancia no se corresponde del todo con la realidad. Así, en una carta que escribió, en 1862, al periodista y político Horace Greeley, le indicaba que por encima de todo (en plena guerra civil de 1861 a 1865) estaba la Unión Americana, con o sin esclavos. Poco antes de la Proclamación de la Emancipación del 1 de enero de 1863, que cambiaría el estatus de los negros que se escapasen del Gobierno de la Confederación del Sur, pues pasarían a ser libres (a diferencia del resto, que obtendría tal condición en 1865), se reunió con cinco afroamericanos libres en la Casa Blanca y afirmó:

> Vosotros y nosotros somos razas diferentes. Tenemos entre nosotros la mayor diferencia que existe entre prácticamente cualquier raza. No necesito discutir si es correcto o incorrecto, pero esta diferencia física es una desventaja para ambos. Creo que vuestra raza sufre mucho, en parte por vivir entre nosotros, mientras que la nuestra sufre con vuestra presencia[88].

Para finalizar la conversación, el presidente les comunicó que, cuando todos los esclavos fuesen liberados, los quería trasladar a África, en concreto a Liberia, y que, si resultaba muy caro, los ubicaría en Centroamérica. En el marco de este debate es donde debemos ubicar las declaraciones del político sureño John Calhoun (1782-1850) cuando habían tomado ya por las armas más de la mitad del antiguo virreinato de Nueva España de la Monarquía Hispánica. Apetecían aquellas tierras hasta la frontera del río Bravo, pero no a sus gentes.

> Nosotros nunca hemos soñado con incorporar a nuestra Unión cualquier otra raza que no sea la caucásica, la raza libre de los blancos. La incorporación de

---

88   Gullo, Marcelo, *Nada por lo que pedir perdón... op. cit.*, p. 264.

México sería el primer caso de la incorporación de la raza india, puesto que más de la mitad de los mexicanos son indios y el resto está formado principalmente por tribus mixtas. ¡Yo protesto contra esa unión! El nuestro es el Gobierno de la raza blanca. Los grandes infortunios de la América española son consecuencia del error fatal de poner esas razas de color en pie de igualdad con la raza blanca[89].

El que fuera sexto presidente de Estados Unidos, John Quincy Adams (entre 1825 y 1829), manifestó que los mexicanos eran indolentes, sucios, maliciosos, y que, por tanto, bien podían ser comparados con un montón de puercos. El mito del pueblo elegido por Dios, el inglés, se refleja nuevamente en la referida doctrina del destino manifiesto, resumida así por el senador por Indiana Albert Beveridge (1862-1927):

Dios no ha preparado a los pueblos de habla inglesa y a los teutónicos por mil años en vano o para la indolente contemplación y admiración de ellos mismos. ¡No! Él ha hecho de nosotros los grandes organizadores del mundo para establecer un sistema donde no impere el caos. Él nos ha dado el espíritu del progreso para derrotar a las fuerzas de la reacción en la tierra. Él ha hecho de nosotros adeptos del gobierno para que podamos administrar gobierno a los pueblos seniles y salvajes. Si no fuera por esa fuerza, el mundo caería en la peor barbarie y en la oscuridad. Y de toda nuestra raza. Él escogió el pueblo americano como la nación para finalmente guiar la regeneración del mundo. Esa es la misión divina de América, y como tal, nos proporciona todo el lucro, la gloria y la felicidad posible al hombre. Nosotros somos los encargados del progreso del mundo, los guardianes de su paz virtuosa[90].

---

89   Ferres, Joâo, «El concepto de América española en los Estados Unidos», Instituto Universitario de Pesquisas de Río de Janeiro, 2019.

90   Sebreli, Juan José, *op. cit.*, en Gullo, Marcelo, *Nada por lo que...*, pp. 269-270.

Claro, que llovía sobre mojado: John Locke (1636-1704), filósofo británico, considerado como padre del liberalismo político y autor de *Carta sobre la tolerancia* (1689-1690) y *Dos tratados sobre el gobierno civil* (1660), sustentó la esclavitud para las trece colonias americanas de su patria. Porque, como protestante, había asumido la idea de que el inglés era el pueblo escogido por Dios para guiar los designios de todo el mundo. Y, puesto que Gran Bretaña encarnaba la libertad, eran justas todas y cada una de las guerras en las que participaba. Defendía que los cautivos hechos en guerra justa pasaran a ser esclavos por derecho natural y sometidos al dominio absoluto y al poder arbitrario de sus amos. Inglaterra —continúa—, estaba poblada por gentes industriosas y racionales y ese país debía dominar toda América para el bien de la humanidad. Una América poblada con blancos anglosajones donde el resto sobraba. Su argumentario se apoyaba más en la ley natural (según su propio criterio y el de todos los protestantes) que en los decretos legislativos[91]. En el «Segundo tratado» escribió:

> El indio salvaje vaga insolente y agresivo en las selvas de América o en las selvas vírgenes y en las praderas no cultivadas de América [...]. Ignorando el trabajo, que es lo único que da derecho a la propiedad, habita en zonas que no pertenecen a nadie [...]. Son fieras salvajes con las que el hombre no puede vivir en sociedad ni sentirse seguro, por lo que pueden ser destruidos lo mismo que se mata a un león o a un tigre[92].

El mensaje no podía ser más claro y bajo esta premisa se estructuró la conquista del Oeste.

---

91 Losurdo, Domenico, *Contrahistoria... op. cit.*, p. 33.
92 Botella Ordinas, Eva, «Olvidar a John Locke: invasión de América, colonización de España e invasión de Inglaterra», en *Magallánica. Revista de Historia Moderna*, julio-diciembre de 2015, p. 13.

Destrucción de los pequots (en 1637) [Granger Collection, siglo XIX].

«La razón del estallido indio. El general Miles declara
que los indios están siendo empujados a la rebelión por
el hambre». Viñeta en *Judge* 20 de diciembre de 1890.

GENOCIDIO

Junto con el colonialismo, la otra gran negación de las autoridades ha sido la de genocidio. Las connotaciones que tiene asociadas el término van ligadas al mayor crimen conocido de la historia moderna, cometido por la Alemania nazi entre 1933 y 1945 contra el pueblo hebreo y que costó la vida a más de seis millones de personas. El Holocausto o la solución final, como también se lo ha denominado, ha creado un tabú en torno al vocablo porque tendemos a asociar cualquier tipo de barbarie con este concepto y, por tanto, su uso identifica a toda nación o Gobierno que haya cometido actos de esa envergadura, identificados con el vil crimen cometido por los nazis. No obstante, la práctica deplorable que supone un genocidio no fue inventada por los alemanes durante la década de 1930, sino que ya tenía un bagaje a lo largo de la historia e incluso después de que se liberaran los campos de exterminio del Tercer Reich ha seguido produciéndose.

Genocidios anteriores, tristemente afamados, fueron el del pueblo herero y nama en el África del Suroeste alemana, entre 1904 y 1907, que costó la vida de algo menos de cien mil nativos y terminó por destruir sus formas de vida; el armenio, que condenó a un millón y medio de armenios a las deportaciones forzosas y a la muerte, a manos del Imperio otomano, entre 1915 y 1923; y las acciones del Imperio británico contra los afrikáneres para poner fin a la segunda guerra bóer, con la habilitación de campos de concentración. Y, a pesar de la lección de vida que supusieron para todas las naciones los hechos acaecidos en la Segunda Guerra Mundial contra los judíos, en paralelo, Stalin provocó una hambruna y genocidio en Ucrania y continuaron repitiéndose episodios brutales durante el siglo XX como el del Mau-Mau en Kenia, por parte de los ingleses entre 1954 y 1962, que se cobró la vida de más de cincuenta mil miembros de la etnia kikuyu; el de jemeres rojos entre 1975 y 1979, que al mando de Pol Pot costó la vida de unos dos millones de personas; o la matanza sistemática de tutsis a manos de los hutus en Ruanda durante el año 1994, que se saldó con medio millón de víctimas.

Conviene, por tanto, definir de manera sucinta qué es un genocidio. La Real Academia Española de la Lengua lo cita como «el exterminio o eliminación sistemática de un grupo humano por motivo de raza, etnia, religión, política o nacionalidad. Otras acepciones contempladas son:

> Cualesquiera de los siguientes actos perpetrados con la intención de destruir total o parcialmente a un grupo nacional, étnico o religioso como tal: matanza de miembros del grupo; lesión grave a la integridad física o mental de los miembros del grupo; sometimiento intencional del grupo a condiciones de existencia que hayan de acarrear su destrucción física, total o parcial; medidas destinadas a impedir nacimientos en el seno del grupo; traslado por la fuerza de niños del grupo a otro grupo[93].

Y, el Estatuto de Roma de la Corte Penal Internacional de 1998 lo corrobora como:

1. Matanza de miembros del grupo.

2. Lesión grave a la integridad física o mental de los miembros del grupo.

3. Sometimiento intencional del grupo a condiciones de existencia que hayan de acarrear su destrucción física, total o parcial.

4. Medidas destinadas a impedir nacimientos en el seno del grupo.

5. Traslado por la fuerza de niños del grupo a otro grupo[94].

---

93 Convención para la Prevención y Sanción del Delito de Genocidio, de 9 de diciembre de 1948, art. II. ECPI, art. 6.
94 Estatuto de Roma de la Corte Penal Internacional de 1998.

La primera constatación de que nos encontramos ante un hecho que debe ser, al menos, tenido en cuenta es que los pobladores del territorio que ocupa actualmente Estados Unidos se situaban en torno a los quince millones[95] antes de la expansión de los euroamericanos y representaban la totalidad porcentual de la población. En el censo de 2022, el número de nativos norteamericanos registrados era de 4 119 301, correspondiente a poco más del uno por ciento de una población de 310 millones de habitantes[96].

La historiadora norteamericana Roxanne Dunbar-Ortiz defiende claramente que la expansión hacia el oeste a costa de las tribus nativas fue un genocidio, basado en la doctrina del destino manifiesto y en la supremacía blanca, hasta el punto de dibujar las políticas de Andrew Jackson como las de una suerte de solución final[97]. Sin embargo, el investigador español Gregorio Doval, aunque comparte que la expansión se produjo en un contexto de destrucción y violencia contra las tribus americanas, no cree que la definición de genocidio sea del todo correcta para la conquista del Oeste, debido a que la mayor parte de las víctimas fueron provocadas por las enfermedades y no hay, en la actualidad, prueba irrefutable que demuestre que estas fueron extendidas de manera deliberada[98]. Las discrepancias se extienden entre todos los historiadores e investigadores que han tratado el tema y es nuestra intención contribuir a clarificar los hechos acontecidos en la conquista y expansión, comparándolos con las definiciones más recurrentes del genocidio.

Las políticas puestas en marcha por Andrew Jackson y por los sucesivos ocupantes de la Casa Blanca a lo largo del siglo XIX y la primera mitad del XX se tradujeron en impulsar el sueño del destino manifiesto amparados en conceptos como la democracia, la libertad y el progreso[99]. En consecuencia, todo

---

95 Dunbar-Ortiz, Roxanne, *La historia indígena...*, p. 25.
96 Cruz, Alberto, *Pueblos originarios en América...*, p. 117.
97 Dunbar-Ortiz, Roxanne, *La historia indígena...*, p. 134.
98 Doval, Gregorio, *Breve historia de los indios...*, p. 316.
99 Wood, Gordon, *La revolución norteamericana*, Barcelona, Mondarori, 2003.

aquello que se opusiera o que fuera contraproducente debía ser eliminado[100]. Según esta asociación de ideas, la expansión hacia el oeste y la violencia contra los opositores, incluso el genocidio si contemplamos el más amplio significado de la palabra *eliminación*, quedaban unificados y el odio al indígena se convertía en una premisa de la democracia liberal estadounidense. Escritores como Walt Whitman respaldaban esta idea de la siguiente forma: «... el negro, como el indio, será eliminado; es la ley de las razas, la historia. Llega un grado superior de ratas y luego borra a todas las ratas inferiores»[101]. En su momento, Thomas Jefferson, presidente de Estados Unidos desde 1801 hasta 1809, afirmó la inferioridad de los indios y creyó que la forma de redimirla era mediante el cristianismo y la educación, lo que implicaba arrebatar a los nativos sus creencias religiosas e incidir sobre los aspectos educativos, donde, evidentemente, los más vulnerables para ser utilizados como base de su experimento eran los niños[102].

Pero las ideas y las declaraciones no fueron nada comparadas con los hechos. El Gobierno de Ulysses Grant, un jefe militar de elevado prestigio durante la guerra civil y que ocupó la presidencia entre 1869 y 1877, apoyándose en la Oficina de Asuntos Indios, fue el primero en crear una red de internados militares para adoctrinar a los nativos, especialmente a los más pequeños. Los niños fueron encerrados y tenían prohibido hablar su propia lengua, así como seguir practicando sus religiones, y, si lo hacían, eran golpeados y maltratados, lo que supuso varias generaciones de nativos traumatizados. Esta medida, además, cumplía otro de los requisitos contenidos dentro de la definición de genocidio que manejamos, pues alejaba a los más jóvenes de sus grupos originales trasladándolos a otros entornos distintos. Sin embargo, existieron episodios más penosos para ellos: John Sutter, minero, buscador de oro y empresario afincado en California, contrataba a miembros de tribus aliadas para

---

100 Dunbar-Ortiz, Roxanne, *La historia indígena...*, p. 149.
101 *Ibid.*, p. 160.
102 Monge, Fernando, «Un largo camino de lágrimas...», p. 825.

que secuestraran a niños de poblados enemigos y los vendieran como trabajadores en sus minas[103]. Los indios, expulsados de sus tierras ancestrales y relegados a reservas y espacios que no les correspondían, fueron víctimas de traslados forzosos a los que no pudieron resistirse. En 1890, las leyes promulgaron que todo nativo que fuese encontrado fuera de la reserva a la que había sido asignado sería considerado como «promotor de disturbios» [104] y en la misma línea se manifestó el periódico *Aberdeen Saturday Pioneer* cuando, después de la masacre de Wounded Knee, estableció una relación directamente proporcional entre la seguridad nacional y el exterminio de los amerindios[105]. El general William Sherman, encargado de las operaciones militares contra los nativos en las llanuras, de nuevo, volvió a proferir una lapidaria frase cuando le dijo a su hermano: «Cuanto más veo a estos indios, más me convenzo de que hay que matarlos a todos o mantenerlos como indigentes. Los intentos de civilizarlos son ridículos»[106].

Cualquier indicio de desobediencia fue castigado de manera contundente por el Gobierno de Estados Unidos y su Ejército. Pese a las leyes existentes y a los tratados con las naciones nativas, que normalmente solían ser incumplidos por Washington, la realidad fue que los conatos de rebelión fueron aplastados y que la sombra de la guerra amenazaba constantemente a las tribus. Así, el general Grant, convertido en presidente, dio un ultimátum a los responsables de la mayor concentración rebelde india —entre ellos estaba el jefe Toro Sentado— para que se presentasen en las agencias, amenazados con ser aniquilados si desobedecían[107]. Esto tuvo una consecuencia directa: el miedo. El terror de los indios a ser asaltados constantemente y despojados de todo lo que tenían, especialmente de la tierra y de sus propias vidas,

---

103 Doval, Gregorio, *Breve historia de la conquista del Oeste...*, p. 208.
104 Dunbar-Ortiz, Roxanne, *La historia indígena...*, pp. 202—206.
105 *Ibid.*, p. 207.
106 Cozzens, Peter, *La tierra llora...*, p. 92.
107 *Ibid.*, p. 247.

significó que muchas tribus se comportaron de una forma sumisa, tanto que se dejaron pisotear sin protesta alguna. Esto despertó comentarios como el del afamado buscador de oro John Sutter, que definió la mansedumbre de los indios como la de los negros del sur y fanfarroneó acerca de cómo ganarse su lealtad a cambio de unas miserables monedas[108].

En un riguroso estudio titulado *American indian holocaust and survival*, obra de Russell Thornton de 1942, basado en análisis demográficos, se resaltan datos sobre las penosas condiciones a las que fueron sometidos los indios norteamericanos, que probablemente ayuden a entender mejor el debate sobre si la conquista del Oeste fue o no un genocidio. Partiendo de la divergencia que existe en cuanto a las cifras, que Dunbar-Ortiz sitúa en quince millones antes de la llegada de los europeos en todo el territorio que conforma hoy Norteamérica y Dobyns reconoce entre 9,8 y 12,2 millones de habitantes[109], hay otros investigadores que localizan tan solo a 4,4 millones[110], lo que no debe ser óbice para reconocer un descenso demográfico absoluto y preocupante en el siglo XIX. Sirva como ejemplo la reducción de los hurones, que antes de 1600 tenían una población entre veinte y treinta y cinco mil individuos y esta quedó ajustada a la escueta cifra de 288 personas censadas en 1890, números que no han podido recuperarse, pues en 1966 tan solo se registraban 979[111]; o la de la población de las islas Martha's Vineyard y Nantucket, cuya población descendió en las mismas fechas de tres mil a 313 almas y de tres mil a 20, respectivamente[112].

---

108 Doval, Gregorio, *Breve historia de la conquista del Oeste...*, p. 208.
109 Dobyns, Henry, «Estimating aboriginal American population: An appraisal of techniques with a new hemisphere estimate» *Current Anthropology*, 7, 1966, p. 415.
110 Denevan, William, *The native population of the Americas in 1492*, Wisconsin, Madison, 1976, p. 291.
111 U. S Bureau of the census, citado en Thornton, Russell, *American indian holocaust and survival. A population history since 1492*, Universidad de Oklahoma, 1990, p. 73.
112 Cook, Sherbune, «The signicance of disease in the extinction of the New England Indians», *Human Biology*, 45 (1973), pp. 502-503.

Izqda.: Wa-Baun-See, jefe potawatomi
[F. W. Greenough, 1836]. Dcha.:
«capitán» de la nación illinois en el *Codex
canadensis* [Louis Nicolas, ca. 1700].

Continuando con los indios illinois, estos sufrieron la reducción de su población de más de diez mil miembros en 1670 a 130 en 1910, justo después del final de toda resistencia india, y consiguieron ascender, en 1980, a un total de 645. Todos estos datos nos dan una idea de la pérdida demográfica que debieron pagar la mayoría de las tribus cuando el Gobierno de Estados Unidos endureció sus políticas hacia los indios y manifestó la guerra total contra las tribus, aproximadamente en vísperas de la masacre de Wounded Knee (1890). La mayor parte de estas no han podido recuperarse. En términos generales, la población autóctona de California antes de la llegada de los europeos puede situarse entre los trescientos y los setecientos mil habitantes; en 1890 descendió a los dieciocho mil y se recuperó hasta los 198 275 en el censo de 1980[113].

---

113 U.S. Bureau of the Census, citado en Thornton, Russell, *American indian holocaust...*, p. 109.

	AÑOS 1600-1700	AÑO 1890	AÑO 1960--ACTUALIDAD
OMAHA	3000	1105	3090
MANDAN	15000	250	1013
YANA	2000-3000	39	0
KALAYUPA	3000	106	65
CAHUILLA	2500-10 000	1200	0
KANSA	5000	217	677
YUKI	6000-12 000	95	96
TOLOWA	2400	120	400-450

Situación demográfica de algunas tribus indias en los distintos periodos [elaboración propia a partir de los estudios de Russell Thornton].

El efecto de la expansión euroamericana no fue idéntico entre todas las tribus y algunas, muy relacionadas con los blancos y con fuertes lazos económicos y comerciales con el este, como los cheroqui, tuvieron cifras bastante distintas. En 1650 había unos veintidós mil miembros y, en 1890, en plena debacle del mundo indio, se situaban en veintiocho mil; en la actualidad se trata de una de las poblaciones nativas con mayor crecimiento demográfico, con más de 232 000 almas. Y algo parecido ocurrió con los cheyene, que triplicaron su densidad de población pasando de tres mil quinientos miembros en 1780 a 9918 de acuerdo con el censo de 1980[114]. De manera similar, los navajo partieron de una población de ocho mil personas en 1680, pasaron el escollo de 1890 con unas diecisiete mil y en 1980 presentaban cifras de 158 633[115]; hoy rozan los doscientos mil.

---

114 U. S. Bureau of the Census, citado en Thornton, Russell, *American indian holocaust...*, pp. 115 y 120.

115 U. S. Bureau of the Census, citado en Thornton, Russell, *American indian holocaust...*, p. 184.

Si nos centramos en Texas, donde los nativos sufrieron la virulencia del ejército de Estados Unidos, del mexicano y de las fuerzas de *rangers* que actuaban de manera independiente contra el indio, las cifras son aún más descorazonadoras. Tribus como los karankawa, los akokisa, los bidai y los coahuiltecos se extinguieron en 1890; los tonkawa, los caddo, los indios wichita, los kichai y los apaches lipanes vieron reducidas sus poblaciones entre un 88 y un 97 por ciento, lo que, sumado a las condiciones que les esperaron después, encerrados en las reservas y privados de sus formas tradicionales de vida, los condenó a la práctica extinción como sociedad propia[116].

El censo de 1890 fijaba en 248 253 los indios americanos sobre una población de 62 millones de habitantes[117], lo que supone en el peor de los casos, si tomamos las estimaciones demográficas más bajas esgrimidas por Denevan —con 4,4 millones antes de la llegada de los europeos—, una reducción de vidas del 94 % en tres siglos. Como hemos visto, la mayor parte de las tribus se recuperaron en el periodo transcurrido entre Wounded Knee (1890) y 1980[118], pero, aun así, la población india arrastra los efectos demográficos de la expansión hacia el oeste. Uno de los parámetros que definen el genocidio de un pueblo son las medidas dispuestas para evitar el nacimiento de más niños, lo que sucedió con toda seguridad entre 1850 y 1890, cuando tenía lugar el apogeo de las denominadas guerras indias. El Gobierno estadounidense, no obstante, permitió, una vez conseguido el sometimiento de las tribus, una recuperación también en este aspecto, donde las cifras de nacimientos por cada mil habitantes pasaron, de 1895 a 1929, de los 46 a los 53 en el caso de los cree, de 43 a 44 en el de los blackfoot y de 30 a 39 en el

116 Ewers, John, «The influence of Epidemics on the Indian population and cultures or Texas», *Plains Anthropologist*, 18, 1973 p. 106.
117 U. S. Bureau of the Census, citado en Thornton, Russell, *American indian holocaust...*, p. 160.
118 U. S. Bureau of the Census, citado en Thornton, Russell, *American indian holocaust...*, pp. 162-163.

de los indios de la Columbia británica[119], aunque también se dieron excepciones en algunas tribus que, debido a las bajas sufridas en el periodo precedente, jamás pudieron recuperar su crecimiento natural por falta de hombres.

Las cifras recogidas en el censo de población estadounidense en 1970 sitúan a los indios como la tercera comunidad más numerosa después de blancos (177 000 millones) y negros (22 000 millones), con un número total de 792 730. Sin embargo, lo preocupante de esta cantidad es que es bastante similar al número de japoneses (591 290), chinos (435 062) y filipinos (343 060), especialmente porque los indios son los pobladores autóctonos de Norteamérica y el resto de los grupos son fruto de la inmigración[120].

Con todo, las enfermedades fueron causa determinante de muerte entre las poblaciones indígenas. La tribu omaha perdió entre 1801 y 1837, a causa de la viruela, a más de mil ochocientas personas sobre un total poblacional de tres mil individuos, lo que significa una merma terrible; y sus miembros fueron asaltados en periodos sucesivos por el cólera y el sarampión. Estos datos son trasladables a todas las tribus[121]. Factor clave definitorio de un genocidio es la persecución y matanza de un pueblo a manos de otro: en el caso de los nativos norteamericanos, la oposición de algunas de sus tribus conllevó batallas y escaramuzas que costaron vidas humanas; en el periodo de 1850-1890, momento de máxima concentración de acciones hostiles en el Medio Oeste y concretamente en las llanuras, tuvieron lugar 1469 enfrentamientos entre nativos americanos y fuerzas del Ejército estadounidense[122].

119 Wissler, Clark, «Changes in population profiles among the northern plans Indians», *Anthropological papers of the American museum of natural history*, 26, 1936, p. 60.

120 U. S. Bureau of the Census, citado en Thornton, Russell, *American indian holocaust...*, p. 223.

121 Liberty, Margot, «Population trends among present-day Omaha Indians», *Plains Anthropologist*, 20, 1975, p. 228.

122 Michino, Gregory, *Encyclopedia of indian wars. Western battles and skirmishes, 1850-1890*, Mountain Press, Missoula, 2015, pág 362.

Tribu	Combates	Bajas	Porcentaje
Apache	214	566	2,6
Sioux	98	1250	12,7
Cheyenne	89	642	7,2
Comanche	72	230	3,1
Kowa	40	117	2,9
Paiute	33	302	9,2
Navajo	32	33	1
Shoshone	31	202	6,5
Rogue	23	196	8,5
Nez percé	16	281	17,5
Modoc	12	208	17,3
Utas	10	105	10,5
Hualapai	10	22	2,7
Arapaho	8	29	4,8
Kickapoo	6	100	20

Número de combates, bajas y porcentaje total sobre el total de fallecidos durante el periodo 1850-1890 Fuente: Elaboración propia a partir de datos en Gregory Michino.

La tabla nos muestra a las tribus más combativas y cómo el número de bajas registrado en todos los casos ocupó un porcentaje relativamente bajo con respecto a las causas de muertes ocasionadas por la pérdida de sus condiciones socioeconómicas, el encierro en reservas, la ingesta de alcohol o las enfermedades. En algunas tribus, como la apache, a pesar del número abultado de conflictos, que se eleva a 214, estos solo implicaron 566 muertes, correspondientes a un 2,6 % del total de bajas, lo que muestra su mejor preparación militar.

La contradicción estaba servida ya que Estados Unidos era el garante —teórico— de la libertad, de los derechos humanos y de la condena del colonialismo mientras que hacía exactamente lo contrario en su propio territorio[123]. Con los datos aportados y el cumplimiento de algunas de las premisas que definen el genocidio, parece evidente que la expansión para cumplir la doctrina del destino manifiesto y el dulcificado tratamiento que se ha pretendido dar a la conquista del Oeste quedan en entredicho. La ficción desde el siglo XIX, y especialmente el cine hollywoodiense, ha conseguido crear esa imagen y convertir un hecho traumático y que podemos considerar como genocidio en una epopeya heroica. No obstante, los datos evidencian que existieron matanzas deliberadas contra los indios y que se lesionó gravemente su integridad física y mental. Asimismo, la destrucción de sus formas de vida ancestrales con la caza del bisonte, la obligatoriedad de abandonar esta tradición y la recolección a favor de la agricultura y la ganadería, o el encierro en reservas, privándolos de las grandes extensiones de tierra a las que estaban acostumbrados, también fueron un hecho. Aunque no hubo una planificada política para evitar los nacimientos en las tribus nativas, estos se redujeron debido a la alta mortalidad y al cambio de las condiciones de vida y es evidente que los traslados forzosos de niños y adultos de un lugar a otro constituyeron una realidad, que podemos corroborar en las reservas.

Para disipar cualquier duda, podemos comparar el paradigma de los genocidios, el Holocausto, con el destino sufrido por los amerindios y observaremos rasgos comunes. La política de segregacionismo de la Alemania nazi comenzó prácticamente con el ascenso al poder de Adolf Hitler y la promulgación de sucesivas leyes para ir ahogando tanto la economía como los aspectos socioculturales de los judíos. El Gobierno de Estados Unidos dictó varias leyes y firmó acuerdos con las naciones nativas que jamás cumplió; entre la legislación al efecto destacaron la Ley de Traslado Forzoso (1830), por la que se obligaba al movimiento de pueblos indios desde el este al oeste del Misisipi para favorecer el expansionismo y

---

123 Dunbar-Ortiz, Roxanne, *La historia indígena...*, p. 232.

asentamiento de colonos en sus tierras, y la ley Dawes (1887), por la que se ordenaba que los indios debían integrarse en las actividades agrícolas y abandonar sus formas tradicionales de subsistencia. En torno a 1890, el Gobierno prohibió la danza del sol y el idioma lakota y se sustituyó a los jefes naturales rebeldes por otros más sumisos[124]. La idea, como en la Alemania de la década de los años treinta, era ir minando física y moralmente a los nativos. Antes de que el Reich decidiera la solución final contra el pueblo judío, los hebreos fueron encerrados en guetos y aislados, mientras que sus negocios y economía eran asfixiados, algo similar a la concentración de indios, primero en agencias y después en reservas, y a la destrucción sistemática de su sustento económico. El mejor ejemplo de aquello fueron la aniquilación del bisonte y la reducción de las posibilidades de caza que se dieron en las reservas, lo que condujo a la población india hacia el total aislamiento y, a la postre, a la destrucción de su interrelación socioeconómica.

La brutalidad y crudeza de los campos de concentración alemanes no tiene comparación con ningún otro proceso histórico, pero sí la persecución de indios americanos a manos del Ejército, que significó un acicate más al desenlace de las naciones nativas como tales. Los rasgos son comunes a otros genocidios cometidos y que ya hemos citado y responden a un plan deliberado del Gobierno de Estados Unidos para acabar con una cultura que suponía un freno a su expansionismo. La única excepcionalidad es que Washington esbozó una nueva historia que borraba la realidad y la sustituía por un imaginario colectivo alimentado por el cine de Hollywood y por la televisión, instalada en millones de hogares.

---

124 Paz Torres, Margarita, «La tradición de los indios Lakota ...», p. 232.

Protegiendo a los colonos [*The indians of California*, J. R. Browne, 1864].

II. DESENTERRANDO EL HACHA DE GUERRA

Una vez desarrollada la motivación que impulsó a los sucesivos Gobiernos de Estados Unidos a la conquista del Oeste, basada fundamentalmente en la doctrina del destino manifiesto y las teorías supremacistas reinantes en la época, y conocidos los dos procesos históricos que causaron la desaparición de los indios en el solar de Norteamérica, el colonialismo y el genocidio, conviene conocer las razones que hicieron perecer a las tribus nativas. En nuestra opinión fueron dos: una causa directa y otra indirecta.

La primera de ellas, que trataremos en capítulos posteriores, se tradujo en los enfrentamientos entre las tribus indias y el ejército de Estados Unidos, a veces apoyado por mercenarios, voluntarios o incluso por otras tribus que aprovechaban la rivalidad existente. Estos choques tuvieron su raíz en las ansias expansionistas de Estados Unidos y en la resistencia india a que esto ocurriera. La cuestión principal es si es correcto llamar a estos sucesos *guerra* o habría que englobarlos en el proceso colonialista puesto en marcha por Washington. A la Casa Blanca le interesó en todo momento que fueran reconocidos como un conflicto para poder justificarse y situar enfrente a un enemigo visible al que abatir y en el que concentrar el odio de la sociedad occidental. A las tribus originarias les vino impuesto el término *guerra*, cuando en realidad se revolvían contra los invasores para no ser víctimas de su expansionismo desmesurado y poder así mantener la tierra que consideraban suya. Innegable es que, en el contexto del colonialismo y debido a la resistencia india, se dieron una serie de conflictos entre el Gobierno de Estados Unidos y las etnias amerindias, nunca en conjunto sino con un carácter local, que podemos contener en tres grandes bloques: las primeras guerras coloniales y contra tribus al este del Misisipi; las acciones bélicas de la costa oeste, donde pronto recalaron los intereses norteamericanos; y las conocidas como guerras indias (1850-1890), por la conquista y el sometimiento de las tribus asentadas en el centro del país.

Pero ya hemos dicho que, mientras estos conflictos ocurrían, Estados Unidos se iba consolidando como un país e iba proyectando, sobre el territorio que ocupa en la actualidad, un colonialismo al uso, con determinadas características concretas. Y esta condición fue lo que ocasionó en realidad la destrucción de las sociedades nativas existentes en el solar de Norteamérica y lo que denominamos causas indirectas del fin de las tribus: el alcohol; el final de la sociedades y su encierro en reservas, así como la imposición de que abandonaran formas tradicionales de subsistencia como la recolección o la caza del bisonte por prácticas agrícolas y ganaderas; el avance de los colonos, pioneros, mineros y el resto de los buscavidas; el desarrollo del ferrocarril y de la red de vías; la división intertribal; y el uso de la violencia.

Investigadores como William M. Denevan ya advirtieron sobre la importancia de estos agentes, a los que él denominó «otros asesinos». Se trataba de la explotación de minas, las matanzas y el arrinconamiento de los medios de producción indios, que daba lugar a hambrunas y a la incapacidad de las tribus de mantenerse por sí mismas como habían hecho durante siglos. El resultado de esta pérdida continua de sus propias capacidades fue definido por Henry Dobyns como una absoluta dependencia del hombre blanco: la sustitución de sus modos de vida tradicionales por nuevas formas de convivencia en las que las tribus americanas nativas se convertían en deudoras de los euroamericanos[125]. Las guerras indias no

---

125   Dunbar-Ortiz, Roxanne, *La historia indígena...*, pp. 61—62.

podrían explicarse sin estas situaciones previas y coetáneas a los enfrentamientos armados, pues la tensión a la que se sometió a las etnias en numerosas ocasiones empujó a estas a no hallar más alternativa que la lucha. En 1873, el invierno fue muy crudo y el hambre aumentó el malestar entre las tribus kiowas, lo que agravó la hostilidad de sus miembros hacia el que entendieron como foco de aquella situación, el Gobierno de Washington. En un principio, los kiowas se habían mantenido pacíficos y temerosos de embarcarse en una guerra que no podían ganar, pero la falta de alimentos y la privación de sus libertades animaron a que algunos jefes como Satanta y Gran Árbol se sumaran a la resistencia. El agente cheyene exigió en varias ocasiones a la Oficina de Asuntos Indios que se diera de comer a su pueblo, pero no obtuvo respuesta y el malestar condujo a un levantamiento generalizado[126].

Aquella concatenación de medidas represoras, especialmente el internamiento de niños en agencias y escuelas para reeducarlos en los valores occidentales provenientes de las mutaciones de la Revolución Industrial y hacerles olvidar sus raíces étnicas, hizo que naciera entre ellos un hermanamiento singular. Desde ese momento dejaron de ser miembros de las tribus arapaho, apache, siux o cheyene y alcanzaron la identidad nacional de indios. Todos ellos tenían intereses comunes, estaban sometidos a las mismas condiciones impuestas de vida y carecían de libertades y, por tanto, encontraron rasgos identitarios comunes. Esto se trasladó a todos los ámbitos, pero tuvo una especial repercusión en el religioso, pues se estableció entre las tribus un ritual que sirvió para unirlos en una misma causa, la danza del Gran Espíritu[127]. Esta, no obstante, pronto se convirtió en un elemento contestatario y de rebeldía frente a los blancos.

Gregorio Doval también apunta, como arma de destrucción de las sociedades nativas americanas, a la eliminación de su entorno natural. La propia explotación de los euroamericanos no se centró únicamente en someter a los

---

126 Cozzens, Peter, *La tierra llora...*, p. 177.
127 Monge, Fernando, «Un largo camino de lágrimas...», p. 829.

indios a su voluntad y privarlos de sus formas de vida, sino que estuvo acompañada por una serie de hechos, consecuencia directa de las herramientas del progreso que los acompañaba. Así, las compañías mineras excavaron montañas y el crecimiento demográfico hizo aparecer pueblos y ciudades donde antes no había más que parajes salvajes. La deforestación de determinadas zonas afectó al mundo vegetal, del que los indios se beneficiaban mediante la recolección, y por supuesto a la fauna, que, en algunos casos como el de los bisontes, terminó por extinguirse y ser sustituida por plantaciones y ganaderías más competitivas y afines a los modos de producción liberales[128]. En resumen, todas estas estrategias, quizá no tan llamativas como el estruendo de un revólver Pacificador o de un rifle Winchester, fueron mucho más letales que los avances militares y su sinergia complementó, deliberadamente o no, a la conquista del Oeste.

«Mina de Montana» (John C. H. Grabill, 1889; detalle) [Library of Congress].

---

128   Doval, Gregorio, *Breve historia de la conquista del Oeste...*, p. 339.

LAS CONSECUENCIAS DE LAS
BEBIDAS ALCOHÓLICAS

Elementos como el alcohol causaron graves daños a las poblaciones de indios americanos nativos. El jefe Nube Roja lo definió como «el agua que enloquece a los hombres» y sus efectos deben considerarse en cualquier caso nocivos. Del mismo modo que el tabaco fue un descubrimiento para los primeros exploradores que arribaron a América y pronto se convirtió en un hábito general con la llegada de su producción masiva en la Revolución Industrial, el alcohol fue un acontecimiento fortuito que destruyó o contribuyó a la ruina de las tribus de Norteamérica.

En la colonización de África, iniciada en el siglo XIX y generalizada a partir de la Conferencia de Berlín (1884-1885), los elementos que desgarraron la estructura básica de las sociedades nativas fueron las armas de fuego y los caballos. Su introducción fue prontamente aprovechada como un negocio por los comerciantes blancos y por algunos pueblos originarios deseosos de aumentar su poder e influencia. Caballos y armas de fuego fueron canjeados a menudo por esclavos, lo que despertó un comercio cada vez más intenso de personas que premiaba a sus traficantes, especialmente a los nativos, con armas y elementos que los dotaban de superioridad para imponerse sobre sus vecinos.

En el caso de Norteamérica, el alcohol no fue una herramienta de poder sino, más bien, de decadencia. El caballo había sido introducido por los españoles en las diferentes expediciones que se realizaron desde la Nueva España hacia el norte[129] y algo parecido había ocurrido con las armas de fuego, intercambiadas por pieles con los comerciantes franceses. Ambas fueron nuevas formas de diferenciación y superioridad de las tribus que las adquirieron. Así, por ejemplo,

---

129 Fernández-Shaw, Carlos, *Presencia española en los Estados Unidos*, Madrid, ICI, 1987.

los indios de las llanuras mejoraron sus tácticas cinegéticas en torno al bisonte y aprendieron novedosos modos de hacer la guerra. Sin embargo, las bebidas alcohólicas, canjeadas por pieles, oro o cualquier elemento valioso, constituyeron una merma en el funcionamiento de las relaciones tribales. Su introducción afectó a la salud de los indios. Algunos de ellos comprobaron que podían evadirse con ellas de los problemas cotidianos, que, a veces, eran dramáticos.

El encierro en las agencias y la privación de sus formas de vida empujó a los guerreros y cazadores, acostumbrados a la acción continua desde siempre, a hábitos sedentarios y sin perspectivas de cambio y muchos solo encontraron alivio en el consumo de alcohol. La mayoría de las veces eran licores de dudosa calidad, destilados con el fin de hacer negocio rápido y barato, elaborados por comerciantes sin escrúpulos[130], y llevaron a los indios americanos a alcanzar altas tasas de enfermedades relacionadas con su ingesta como la diabetes y la cirrosis; pero, sin duda, lo más peligroso fueron las consecuencias en el comportamiento de sus consumidores. Muchos se volvieron apáticos y se situaron, sin saberlo, en una posición de sumisión que resultó beneficiosa para los anglosajones, pues evitaban contestaciones o rebeliones.

La consecuencia de mayor gravedad acabó siendo el desmoronamiento del orden y la responsabilidad social que conllevaba[131], pues, aunque los amerindios estaban familiarizados con otro tipo de drogas y convivían con adicciones a algunas hierbas, el tabaco o el peyote, estas estaban controladas y se consumían en el contexto de fiestas y celebraciones religiosas, mientras que el alcohol se transformó en muy pocos años en una constante en la realidad social de las tribus. Un ejemplo del efecto de los licores aconteció tras la campaña llevada a cabo por el general Philip Sheridan en 1868 contra los cheyene-arapaho, que sumió a la tribu en un trance que duró cuatro años: la tribu, encerrada en los corsés de la agencia, se consumió en la degradación que supo-

---

130 Cozzens, Peter, *La tierra llora...*, p. 16.
131 Dunbar-Ortiz, Roxanne, *La historia indígena...*, pp. 62.

nía la reclusión de cazadores y guerreros que durante años habían llevado una vida activa y a esta desdicha se unió el trabajo, lento pero efectivo, del alcohol. Los indios, hundidos en fuertes depresiones, cautivos, empobrecidos y dependientes por completo de las autoridades civiles y militares norteamericanas, fueron víctimas fáciles de un comercio de licores de escasa calidad, denominados comúnmente como matarratas, que pronunció el declive y minimizó cualquier conato de revuelta[132].

LO THE POOR INDIAN

Oh why does the white man follow my path?

«He aquí el pobre indio.— "¡Oh, por qué el hombre blanco sigue mi camino!"». Caricatura de un indio con rifle y botella de *whisky* (Vance, Parsloe & Co, ca. 1875) [Library of Congress].

---

132 Cozzens, Peter, *La tierra llora...*, p. 176.

ENCIERRO Y REEDUCACIÓN

El plan colonizador del Gobierno de Estados Unidos llevaba implícito el desplazamiento de los pueblos indios y su privación de libertad. Paradójicamente, la mayor parte de las tribus que combatieron contra Washington para evitar el sometimiento lo hicieron lejos de sus terrenos ancestrales de caza y defendieron tierras que no eran las que habían habitado sus antepasados, y eso se debió, en parte, a las políticas puestas en marcha por los sucesivos Gobiernos de la Casa Blanca.

El procedimiento practicado por las autoridades estadounidenses siempre fue el mismo. En primer lugar, se compraba u obtenía un territorio de otra potencia por medios bélicos o a través de una operación de venta, por supuesto sin tener en cuenta a los pobladores nativos de aquellas tierras. Una vez concluida la transacción del territorio, los colonos comenza-

Escuela gubernamental para indios. Reserva pawnee (1865-1902)
[Stephen A. Schwarzman Building; The New York Public Library].

ban a poblarlo y, en un primer momento, las tribus indias recibían una oferta para vender sus tierras, algo que normalmente no solían aceptar pues se trataba de territorios sagrados para ellos y, además, los indios de Norteamérica no solo consideraban que aquella tierra les pertenecía, sino que vivían en simbiosis con ella, como habían hecho sus antepasados. Ante la negativa, llegaba una invasión de colonos, tanto granjeros como mineros, que poblaban una gran parte de la superficie y era entonces cuando comenzaban las fricciones con las tribus. Se iniciaban espirales de violencia difíciles de controlar que, al final, concluían con la acción directa del Ejército estadounidense y el encierro o traslado de las tribus a territorios concretos controlados por las agencias, que más tarde se convirtieron en reservas, espacios siempre menores y, evidentemente, los menos fértiles.

Los pueblos americanos nativos estaban fuertemente apegados a la tierra en la que vivían y tenían una relación con el entorno natural que los rodeaba de absoluto respeto, pero no ostentaban títulos de propiedad sobre esos terrenos ni consideraban que fueran suyos en virtud de ningún documento, aunque sí por efecto de tradición consuetudinaria. La relación con la tierra había sido heredada de sus ascendientes y por eso consideraban no tanto que esta les concernía, sino que ellos pertenecían a ese hábitat. La llegada de los colonos incitó un cambio radical en su mundo y entre ellos surgieron dos posturas básicas a la hora de afrontar la nueva presencia extranjera: la de los que estaban de acuerdo en defender la convivencia pacífica con el hombre blanco, asumiendo que su avance era imparable y considerando además que podían compartir sus costumbres, y la de los que se aferraban a sus tradiciones y pensaban que los norteamericanos solo traerían su final[133]. Aquellas dos visiones demostraron la primera debilidad de los amerindios en una constante que se repitió prácticamente entre todas las tribus, incluso en las más belicosas: que estaban tremendamente divididos.

---

133   Cozzens, Peter, *La tierra llora...*, p. 6.

Cuando blackfeet y siux se encuentran [Charles Marion Russell, 1903].

La dramática historia de Estados Unidos y el destino de las tribus americanas nativas demostraron que ambos posicionamientos tenían razón. Los primeros aceptaban la colonización europea y sabían que no podían hacer nada contra ella y los segundos no confiaban en lograr mantener sus sociedades frente a las condiciones impuestas por la sociedad anglosajona. En cualquier caso, los indios que se sometieron terminaron por perder su identidad tanto como aquellos que se resistieron y la única diferencia fue la sangre que derramaron. Todos los nativos, sin excepción, fueron despojados de sus tradicionales formas de existencia y obligados a condiciones de vida infrahumanas que empujaron a muchos a rebelarse y alimentar de nuevo la espiral de violencia. Tal fue el caso de la sublevación y guerra de Toro Sentado y Caballo Loco, resultado de la unión, liderada por ambos, de los hunkpapa y los oglala, junto con sans arcs y una pequeña banda de miniconjou: la agrupación de la mayor parte de los lakota que anhelaban la libertad, al margen de una gran proporción de cheyene de la agencia que se resistían a la lucha.

El crudo invierno de 1874 y el padecimiento de una hambruna igualmente terrible despertarían a estos últimos y acercarían a la mayoría a las huestes del líder Toro Sentado[134].

Con todo, aquellas medidas no eran casuales, sino que obedecían a una arbitrariedad destinada a terminar con las naciones americanas nativas. Se calcula que al menos cien mil indios fueron obligados a moverse en 1830 a causa de las políticas del presidente Andrew Jackson[135]. El continuo crecimiento de Estados Unidos como una nación próspera que trataba de conectar ambos océanos y cumplir los designios del destino manifiesto llevó consigo que los pobladores autóctonos fueran desplazados, primero, al margen occidental del río Misisipi y, más tarde, a otros territorios dispuestos en las llanuras centrales. La venta de la Luisiana francesa en 1803, la compra de Florida a España en 1819, la anexión de Texas en 1845 o la cesión de todos los territorios mexicanos comprendidos en el Tratado de Guadalupe Hidalgo de 1848 supusieron siempre el desplazamiento de las tribus indias. Los nuevos territorios que iban adquiriéndose se convirtieron rápidamente en un polo de atracción para los colonos que buscaban unas mejores condiciones de vida y el peso demográfico de los europeos, superior al de los nativos, terminó por desequilibrar la balanza y ocasionar las migraciones a lugares menos favorecidos. El principal problema en torno a este asunto fue que Estados Unidos no se detuvo en un momento concreto, sino que continuó su expansionismo y su sometimiento de todo grupo humano que se interpusiese en su planificación territorial. Así que, pronto, los pueblos indios se quedaron sin espacio vital en el que poder desarrollar sus actividades.

Siempre había una excusa para continuar avanzando hacia la plenitud territorial del continente y esto chocaba frontalmente con los intereses de los indios, muy arraigados en su entorno. A partir de la década de 1840 se gestó un interés mucho mayor en California y Oregón, donde las posibi-

134 Cozzens, Peter, *La tierra llora...*, p. 242.
135 Paz Torres, Margarita, «La tradición de los indios Lakota ...», p. 228.

lidades por la riqueza y fertilidad de la tierra se convirtieron en altavoces para llamar la atención de los colonos al este del río Misisipi. El descubrimiento de oro en California en 1848 dio el pistoletazo de salida para las masas de buscadores de este rico metal y significó una casualidad muy bien avenida con los planes del Gobierno de la Casa Blanca. No fue el único caso: el territorio sagrado para los siux, el de las Colinas Negras, se convirtió en objetivo prioritario de la conquista para el Ejecutivo estadounidense, pero la opinión pública y ciertos sectores de la prensa del este consideraban todavía que era un agravio sin justificación, por lo que dejaba atado de manos al presidente de turno. Fue fácil venderle a la ciudadanía que el oro era necesario y, por tanto, cuando algunos hombres del célebre Custer encontraron una veta de este preciado metal en Black Hills, aquella fue la excusa perfecta para que el Gobierno tuviese legitimidad para derogar el título de propiedad indio sobre las colinas[136].

Llegó un punto en el que el Ejecutivo estadounidense abrazó la idea de ejercer un mayor control sobre las ya diezmadas sociedades nativas por medio de un encierro parcial. Aquellos reductos, como se ha adelantado, fueron conocidos como agencias y se pretendió con ellas mantener a las tribus bajo una estricta vigilancia, para controlar cualquier movimiento unilateral o deseos de revuelta que pusieran en peligro el plan colonizador. Tanto fue así que el Gobierno pronto comprendió que era la única forma de garantizar la dominación y evitar guerras locales contra tribus rebeldes. En diciembre de 1876, el Ejecutivo, por mediación de la Oficina de Asuntos Indios, lanzó un ultimátum a los jefes lakota, entre los que figuraba Toro Sentado, para que se presentaran en las agencias a fin de no ser considerados enemigos de Washington[137]. Fueron estas, pues, lugares de reclusión y de control que posteriormente dieron paso a las reservas.

Aquellos espacios, reducidos en comparación con las grandes extensiones de caza en las que se movían las tribus indias

---

136   Cozzens, Peter, *La tierra llora…*, p. 240.
137   *Ibid.*, p. 247.

antes de la colonización europea, causaron devastadoras heridas en el seno de las sociedades nativas. En primer lugar, las lenguas indias fueron desapareciendo paulatinamente por la injerencia de las autoridades norteamericanas en la educación de los más pequeños, como ya hemos visto, recluidos y excluidos de las enseñanzas propias de sus pueblos. La herramienta más poderosa empleada por los occidentales contra los indios fue la prohibición de hablar sus propios dialectos, lo que condujo, qué duda cabe, a un declive gradual de las diferentes culturas. La lengua, elemento aglutinador e identitario de todos los pueblos del mundo, fue considerada por la Casa Blanca como un enemigo directo y su prohibición era la mejor forma de ganar una batalla cultural a largo plazo, que vería sus frutos en las siguientes generaciones[138].

La aparición de injusticias derivadas del encierro provocó aún más daños a las tribus indias. En la guerra que enfrentó al Gobierno estadounidense con la nación modoc —liderada por el cabecilla indio Capitán Jack—, célebre por la batalla de Lava Beds, las tropas gubernamentales perdieron a 68 hombres y tuvieron más de 75 heridos, incluidos sus aliados indios, frente a unos pocos guerreros modoc. La victoria, aun así, no les garantizó el mantenimiento de su estatus y de sus tierras y las autoridades obligaron al traslado forzoso de los modoc, cinco meses después, a un espacio de 2,5 kilómetros cuadrados. En dicha tesitura, sus jefes, incluido Capitán Jack, fueron conducidos al cadalso y al resto de ellos se los sometió a difíciles condiciones de vida que aseguraron prácticamente la rendición y la desaparición de su soberanía[139]. No obstante, las imposiciones de ignominia para con los nativos fueron sucediéndose una tras otra en torno a su encierro en agencias y se han extendido hasta el periodo actual en las reservas. En mayo de 1873, la de White Mountain fue escenario de una revuelta causada por la lógica de las circunstancias: la privación de las libertades y de las formas de vida, el desplazamiento forzoso, la presencia de demasiado alcohol y

---

138 Paz Torres, Margarita, «La tradición de los indios Lakota ...», p. 226.
139 Cozzens, Peter, *La tierra llora...*, p. 170.

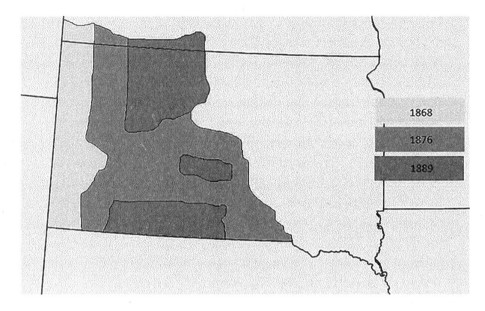

Reducción de la reserva siux entre 1868 y 1889, en el actual estado de Dakota del Sur [elaboración propia a partir de Thornton, Russell, *American indian holocaust...*, p. 147].

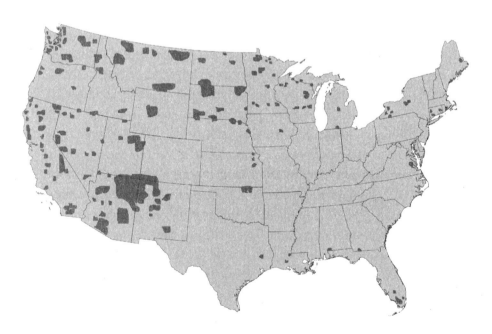

Reservas indias en la actualidad en Estados Unidos [elaboración propia].

la falta de esperanzas en un cambio de su suerte indujeron un levantamiento y, con él, la furia incontrolada del general Crook, que impuso una violencia inusitada contra los jefes y agitadores; en unos meses, las cabezas de todos ellos adornaban el patio de Camp Apache, como una severa advertencia que rezaba que nadie podía alzarse contra el Gobierno de Estados Unidos[140]. Tampoco fueron permitidas otras prácticas de resistencia pasiva como la danza del Gran Espíritu, que el jefe paiute Wovoka había puesto en marcha dentro de las agencias para despertar un sentimiento de unión entre los indios sometidos y estrechar lazos de camaradería. La intencionalidad de aquel ritual religioso no era sino política y perseguía un levantamiento. Los militares norteamericanos se percataron de ello y sometieron a severas restricciones cualquier acto que fuera encaminado en esa dirección, en lo que resultó el antecedente último de episodios tan dramáticos como la masacre de Wounded Knee (1890)[141], de la que hablaremos con detalle.

El historiador mohawk Taiaiake Alfred manifestó que el legado del colonialismo no era otro que los internados, el racismo, la expropiación, la extinción de los pueblos nativos, la guerra y, por último, la beneficencia. La existencia de estos recintos acotados a los que los nativos fueron trasladados en un régimen de semilibertad se convirtió en motivo de injusticias y de sufrimiento, como el que manifestaban algunos testimonios recogidos por Dunbar-Ortiz, en los que se mencionan los abusos sexuales a niños de ambos sexos. Esto, unido a la privación de las formas cotidianas de vida, el alejamiento de sus familias y la prohibición expresa de hablar su lengua, transformó a generaciones enteras y las condujo a una total crisis de identidad y valores. Por tanto, la concatenación de actos llevados a cabo en este escenario supuso una aportación más a la destrucción de las culturas indígenas.

La llegada de misioneros a los territorios en que se asentaban las tribus produjo una enorme impresión en los indios.

---

140 Cozzens, Peter, *La tierra llora...*, pág, 209.
141 Paz Torres, Margarita, «La tradición de los indios Lakota ...», p. 232.

Ya habían tenido contacto con los anglosajones, tanto pacíficos como belicosos, y, por ello, poseían una idea aproximada de las intenciones que albergaban, pero los misioneros portaban nuevas palabras y un mensaje que confrontaba con sus creencias ancestrales. El impacto de la religión en África, América del Sur y Centroamérica sirvió como precedente para entender cómo se desarrollaría en Norteamérica, pero la salvedad fundamental estuvo en el tipo de religión que profesaban sus misioneros. Mientras que, en el resto del continente, los portadores de la palabra divina respondían por la fe cristiana católica, los que lo hicieron ante los indios norteamericanos eran cristianos protestantes. El determinismo, por ende, condicionó las difíciles relaciones y el destino de todos aquellos pueblos, pues su doctrina consideraba que el futuro estaba escrito y que las acciones realizadas en vida no eran trascendentales para alcanzar el paraíso cristiano.

John Eliot [misionero puritano] *entre los indios* [*Missionary explorers among the American Indians*, M. G. Humphreys, 1913].

Resulta evidente que esta idea desposeyó a los colonizadores euroamericanos, de origen anglosajón, de toda moralidad y arrepentimiento por sus acciones. Además, los misioneros que llegaron a Norteamérica en el siglo XIX traían costumbres y lenguas foráneas que pronto contribuyeron a la aculturación de tribus debilitadas por la sinergia de los elementos propios del colonialismo. En el primer caso, la lengua sustituyó a las propias en las escuelas y los recintos en los que fueron reunidos y encerrados los niños indios, haciendo que algunas de ellas se olvidaran con el paso de dos o tres generaciones; lo que resulta verdaderamente llamativo es el hecho de que todavía existan muchas: demuestra la lucha, también cultural, mantenida por los pueblos americanos nativos. En segundo lugar, la anulación de la lengua materna afectó a pueblos que transmitían sus conocimientos, historia, mitos y religión a través de la oralidad, pues eran ágrafos. Los misioneros, sin embargo, contribuyeron con la introducción de la escritura a que algunos miembros de determinadas tribus como los dakota, se preocuparan de crear alfabetos basados en los caracteres latinos y así consiguieran los primeros registros escritos, que posibilitaron que las lenguas no desaparecieran por completo[142].

No cabe duda de que, demográficamente, los indios americanos no tenían posibilidades reales de competir con la sociedad establecida al este del Misisipi y, por tanto, su aculturación era un hecho ostensible en todas sus dimensiones. En un país en el que conviven más de trescientos millones de almas, solo cuatro millones son descendientes de nativos. Un ejemplo de aquella superioridad numérica por asentamiento de población blanca y, especialmente, de su inmensa capacidad de multiplicación fue el llamamiento hecho por el gobernador de Kansas favoreciéndose de la Ley de Asentamientos Rurales, que hizo que se triplicase la masa poblacional de Kansas y Nebraska durante los años siguientes al término de la guerra civil (1861-1865)[143].

---

142 Paz Torres, Margarita, «La tradición de los indios Lakota...», p. 227.
143 Cozzens, Peter, *La tierra llora...*, p. 21.

SOMETIMIENTO A GOLPE DE LEYES

Estados Unidos era un país legítimo, constituido sobre la base de una decisión colegiada y amparado por una constitución y unas leyes, lo que suponía que sus acciones no podían estructurarse a partir de decisiones arbitrarias y al margen de la legislación internacional. Además, la nación necesitaba consolidarse sobre pilares firmes sustentados en la ley, la justicia y el orden, pues el hecho de no hacerlo podría mostrar una imagen de Washington más cercana a la de un Estado sostenido por un grupo de salvajes que a la de una nación democrática y moderna.

De este modo, el Gobierno estadounidense negó continuamente el colonialismo y se afanó en convertir el proceso de sometimiento de las tribus y naciones nativas en una causa legal, respaldada por el Congreso y sobre la base de la legislación que emanaba. La primera gran conquista de los territo-

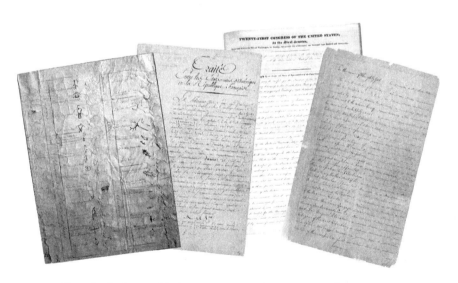

Tratado de Greenville (1795), compra de Luisiana (1803), Ley de Remoción India (1830) y Tratado de Guadalupe Hidalgo (1848) [General Records of the U. S. Government, National Archives].

rios que conformaban el denominado Oeste vino, en efecto, de ocupaciones o compras de territorios a terceros países sin tener en cuenta la voluntad de los indios. La legalidad, por ende, se cumplía en el ámbito internacional, aunque no lo hacía tanto con respecto a los principales perjudicados. Las compras de Luisiana o de Florida tenían la justificada factura detrás; y las anexiones de los territorios de Texas (1845) y de California, Nuevo México, Utah, Nevada, Colorado y Arizona tras el Tratado de Guadalupe Hidalgo en 1849, que ponía fin a la guerra con México, estuvieron respaldadas por sendas firmas al pie de las capitulaciones, por lo que contaban con la legitimidad de la época en el ámbito internacional. Pero esto revestía una clara injusticia, porque algunos de aquellos espacios geográficos estaban habitados por tribus indias asentadas allí desde hacía siglos y obligadas a dichos acuerdos y ventas sin poder opinar al respecto, como ocurrió en el Tratado de Greenville de 1795, por el que fue obtenido el territorio de Ohio; o con la Ley de Remoción India de 1830, que obligaba al traslado forzoso de todas las comunidades indias al margen occidental del río Misisipi.

La vida de los nativos, una vez que el espacio en el que se asentaban se convertía en territorio de Estados Unidos y, con el tiempo, en un estado de la Unión, cambiaba para siempre. La llegada de colonos en masa, por el descubrimiento de alguna veta de oro o por el reclamo de tierras más fértiles para sus actividades agropecuarias, empezó a arrinconar a las tribus. En 1793, la economía de algunas de ellas, como la de los muskogee, dependía completamente del Gobierno norteamericano, y lo mismo ocurrió con los chickasaw y los choctaw. Todos estos pueblos se vieron desposeídos de sus tradicionales formas de sustento económico y en pocos años se hundieron en situaciones de extrema pobreza; estos últimos tuvieron que vender sus tierras para no perecer, por cincuenta y treinta mil dólares respectivamente, y, en lugar de salir de la situación de endeudamiento con el Gobierno federal, se sumieron en las formas de vida occidentales, empeñándose de por vida. El Ejecutivo estadounidense era consciente de que la estrategia de terminar con sus medios de producción e incluir a las tribus en sus sistemas económicos significaba el final de las naciones nativas y no tuvo reparos en repetir la operación con cada una de ellas[144]. Un proceso similar atravesaron los pueblos cheyene y arapaho, que en 1868 ya dependían completamente de la economía estadounidense desde un punto de vista no solo económico, sino también social. El encierro en la reserva y el sometimiento de estos a las duras condiciones de inactividad comportaron un declive moral alimentado por el aburrimiento, la falta de perspectivas y el alcohol[145]. El Gobierno estadounidense tenía el poder de controlar el destino de los pueblos nativos y, cuando estos quisieron reaccionar, ya fue demasiado tarde.

El jefe indio Nube Roja había obtenido una victoria tras otra contra las tropas del ejército regular, deficientes y poco dispuestas a una lucha de altura; sin embargo, pese al éxito, un tratado impuesto por Estados Unidos le obligaba a desplazarse a una reserva en el río Misuri. La respuesta que esperaban todos los jefes y guerreros en torno a Nube Roja era la de continuar combatiendo, pero el gran jefe creyó que sería más beneficioso para su pueblo parlamentar con el presidente del Gobierno y exponerle sus dudas. El 15 de junio de 1869, Nube Roja y otros quince jefes de la etnia oglala se encontraron con el presidente, pero coincidieron también con Cola Moteada, un líder brule que había aceptado antes que Nube Roja el traslado a la reserva del río Misuri y había sido, en consecuencia, nombrado jefe de la reserva, desplazando a Nube Roja de ese derecho. La estrategia gubernamental pasaba por crear un enfrentamiento entre ambos jefes y abrir una brecha entre los oglala y los brule, pero Nube Roja y Cola Moteada aparcaron sus diferencias, especialmente porque el testimonio del segundo daba muestra de que la reserva era un terreno inhóspito, y se mostraron como un bloque unido para obtener una mejor negociación frente al presidente Ulysses Grant.

---

144 Dunbar-Ortiz, Roxanne, *La historia indígena...*, pp. 128 y 136.
145 Cozzens, Peter, *La tierra llora...*.

De izqda. a dcha. y de abajo a arriba, Joven Toro Sentado (oglala), Oso Veloz (arapaho), Cola Moteada (brule), Julius Meyer (intérprete) y Nube Roja (oglala), fotografiados en Omaha (Nebraska) de camino a Washington para su reunión con el presidente Ulysses Grant (detalle) [Frank F. Currier, 1869].

Los indios expusieron sus condiciones: eliminación de Fort Fetterman y prohibición de que los occidentales deambularan por Black Hills y por las montañas Bighorn, además de anular la reserva del río Misuri y que los brule regresaran a sus tierras. El Gobierno aceptó la propuesta y, en el mismo territorio que antes ocupaban, se estableció la agencia de Nube Roja. El paso hacia atrás de la Casa Blanca pudo parecer un signo de debilidad, pero en realidad había conseguido una victoria notable al mantener a su lado a la mayor parte de los oglala y brule y crear una agencia con la que poder controlar sus movimientos. Había aislado a las pequeñas facciones de indios antitratado, liderados, ya por aquel entonces, por Toro Sentado.

En 1875, Washington decidió explotar las Black Hills, pero hacerlo directamente chocaba con los intereses de los lakota, por lo que propuso a los jefes Caballo Loco y Toro Sentado la adquisición de las colinas y de Bighorn. La contrapartida, ante una negativa de venta por parte de los jefes indios antitratado, era dejar de alimentar a los nativos de las agencias, que dependían completamente de la beneficencia del Gobierno. Al final, los jefes tribales decidieron vender Black Hills a cambio del compromiso del Ejecutivo de alimentar a su pueblo durante siete generaciones. Esto es una muestra más de la sumisión absoluta de los nativos norteamericanos al Gobierno de Estados Unidos, que había destruido previamente sus modos de producción y sus economías, basadas en la caza y la recolección. El presidente Ulysses Grant tenía el poder de dejar morir de inanición a cientos de personas si no cedían los derechos de explotación de Black Hills e incluso los mecanismos suficientes como para aplastar a los indios antitratado enviando a sus tropas, y, de hecho, así ocurrió un año después.

El Ejército fue la herramienta cardinal para destruir a los indios rebeldes, pero no tenía sentido ni justificación moral enviar a las tropas a lidiar contra los nativos que sí aceptaban la sumisión y las normas impuestas por la Casa Blanca, por lo que el Ejecutivo se apoyó en una complicada legislación orientada, siempre, en detrimento de las naciones indias. En 1862, con el país inmerso en la guerra civil, se promulgaron tres normas en ese sentido: la Ley de Asentamientos Rurales, la ley Morrill y la del Ferrocarril. Todas sirvieron para convertir tierras libres, propiedad de los indios al oeste del río Misisipi, en terrenos privados, vendidos después de manera individual a los colonos a un precio bajo por especuladores o puestos a disposición de las grandes compañías ferroviarias.

La Ley de Asentamientos Rurales[146] otorgó 121 400 millones de hectáreas al Gobierno, que repartió de forma privada a través de grandes operadores en parcelas de 65 hectáreas, lo que atrajo a una ingente masa de inmigrantes europeos, especialmente alemanes e irlandeses, en busca de nuevas oportunidades. Su efecto, como es obvio, fue dramático para los indios

---

146   «Ley de Asentamientos Rurales». Act of May 20, 1862, Public Law 37-64 (12 STAT 392); 5/20/1862; Enrolled Acts and Resolutions of Congress, 1789-2011; General Records of the U. S. Government. National Archives.

asentados en ellas, pues dejaba pocas posibilidades: resistir mediante las armas, convivir con los colonos o desplazarse a tierras occidentales huyendo de la invasión demográfica. La mayor parte de las tribus indias optaron por la tercera opción, ya que no podían competir contra las granjas que empezaban a cubrir el territorio ni contra las partidas de colonos que amenazaban la paz. La ley Morrill[147] completó la acción gubernamental otorgando terrazgo fuera del reparto de los «asentamientos rurales» (1862), destinado a la creación de instituciones educativas en labores prácticas propias de la economía liberal. La Ley del Ferrocarril[148] expropió ochenta millones de hectáreas para destinarlas al paso de las vías férreas y sus aledaños y provocó un dramático efecto llamada de colonos; junto con estos empezaron a proliferar las granjas, el ganado se adueñó del campo, se expandieron las alambradas y se dio caza al bisonte de manera indiscriminada, engranando las piezas que terminarían con las formas de vida locales[149].

El resultado final de estas leyes fue el de un aumento progresivo de la población y un peso demográfico que facilitó la creación de los territorios de Nevada, Arizona, Montana, Dakota, Idaho y Colorado entre 1861 y 1864. La legislación puesta al servicio del Gobierno había dado sus frutos y el país había crecido de modo oficial y sin violar la ley. El paso del estatus de territorio al de estado conllevó una mayor presencia de elementos federales en las nuevas tierras y un crecimiento de la empresa civilizadora, con la consecuente construcción de pueblos y ciudades que necesariamente debían estar comunicados con el resto de la nación. Las líneas de telégrafos, las vías férreas y los caminos para el constante paso de las diligencias atravesaron los pocos espacios de los que aún disponían los amerindios y contribuyeron a la men-

---

147 «Ley Morrill». Act of July 2, 1862. Public Law 37-108, 07/02/1862; Enrolled Acts and Resolutions of Congress, 1789-1996; General Records of the U. S. Government. National Archives.

148 «Ley de Ferrocarriles del Pacífico». Act of July 1, 1862, 12 STAT 489. 7/1/1862; Enrolled Acts and Resolutions of Congress, 1789-2011; General Records of the U. S. Government. National Archives.

149 Dunbar-Ortiz, Roxanne, *La historia indígena...*, pp. 188-190.

Expansionismo de Estados Unidos por Norteamérica [elaboración propia].

Escenas en el campamento indio en Medicine Creek, Kansas. Consejo de paz indio y consejo de representantes gubernamentales con los indios kiowa y comanche. Bosquejos de J. Howland [*Harper's Weekly*, 16 de noviembre de 1867].

gua de su universo. En conjunto, en el siglo XIX se alcanzaron 371 tratados entre el Gobierno de Estados Unidos y las diferentes naciones americanas nativas, muchos de ellos perjudiciales para estas. Fueron requisados más de cinco millones de kilómetros cuadrados y decenas de tribus ataron sus destinos a la voluntad de la Casa Blanca, sujetas a las restricciones propias de las agencias, completamente dependientes económica y socialmente del paternalismo de Washington[150].

Los problemas de convivencia fueron constantes y demostraron la fricción entre las tribus y los colonos blancos, por lo que el Gobierno se vio obligado a plantear nuevas estrategias como el Tratado de Medicine Lodge de 1867. La cuestión principal era alejar los focos de controversia y, por ello, se dotó a los indios de reservas retiradas de las líneas de comunicación principales y de los asentamientos de colonos, espacios, por cierto, reducidos con respecto a los terrenos de caza originales. Las naciones kiowa, comanche, arapaho, cheyene del sur y apache firmaron acuerdos con Washington, dando el primer paso de retirada. Los tratados mostraron la resignación de los indios a aceptar condiciones negativas para ellos pero que, de haber sido rechazadas, hubieran conducido inevitablemente a la guerra. Los kiowas y los comanches cedieron sus territorios, formados por unos dieciséis millones de hectáreas, por un espacio que superaba por poco el millón, pero lo más grave del tratado fue la ayuda que el Gobierno prometió a las tribus para asegurar su manutención. Este hecho anulaba las formas de vida locales y obligaba a buscar nuevas soluciones económicas de subsistencia. El resultado inmediato fue la introducción de la agricultura y la ganadería en las reservas y la práctica obligatoriedad de sus integrantes de practicar esas actividades de forma sendentaria o perecer de hambre[151]. El colofón a esta norma llegó en 1887, con la proclamación de la ley Dawes, que parcelaba las reservas en terruños privados y terminaba de ese modo con la colectividad de los campos, para introducir

---

150   Cozzens, Peter, *La tierra llora...*, p. 15.
151   *Ibid.*, p. 83.

entre los nativos el concepto de propiedad. Además, ponía fin a la pertenencia a una nacionalidad tribal que se había mantenido hasta entonces, porque todos los indios obtuvieron automáticamente la ciudadanía estadounidense y, por tanto, ahora eran legalmente parte de Estados Unidos.

Una vez derrotados y asimilados en el contexto nacional, los indios atravesaron un periodo de sumisión y abandono de sus costumbres hasta que en 1934 consiguieron, no sin años de luchas y protestas, una nueva norma que legislaba su relación con el resto del país. Los tiempos habían cambiado y las políticas del presidente Franklin Delano Roosevelt, dentro del conocido New Deal americano, también abarcaron a los pueblos originarios. Se eliminó la parcelación del terrazgo y se dio una mayor autonomía a las reservas para que fueran las propias comunidades nativas las que se administraran y autogobernaran. Era el fin de una época: se abandonaba el paternalismo propio que había dominado la relación de los occidentales con los indios y se maquillaba debidamente la actitud de Estados Unidos respecto a la dulcificada conquista del Oeste.

Roosevelt estrecha la mano de un nativo desde el tren, 1912 [British Museum].

EL CABALLO DE HIERRO, LA DILIGENCIA Y LA EXPANSIÓN DEL TELÉGRAFO

Un país en crecimiento y con la expansión territorial como principio fundamental del mismo hubo de prestar especial atención a las comunicaciones. Las grandes extensiones de Norteamérica y la necesidad de conectar los territorios del oeste con los del este motivaron la preocupación del Gobierno de Estados Unidos por construir una red de comunicaciones y conexiones que permitiera acercar a poblaciones que, de otro modo, aun perteneciendo al mismo país, estaban alejadas por semanas de viaje. El ferrocarril se convirtió en la vanguardia del progreso: allá donde llegaba una vía férrea, arribaba la civilización. Su construcción se tornó en una prioridad absoluta y facilitó el acercamiento a cualquier punto de la geografía, ya fuera a través de las montañas o atravesando cañones o ríos. Y ese fue precisamente el aspecto que afectó con más gravedad a las tribus americanas nativas.

En muy poco tiempo, las reservas dejaron de estar aisladas de las rutas principales de tránsito y el tren facilitó que los occidentales poblasen toda la tierra, pero no solo significó una invasión de sus territorios de caza, sino que se sumó a la larga lista de elementos que afectaban a las formas de vida tradicionales de los indios. Su construcción estuvo acompañada de la fundación de estaciones, pueblos y después ciudades. Los colonos acudieron en masa a trabajar en las obras y los cazadores incrementaron la presión cinegética sobre los bisontes con el fin de dotar de carne y pieles a los miles de obreros de las compañías ferroviarias. Los granjeros se extendieron por los aledaños de las vías y levantaron sus empresas, introduciendo ganado y alambradas que poco a poco fueron desplazando a las grandes manadas e impidiendo la caza de otros animales. En definitiva, el ferrocarril trajo el progreso a un país naciente como Estados Unidos y acabó de rematar a las ya desfavorecidas tribus amerindias. La frase del general Sherman enviada al presidente Grant demostró

«Indios atacando una diligencia en el Lejano Oeste [...],
antes de que se construyera el primer ferrocarril del Pacífico»
[*The beginner's american history*, D. H. Montgomery, 1902].

Promontory (Utah), 1869. Funcionarios de la Union Pacific
Railroad en la colocación del último raíl [Andrew J. Russell;
Beinecke Rare Book and Manuscript Library, Yale University].

la determinación de los norteamericanos a terminar la construcción del ferrocarril: «No vamos a dejar que unos pocos indios ladrones y harapientos detengan el progreso»[152].

El ferrocarril fue la puntilla de las sociedades orginarias, que ya habían sufrido previamente otros experimentos para garantizar las comunicaciones entre el este y el oeste. La adquisición de territorios y la posterior conversión de estos en estados estuvo asociada a la extensión de las líneas de telégrafo a partir de 1836, de la mano del inventor estadounidense Samuel Morse. La introducción de este mecanismo que funcionaba por medio de impulsos electromagnéticos y de un sistema de códigos que llevaría su nombre amplificó las comunicaciones en Estados Unidos. El telégrafo fue perfeccionado por diversos inventores y pronto se extendió un cableado a través de todos los territorios conquistados o adquiridos por el Gobierno de Washington, incluidos los habitados por los indios.

Pero el telégrafo solo podía transmitir mensajes cifrados, por lo que se hizo necesario atender a otro medio de comunicación que permitiese el traslado de personas y mercancías entre todos los territorios del país. Para ello se ideó un sistema de transportes que la literatura y el cine del género wéstern han inmortalizado tantas veces en la gran pantalla: la diligencia. Este medio de locomoción, puesto en marcha en 1820, pronto alcanzó una gran popularidad y extendió sus líneas de cabecera desde Saint Louis a Santa Fe y desde allí a Oregón y California. En 1857, el Gobierno sacó a concurso la concesión del servicio y este fue para la Overland Mail Company, en propiedad de Henry Wells y William Fargo. El servicio de diligencias debía cubrir grandes extensiones y atravesar múltiples vicisitudes. Las Montañas Rocosas, con su complicada orografía, y las enormes planicies semidesérticas estaban amenazadas por peligros de todo tipo, como bandas de delincuentes y ataques furtivos de guerreros indios. Además, los viajes solían ser largos e incómodos: se prolongaban

---

152   Carta de William Sherman a Ulysses Grant, en Dunbar-Ortiz, Roxanne, *La historia indígena…*, p. 194

durante tres semanas y carecían de todo tipo de servicios; en las diligencias no había espacio, el calor o el frío se hacían insoportables y el continuo traqueteo agotaba a sus pasajeros, pero aquellas se mostraron, no obstante, como la única solución antes de la llegada del ferrocarril. Desde la perspectiva de un indio, el efecto fue el mismo: una línea de comunicación transitada con frecuencia que transportaba a blancos a sus tierras, que las atravesaba y que generaba la construcción de puntos de avituallamiento y estaciones de descanso por todo el territorio.

Los vapores fluviales también constituyeron un medio de transporte óptimo para trasladar a personas y mercancías por los márgenes de los grandes ríos. El Misisipi y el San Lorenzo se convirtieron en las grandes vías de tránsito y sirvieron de ruta rápida para poner en contacto a las ciudades del sur y las del norte, pero, cuando Estados Unidos inició su expansión hacia el oeste, aquel camino no llegaba a los nuevos estados que se iban creando y perdió su utilidad. En cualquier caso, transformó igualmente las relaciones con las tribus indias asentadas en su curso y condicionó sus formas de sustento económico.

Otro experimento puesto en marcha por el Gobierno estadounidense fue el llamado Pony Express[153], que en 1860 trató de sorprender por la velocidad a la que hacía llegar los mensajes y pequeños paquetes desde ciudades del este a urbes del oeste. El servicio estuvo en marcha solo unos meses, incapaz de rivalizar con el tren o las diligencias y mostrándose escasamente competitivo por los costes que generaba. Se trataba de jinetes que, a galope, cubrían la distancia de costa a costa en apenas diez días, mientras que las diligencias superaban con creces las veinticinco jornadas. Estos debían hacer paradas y someterse a un sistema de relevos y lo mismo ocurría con los caballos, que eran utilizados para cubrir a toda velocidad un trecho de entre 15 y 24 kilómetros; y esto se tradujo en que cada cierta distancia hubo de

---

153 Véase Reinfeld, Fred, *Pony Express*, Nevada, Universidad de Nebraska Press, 1973.

alzarse una parada o estación, en total más de 190, dotadas todas de granja, alimento e instalaciones para la pernocta, lo cual probablemente generó un negocio y un movimiento inusual en sus alrededores, que también afectaron, pese al poco tiempo en el que se cubrieron las rutas, a las sociedades indias establecidas cerca.

El ferrocarril, no obstante, fue el verdadero logro en las comunicaciones de Estados Unidos y el transmisor de la modernidad, más allá de lo que consiguieron las demás soluciones de transporte. El general Sherman no había dudado en afirmar que nadie podría detener la locomotora al igual que nadie podía detener la salida y puesta del sol[154], lo que nos hace suponer la determinación del Gobierno de llevar a cabo sus planes. Las diligencias eran lentas e incómodas, y su periplo, peligroso, a lo que se sumaba el hecho de que no podían trasladar cantidades exorbitantes de mercancías o pasajeros; dependían de la tracción animal y se sustentaban en ruedas que debían aguantar lo accidentado de los caminos, por lo que las averías e interrupciones eran mucho mayores. El Pony Express, pese a su rapidez, no tenía la capacidad para trasladar grandes mercancías y el peso que podían cargar los caballos a galope era mínimo. Era requisito que los jinetes no superaran los 56 kilogramos de peso[155] y apenas podían portar otros diez o quince kilogramos para asegurar el cumplimento de unos tiempos tan ajustados. El telégrafo fue el más eficiente sistema de comunicación con una cierta inmediatez y convivió con el ferrocarril durante años, pero adolecía del problema de que, con su uso, solo podían emitirse mensajes; y como hemos visto, los vapores fluviales apenas podían cubrir los trayectos en los que estuviesen presentes cursos de agua navegables. Por todo ello, el tren se impuso como el principal medio de comunicación y transporte, capaz de recorrer el camino de una costa a otra en un espacio de tiempo relativamente corto; de trasladar mercancías, mensajes y personas; y de sufrir menos problemas

154 Cozzens, Peter, *La tierra llora...*, p. 77.
155 Doval, Gregorio, *Breve historia de la conquista del Oeste...*, p. 256.

debido a la tracción mecánica impulsada por la máquina de vapor, que, aunque se estropeaba, no acusaba tantas desdichas como los viajes a caballo.

El principal problema del ferrocarril era que se deslizaba a través de vías férreas y la construcción de estas era tediosa, lenta, y requería una enorme cantidad de mano de obra. Así pues, ocasionó una doble herida a las tribus indias nativas. En primer lugar, su paso era la antesala del progreso, del crecimiento demográfico, del nacimiento de ciudades y de la implantación del modelo económico liberal implícito en Estados Unidos. En segundo término, su instalación demostró el poder de destrucción del hombre blanco en su deseo hacia ese mismo progreso y generó trastornos irrecuperables a los indios. En 1830 se puso en marcha el primer ferrocarril en Estados Unidos, en la ciudad de Charleston, y en 1850 ya había construidos cincuenta mil kilómetros de vías[156]. Solo cuarenta años después, las redes ferroviarias cubrían la totalidad del territorio al este del río Misisipi, uniendo sus grandes centros poblacionales, y existía ya la línea transcontinental, conectando las ciudades de Omaha y Sacramento, gracias al trabajo de las compañías Central Pacific y Union Pacific.

La construcción de las vías se convirtió en uno de los grandes negocios de su tiempo y empleó a decenas de miles de trabajadores, algunos incluso indios, como fue el caso de los paiute y los shosone, que prestaron sus servicios a la compañía Central Pacific[157]. En 1862 se iniciaron las obras de construcción de una de las más grandes hazañas del siglo XIX en materia de progreso, que fue la unión de la costa este y oeste de Estados Unidos por medio de un ferrocarril transcontinental. Para ello, el Gobierno de la Casa Blanca dictó la referida Ley de Ferrocarriles del Pacífico de 1862[158] y abrió un concurso público para la creación de una línea de comunicación que incluiría el tren y el telégrafo desde

---

156 *Ibid.*, p. 288.
157 Doval, Gregorio, *Breve historia de la conquista del Oeste...*, p. 301.
158 «Ley de Ferrocarriles del Pacífico». Act of July 1, 1862... National Archives.

Misuri hasta California. La Union Pacific Railroad y la Central Pacific Railroad fueron las encargadas de tamaña empresa, con derechos de expropiación sobre las tierras por las que pasaría el tren y sus aledaños, y, así, la primera inició sus obras desde Iowa y la segunda arrancó desde la bahía de San Francisco. El efecto llamada fue tal que atrajo a miles de obreros a trabajar en la construcción de las vías, un empleo duro y mal pagado que significaba ir abriendo paso en condiciones adversas. La Central Pacific empleó mayoritariamente a chinos, mientras que su competidora, Union Pacific, se dotó de una vital mano de obra extranjera procedente de Europa, en concreto de zonas deprimidas de Alemania y de Irlanda, que buscaban las oportunidades que ofrecía el continente americano. Además de combatir el frío y el calor, las empresas se enfrentaron a numerosos retos geográficos como las Montañas Rocosas y se vieron obligadas a levantar grandes puentes o a excavar túneles para el paso de los vagones. La instalación de cada milla cuadrada suponía la concesión de 32 kilómetros cuadrados a su alrededor y generaba, pues, la expropiación de zonas muy amplias, muchas de ellas atravesando territorio indio y provocando tensiones.

Normalmente, el empeño del Gobierno era tal que nadie podía inmiscuirse en su plan para unir ambos océanos y las naciones americanas nativas optaron por dejar hacer, conscientes de que la llegada del ferrocarril era una sentencia de muerte a medio o a largo plazo. El gabinete de la Casa Blanca utilizó mecanismos legales para paliar algunas situaciones prebélicas, como ejemplifica el primer Tratado de Medicine Lodge, firmado el 21 de octubre de 1867, por el que Washington otorgaba a comanches y kiowas un territorio menor que la original superficie que ocupaban pero consistente en buenas y fértiles tierras, manutención, casas, aperos de labranza, herramientas y todo lo necesario para su sustento económico, a cambio de que los indios respetaran la construcción de las vías férreas y no intercedieran en ningún caso[159].

---

159 Cozzens, Peter, *La tierra llora...*, p. 79.

En un principio, la competencia entre las compañías mencionadas no existió porque el Gobierno había establecido un punto en el que se encontrarían, garantizando que ambas realizarían la misma cantidad de kilómetros, lo que supuso un ritmo lento por parte de la Central Pacific. Pero, en 1866, una vez terminada la guerra civil, el Gobierno implementó una serie de enmiendas entre las que figuraba que el punto de encuentro no sería fijo y que dependería del trabajo de cada compañía. Esto, evidentemente, obligó a un ritmo mayor en busca de un más alto beneficio económico por kilómetro de vía construida y significó una aceleración del proceso que concluyó con el encuentro de ambas obras en Promontory Summit, el 10 de mayo de 1869, en una ceremonia celebrada como un triunfo en todo el país[160].

El despliegue del ferrocarril se demostró enormemente negativo para las tribus nativas y para los territorios que ocupaban. Su paso significó la voladura de laderas de montañas para la construcción de túneles o el levantamiento de puentes para sortear los valles de los ríos. También se deforestaron amplias zonas para conseguir madera, no solo la que consumían las traviesas sobre las que iban apoyadas las vías, sino también la que había de calentar a la numerosa masa obrera que acompañaba la travesía. En definitiva, se alteró el medio ambiente en torno a las inmediaciones de su trazado y, en algunos casos, más allá. La lentitud de las obras en determinadas zonas y el encuentro con elementos geográficos en los que había que emplear un tiempo más dilatado para sortearlos originaron la fundación de pueblos improvisados que se iban moviendo al ritmo de la empresa, pero, a veces, cuando encontraban una zona lo suficientemente fértil o cercana a un curso de agua, algunos decidían establecerse y construir granjas o pequeños poblados. Además, junto con los trabajadores del ferrocarril se movían cientos de personas que ofrecían sus servicios y buscaban el negocio en las concentraciones

---

160 Véase Spude, Robert y Todd, Delyea, *Promontory Summit, May* 10, 1869, Cultural Resources Management, Intermountain Region, National Park Service, 2005.

de población, especialmente en el ámbito del ocio, esencial para cubrir las necesidades de los obreros después de las largas jornadas de trabajo. Por ello, siempre había salones que ofrecían alcohol, juego y prostitución, lo que a su vez atraía a más visitantes no necesariamente relacionados con el tren.

El resultado fue la eclosión de pueblos y futuras estaciones que fueron dotándose de infraestructuras y convirtiéndose en lugares en los que se podía vivir, a veces colindantes con extensiones dominadas por alguna tribu india y motivo de tensiones entre ambos bandos. Pero a largo plazo sería cuando llegase el mal mayor, pues, una vez consolidada la red ferroviaria, el tren se apropió del primer puesto en los medios de transporte elegidos por los estadounidenses y su tránsito se tradujo en el desplazamiento de más de ciento cincuenta mil pasajeros en 1870. Este medio de transporte transmutó una parte de la geografía de Norteamérica, hasta entonces poco explorada y considerada salvaje, en un lugar cercano y asequible; más grave aún, hizo que las comunidades de nativos americanos se encontraran al lado de las grandes ciudades y pueblos que unía en su trazado.

La ciudad de Guthrie, en Oklahoma (aquí su avenida Harrison en 1893), nació en 1887 como estación de ferrocarril [National Archives at College Park].

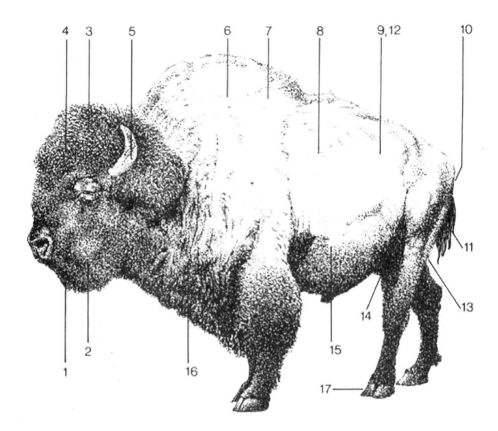

Aprovechamiento del bisonte por las tribus indias. Los indios usaban los recursos de cada una de las partes del bisonte para 1) Barba: ornamentación de ropa y armas; 2) Lengua: carne y cepillos para el pelo; 3) Cráneo: ceremonias, oraciones, danzas y herramientas para pelar cuerda; 4) Cerebro: tratamientos para la piel; 5) Cuernos: fabricación de copas, recipientes, cucharas, aplanadores de plumas, portafuegos, adornos para tocados y señales; 6) Músculos y tendones: construcción de arcos, cuerdas e hilo, puntas de flecha y cinchas; 7) Pelo: tocados, rellenos de monturas, almohadas, cuerdas, adornos para el tipi y bridas; 8) Huesos: fabricación de cuchillos, puntas de flecha, palas, azadones, tablillas, patines de trineo, enderezadores de flechas, monturas, herramientas para descarnar, punzones, pinceles, dados de juego; 9) Piel: curtido para mocasines, cunas, túnicas de invierno, ropa de cama, ropas variadas, bolsas, carajes, fundas, juguetes y equipos de montura; 10) Estiercol: combustible, señalización de humo, ceremonias; 11) Cola: fines medicinales, batidor para espantar insectos, decoración, látigos; 12) Cuero: contenedores, ropa, tocados, bolsas escudos, cubos, suelas de calzado, sonajeros, tambores, raquetas de nieve, cinchas, correajes, empuñaduras; 13) Escroto: cascabeles; 14) Vejiga: bolsas de todo tipo; 15) Panza: recipientes para cocinar, portadores de agua; 16) Carne: alimentación; y 17) Pezuñas: pegamento y cascabeles [ilustración a partir de Hook, Jason y Hook, Richard, *The American Plains Indians*, Men at Arms 163, Londres, Osprey Publishing, 1985, p. 11].

LA ANIQUILACIÓN DEL BISONTE

Que el ser humano ha maltratado y explotado a los animales a lo largo de su historia, de una manera más intensa a partir de la segunda mitad del siglo xx (con la implantación del modelo industrial actual y debido al incremento demográfico más trascendental), es una realidad. Pero nunca en el tiempo pasado un Gobierno había declarado la guerra a una especie animal que no fuera la humana y fue el Ejecutivo de la Casa Blanca el que quebrantó aquella norma con la caza desmesurada del bisonte. Se trataba, en todo caso, de destruir la economía y el sustento de las naciones americanas nativas; por tanto, el objetivo final eran otros humanos, los únicos que se oponían a la expansión estadounidense por Norteamérica.

Las tribus indias de las llanuras habían convertido a este animal en su principal fuente económica y de él extraían todo tipo de recursos. Su carne era la base fundamental de la alimentación, que algunas naciones como los lakota combinaban con frutos y grano recolectados en los periodos en los que no había caza; sus pieles proporcionaban abrigo y también refugio, pues con ellas se construían los famosos tipis o tiendas de campaña; los huesos eran utilizados para fabricar herramientas y aperos de uso diario; y los tendones, para las cuerdas de sus arcos. Pero, además de los servicios que brindaba al pueblo siux, el bisonte era la base de su cultura. La adoración al animal era de tipo religioso y se le rendía culto; marcaba las festividades en función de las temporadas de caza y, por ende, la estacionalidad de estos pueblos, así como otros aspectos relacionados con sus formas de vida, pues la existencia de manadas o no condicionaba el nomadismo o la estancia en un determinado lugar[161].

A mediados del siglo xix, Washington ya extendía sus dominios al este del río Misisipi y en la costa occidental, pero existían conatos de resistencia en las llanuras centrales por

---

161   Paz Torres, Margarita, «La tradición de los indios Lakota …», p. 246.

parte de los pueblos indios más belicosos, como los siux y los apaches. El Gobierno tuvo que emplear cuarenta años para someterlos y constituirse como una potencia continental y la Casa Blanca decidió ejecutar otro tipo de tácticas que iban a atacar directamente a las economías locales, como en este caso fue la aniquilación del bisonte. Con ello lograron ahogar a los nativos en su propio territorio. Sin caza, sin poder extraer de este cuadrúpedo todo lo necesario para vivir, fueron viéndose atrapados en la red que iba tejiendo el Gobierno a su alrededor y obligados, con el tiempo, a abrazar otras fórmulas de subsistencia basadas en las prácticas agropecuarias impuestas por la economía de la Segunda Revolución Industrial o en la beneficencia paternalista de Washington. La matanza indiscriminada del bisonte consiguió el sometimiento con mayor facilidad que por medios bélicos, provocando que las tribus indias dependieran económicamente del hombre blanco y, con ello, que fueran derrotadas[162].

«Una matanza de vacas y bisontes [*spikes*, de dos-tres años]». Antigua postal con una fotografía tomada por L. A. Huffman en Montana, 1881 [Coffrin Studio].

---

162   Dunbar-Ortiz, Roxanne, *La historia indígena...*, p. 191.

Para tan inmensa tarea, pues el número de bisontes podía alcanzar los setenta y cinco millones de cabezas antes de 1800, fue llamado el Ejército de Estados Unidos, que tuvo que emplearse en los siguientes años para arrasar las manadas de bisontes. Entre 1870 y 1876, los soldados mataron a la mayor parte de las reses de manera sistemática, llevando a la especie a la extinción[163] y contribuyendo al final de algunos pueblos amerindios como los lakota. Ya por entonces, las grandes manadas habían disminuido y modificado sus rutas migratorias a consecuencia de la expansión de los colonos por el Oeste, especialmente en las vías ferroviarias y en los núcleos urbanos, pero también habían sido asediadas por cazadores que vendían sus carnes y pieles a los obreros del ferrocarril durante la construcción de la línea transcontinental. La masa trabajadora que construía las vías demandaba una gran cantidad de carne y muchos furtivos se pusieron al servicio de tal empresa, rompiendo el preciado equilibrio que habían mantenido los indios con los bisontes durante décadas. De tal modo, consiguieron diezmar a las poblaciones de estos animales y afectar a la caza y sustento de los nativos. Además, la llegada masiva de colonos y el establecimiento de ranchos arrinconaron más a los bisontes, que no podían atravesar las grandes extensiones de tierra con la libertad de antaño y se veían encorsetados por las alambradas que controlaban a los rebaños de bovinos o cerraban los campos de cultivo. Y muchos de aquellos granjeros se dedicaron a dar caza a todo tipo de animales para mantener a sus propias familias con un aporte extra de carne; muchos animales fueron cazados en gran número y se alteraron sensiblemente las actividades cinegéticas de los indios.

La caza del bisonte se convirtió en un modo de vida para muchos hombres que llegaron al Oeste atraídos por el plan gubernamental; «El búfalo es nuestro dinero», afirmó el jefe kiowa Pájaro Pateador. Pero también se tornó de pronto en un recurso importante para los cazadores que arribaron de todas partes, armados con rifles certeros del calibre cin-

---

163 *Ibid.*, p. 248.

cuenta y sin escrúpulos para matar y vender cuantas piezas pudieran. En tres años, los vagones de tren llevaron desde Fort Dodge a los mercados del este más de cuatro millones de pieles y un solo hombre podía matar en un día a varias docenas de ejemplares. Los indios kiowas y cheyene se vieron de pronto enfrentados al Gobierno por la intromisión de cientos de cazadores en sus propias tierras y pidieron una explicación, pero este estaba cumpliendo sus premisas y «no lamentaría demasiado la total desaparición del búfalo como medio para precipitar su sentido de dependencia hacia los productos de la tierra»[164].

El anteriormente citado Tratado de Medicine Lodge de 1867 anuló algunas de las formas de subsistencia económica de los indios y obligó a que aceptaran las condiciones impuestas por los Estados Unidos. Uno de sus artífices declaró: «... al final el búfalo se extinguirá, lo cual no dejará a los indios otra alternativa que asentarse y dedicarse a la agricultura»[165].

ANTES DE 1800	60 millones
1800	40 millones
1850	20 millones
1865	15 millones
1870	14 millones
1875	1 millón
1880	395 000
1885	20 000
1889	1091
1895	750
1902	1940
1983	50 000

Número de bisontes a lo largo de los siglos XIX y XX [U. S. Department of the Interior, en Thornton, Russell, *American indian holocaust...*, pag. 52].

---

164   Cozzens, Peter, *La tierra llora...*, p. 174.
165   *Ibid.*, p. 78.

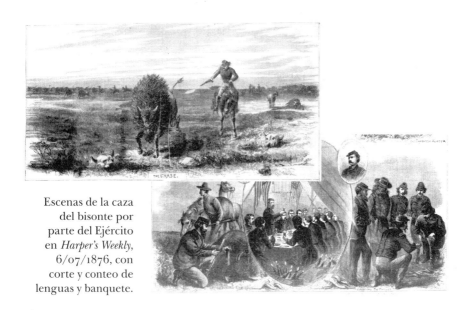

Escenas de la caza del bisonte por parte del Ejército en *Harper's Weekly*, 6/07/1876, con corte y conteo de lenguas y banquete.

Aquella frase resumía a la perfección el plan del Gobierno para someter a los indios y los bisontes pagaron el precio de haber sido durante siglos parte de su economía. No solo los bisontes fueron objeto de matanzas: en la época en la que Custer batalló con los siux, en muchas ocasiones se ordenó liquidar manadas enteras de ponis que hacían un servicio vital a las tribus. El Séptimo de Caballería se dedicó a dar muerte a manadas de estos animales que estaban formadas por más de ochocientas cabezas, en un macabro espectáculo[166].

El bisonte fue prácticamente exterminado por las acciones orquestadas desde el Gobierno de Estados Unidos y, aunque su mayor verdugo fue el Ejército, en efecto, la intervención de maleantes, cazadores y buscavidas también contribuyó a que su población en 1895 se redujese a unos 750 ejemplares. Estos fueron protegidos y conducidos al Parque Nacional de Yellowstone para su preservación como especie en peligro de extinción. En la actualidad hay aproximadamente 350 000 cabezas y todas ellas descienden de ese pequeño grupo.

---

166   Cozzens, Peter, *La tierra llora…*, p. 103.

SANGRE Y VÍSCERAS

Una de las armas que terminaron con los indios de Norteamérica fue la violencia. Se desarrolló en los dos bandos, pero la diferencia era que los miembros de las tribus la llevaban a cabo como parte de un ciclo ritual y los colonos como su estrategia. La peculiaridad de aquella violencia consistió en su utilización para tratar de convencer de la barbarie de los indios a los filántropos y a la opinión pública de las grandes ciudades del este. El Gobierno tenía el monopolio de la violencia y, además, a los medios de comunicación para granjearse el favor de las masas y crear una imagen incívica de los nativos, alejada de los cánones de progreso y democracia en los que, supuestamente, se sustentaban los Estados Unidos de América. Por ello, la violencia, un elemento común entre algunas tribus, se convirtió en la justificación que necesitaba Washington para normalizar su conquista.

Las guerras indias tuvieron un componente racial muy marcado que estuvo respaldado por el sentimiento nacionalista que envolvió a la independencia de Estados Unidos. Aquellas primeras generaciones experimentaron con fervor el amor a una patria suya, única, después de liberarse del yugo inglés, pero pronto se encontraron con que otros pobladores ocupaban las tierras que necesitaban para expandirse y progresar. El Gobierno de la Casa Blanca y sus sucesivos presidentes y gabinetes no tuvieron escrúpulos en señalar a los indios como el impedimento para que el país creciera y que sus habitantes alcanzaran estadios de vida más dignos, de modo que permitieron que el odio se extendiera y llegó a ser normal ver a ciudadanos que aborrecían a los nativos por el simple hecho de serlo, muchos de ellos inconscientes de que su animadversión era una cuestión de competición por unas tierras y no un sentimiento de supremacía racial, pero, en cualquier caso, arrastrados por ello. Prueba de esta brutalidad fue la generalización de la antes referida caza de cueros cabelludos. En un principio, para limitar la violencia que provenía de las tribus indias contra los colonos ingleses que trataban de asentarse en sus tierras, los funcionarios de las trece colonias más afectadas por este tipo de sucesos anunciaron la recompensa que darían por las cabezas de los culpables, algo que fue evolucionando a los cueros cabelludos, más fáciles de transportar y almacenar. Los Ejecutivos estatales aumentaron el precio por los de los adultos, rebajaron el de las mujeres y anularon cualquier pago a cabelleras de niños de menos de diez años, pero no diferenciaron entre tribus belicosas o pacíficas, por lo que, pronto, el negocio y el ansia por cobrar las recompensas toleraron la no distinción entre culpables de algún delito e inocentes. Además, los cazadores de recompensas tenían el derecho de someter a la esclavitud a los niños que quedaran huérfanos, que también valían su precio. En el ámbito privado se convirtió en un negocio lucrativo y, en el público, la Administración inglesa y colonial se benefició del descenso de amerindios en las tierras aledañas y logró proporcionar así una válvula de escape para evitar el descontento de los colonos sin tierras[167].

La agresividad tuvo su cara más amarga en la muerte de inocentes y familias de guerreros que combatían por mantener sus tierras. Los ingleses no pudieron hacer claudicar a la nación cheroqui por medios tradicionales, porque eran superiores en su propio terreno, y optaron por tácticas más crudas en las que incluyeron la quema de pueblos y la sistemática eliminación de sus habitantes. También destruyeron sus sistemas de sustento, empezando por sus campos de cultivo, y asesinaron al ganado, provocando que cinco mil cheroqui se convirtieran en refugiados sin hogar, agravado todo ello por el constante acoso de mercenarios y cazadores de cabelleras y por el ya mencionado efecto del alcohol.

Los episodios de fuerza se repitieron constantemente en ambos bandos y contribuyeron a alimentar una espiral que tendría como vencedor a aquel que ganara la batalla mediática. En esto, por supuesto, el Gobierno de Estados Unidos

---

167 Dunbar-Ortiz, Roxanne, *La historia indígena...*, p. 93.

no tenía competidor y una vez tras otra obtuvo beneficios de aquella rudeza, convenciendo a su opinión pública de lo necesario que era vencer a los amerindios y evitar todos los problemas derivados de su existencia. En el verano de 1812, los nativos destruyeron el fuerte Dearborn y mutilaron a algunos de sus defensores con grandes muestras de violencia, lo que provocó que el jefe de la Milicia de Kentucky diera rienda suelta a sus hombres para aplastar a los indios, sin prácticamente limitaciones. Los nativos continuaban arrasando fuertes y dejando un reguero de muertos mientras que los colonos cometían iguales atropellos contra ellos, con el resultado de miles de personas desplazadas, empobrecidas y hambrientas. Esta brutalidad fue constante en las denominadas guerras indias a lo largo del siglo XIX y nadie se libraba de ella. El general Sherman sentenció: «Debemos actuar con vengativa determinación contra los siux, incluso

«La guerra india. Ataque al poblado» [*Harper's Weekly*, 31 de octubre de 1885].

hasta exterminarlos, a los hombres, las mujeres y los niños»; y añadió: «... durante un ataque, los soldados no pueden detenerse a distinguir entre masculino y femenino, ni siquiera discriminar según la edad»[168]. En la primera frase se hablaba de venganza, sugiriendo que solo se trataba de una respuesta de un Gobierno de Estados Unidos desmarcado de la espiral de violencia; y en la segunda se justificaban los hechos.

Los enfrentamientos se produjeron siempre en una escalada de actos que muchas veces obedecieron a la obcecación de alguien. Fue el caso del teniente John L. Grattan, que, arrogante, quería enfrentarse a todos los lakota a pesar de que el jefe brule Oso Conquistador rehusó la lucha ofreciéndole otro tipo de servicios. El militar incendió el poblado brule, mató a algunos de sus habitantes e hirió a su líder, pero lo pagó con su vida y la de otros veintinueve soldados. La agresión fue tomada por los brule como un *casus belli* e iniciaron una serie de acciones contra las diligencias que pasaban por el linde de su territorio, matando a tres personas y despertando la ira del Gobierno, que respondió poco después con el ataque a Blue Water Creek y el asesinato de hombres, mujeres y niños. La tensión era tal que probablemente hubiera estallado el conflicto de todas maneras, pero la acción de Grattan aceleró el proceso y condujo a una escalada de muerte carente de sentido, que además se repitió en cada rincón del oeste americano. Otro jefe indio como Mangas Coloradas padeció similares vilezas cuando intentó alcanzar un trato y fue golpeado y fustigado, lo que lo obligó a declarar la guerra a los militares y colonos occidentales; y Cochise, jefe de los apaches chiricahua, afrontó la acción de otro teniente llamado George N. Bascom, que ahorcó a miembros de su tribu mientras el propio Cochise ejecutaba a algunos blancos hechos prisioneros y se iniciaba así un enfrentamiento mayor[169]. Pero el engaño y la posterior severidad no fueron actos privativos de los europeos y también se cobraron algunas víctimas entre ellos. El general Canby

---

168   Carta de Sherman a Herbert, en Cozzens, Peter, *La tierra llora...*, p. 195.
169   Cozzens, Peter, *La tierra llora...*, p. 14.

hizo todo lo posible por alcanzar una paz generosa con los modoc en el contexto de la guerra que libraba el Ejército de Estados Unidos contra ellos, pero, cuando se encontró con el jefe, Capitán Jack, este estaba presionado por su tribu y no dudó en dispararle en la cara, volándole el ojo, y acuchillarlo en el cuello después para asegurar su muerte.

En alguno de los nuevos territorios obtenidos por el Gobierno de Estados Unidos, como Nebraska o Kansas, la tensión entre las poblaciones de inmigrantes y las tribus allí establecidas fue en aumento. El paso del ferrocarril, las caravanas de colonos, las diligencias o los postes de telégrafos y las granjas lo inundaban todo, y los indios solían realizar ataques rápidos en busca de botines o como medio para amedrentar a la creciente población blanca que invadía su espacio vital. Los granjeros de la zona, según algunos informes del Ejército, pudieron tomar cartas en el asunto e iniciar enfrentamientos para hacer que la acción del ejército regular fuera necesaria: pudieron disfrazarse de indios y atacar algunas granjas en mitad de la noche, sembrando la confusión y alimentando la paradoja de que, a la mañana siguiente, los mismos malhechores participaran en las partidas de búsqueda de los supuestos culpables. Entre 1851 y 1852, en el estado de California, fueron destruidos más de un centenar y medio de poblados nativos, mientras que el Gobierno local invertía altas cantidades de dinero para paliar los gastos derivados de la «lucha contra el indio», que consistía, obviamente, en armar a mercenarios y en pagarles con generosas recompensas las cabelleras de los nativos abatidos[170].

Desde luego, la violencia de la que hicieron gala algunos guerreros amerindios tuvo un eco especial en la prensa del este y quedó grabada en el imaginario colectivo y en la opinión pública de todos los ciudadanos estadounidenses. Tanto era así que llegaban testimonios desde el Ejército que helaban la sangre. En un ataque de los cheyene a Fort Smith en julio de 1867, el oficial al mando de la defensa,

---

170 Doval, Gregorio, *Breve historia de la conquista del Oeste...*, p. 210.

Al Colvin, ordenó a sus hombres: «Permaneced agachados y escondidos. Ahorrad munición y reservad la última bala para vosotros»; y, en la defensa de una posición en la Ruta Bozeman, el capitán James Powell señaló: «Chicos, aquí vienen. Tomad posiciones y disparad a matar», a lo que agregó la indicación de que, si los indios sobrepasaban la posición, les volaran los sesos[171].

Eran preferibles, pues, la muerte o el suicidio a caer en manos de los guerreros indios, excitados por el fragor del fuego y capaces de todo con tal de demostrar su valía. Cabe recordar que el mayor honor de un guerrero nativo era *tocar* a su enemigo y ese toque no era precisamente una caricia, sino un golpe seco dado con un arma de combate cuerpo a cuerpo, como una maza, un hacha o un cuchillo, y solía ser mortal. Además, la mutilación de los enemigos era una práctica habitual entre algunas tribus, con la que se pretendía evitar que el espíritu del derrotado volviese del más allá para llevar a cabo su venganza, y tenían especial temor a los espíritus de los niños pequeños. Aquella costumbre anclada en las más antiguas tradiciones, lógicamente, fue aprovechada por los militares para explotar su crueldad y presentarlos como salvajes sanguinarios, trasladando esa apariencia a todas y cada una de las tribus nativas de Norteamérica por una cuestión de pura generalización. En la emboscada en la que sucumbió Fetterman, los indios causaron una verdadera carnicería y, según el testimonio del jefe oglala Caballo Americano, a medida que los soldados norteamericanos caían heridos por las flechas, los descabalgaban de sus monturas, tocaban al enemigo en señal de triunfo e, inmediatamente después, le machacaban el cráneo con varios golpes de sus mazas.

La denominada masacre de Kidder es otro dramático episodio que evidencia esa crueldad. El teniente Lyman Kidder debía llevar un mensaje a Custer desde Fort Sedgwick, pero este nunca llegó. Él y diez de sus hombres fueron rodeados en una garganta por guerreros oglala y perro (cheyene) y, en

---

171   Cozzens, Peter, *La tierra llora...*, pp. 34 y 35.

menos de diez minutos, los masacraron. Después los desnudaron, arrancaron sus cabelleras y machacaron sus cráneos con piedras. No contentos, los desposeyeron de sus narices y cortaron los tendones de brazos y piernas para que no pudieran regresar por su propio pie del más allá. Cuando, varios días después, Custer llegó a la escena del crimen, la definió así: «... ni siquiera pudimos distinguir al oficial de sus hombres. Cada uno de los cadáveres estaba atravesado por de veinte a cincuenta flechas y encontramos las flechas tal como esos demonios salvajes las habían dejado, clavadas en los cuerpos»[172].

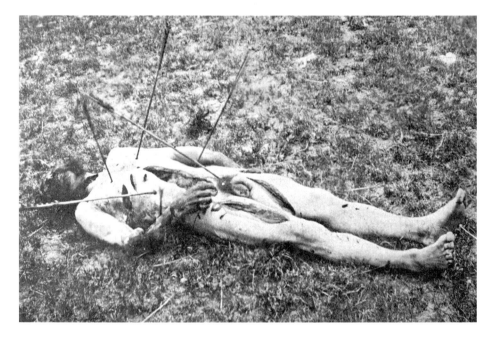

«Víctima de los indios. El sargento Frederick Wyllyams, Compañía G, Séptimo [Regimiento] de Caballería de los Estados Unidos, asesinado el 26 de junio de 1867, Kansas» [William Abraham Bell; National Archives at College Park]

---

172 Cozzens, Peter, *La tierra llora...*, p. 71.

Guerreros cheyene y arapaho, en septiembre de 1868, cometieron asesinatos de civiles, violaron a trece mujeres, robaron cientos de cabezas de ganado y quemaron decenas de granjas, además de interrumpir el tránsito de colonos y viajeros, provocando la ira del general Sherman; fue entonces cuando expresó su convencimiento incipiente de que había que matarlos o mantenerlos en la indigencia ante lo ridículo del intento de civilizarlos[173]. También en el invierno de 1868, Sheridan y Custer se toparon con una brutal imagen tras la batalla de Washita y el descubrimiento de varios soldados congelados: encontraron una mujer asesinada de dos disparos a la que habían arrancado el cuero cabelludo y, a su lado, un bebé al que habían estampado contra un árbol. Los artífices habían sido también miembros de la etnia cheyene.

En 1870, el Cuarto de Caballería llegó a los restos de la caravana Warren y fue testigo una vez más de la deleznable crueldad de determinados guerreros indios. Había, según el testimonio, cuerpos desperdigados y desnudos, mutilados y atravesados por decenas de flechas. Algunos de ellos habían sido castrados y sus genitales se habían introducido en las bocas de sus compañeros, mientras que otros habían sido destripados con vida y rellenados con ascuas calientes o les habían extraído el cerebro después de martillearles las cabezas con mazas y piedras[174]. La venganza jugó un papel crucial a la hora de alimentar aquella vorágine de terror. Tras la batalla de Adobe Walls en julio de 1868, los seguidores de Agua Medicinal se lanzaron a las habituales razias y dieron con la familia German y sus siete hijas; dos de ellas murieron agonizando: Rebecca German fue violada, envuelta en unas mantas y arrojada al fuego viva, mientras que Joanna, que atrajo a los indios por su cabello rubio, sufrió un destino parecido y le fue arrancada la cabellera. El resto de las jóvenes fueron entregadas a los hombres del jefe Agua Medicinal y desperdigadas por su territorio. Su búsqueda y recuperación se convirtió en una de las grandes obsesiones de los sol-

---

173 Carta de Sherman a su hermano, en Cozzens, Peter, *La tierra llora...*, p. 92.
174 Cozzens, Peter, *La tierra llora...*, p. 140.

dados allí destinados. No fue la única vez que los yavapais atacaron a inocentes y desarmados viajeros; el 5 de noviembre de 1871, por ejemplo, lo hicieron con los pasajeros de una diligencia que pasaba por la localidad de Wickenburg.

Ante estas acciones de pillaje y de violencia directa contra granjeros, colonos y habitantes de las tierras colindantes de las reservas, los oficiales superiores del Ejército de Estados Unidos se mostraron implacables y ordenaron masacrar a los nativos a discreción, como demuestra el episodio de Turret Peak (1873), que acabó prácticamente con la existencia del pueblo yavapai.

No obstante, la violencia llamaba a la violencia y algunos oficiales superiores del Ejército estadounidense no tuvieron reparos en mostrar su cara más cruel en el ajusticiamiento de los amerindios que quebrantaban las leyes constitucionales. Tras la escaramuza de Hayfield, en julio de 1867, el teniente coronel Bradley ordenó que clavaran la cabeza de un jefe lakota en la puerta de Fort Smith, como forma de persuadir a las tribus de que se lo pensaran antes de osar atacar. No fue un hecho aislado y las cabezas de los jefes indios sirvieron como escarmiento para el resto o como trofeos. Así, cuando Capitán Jack fue colgado, el 3 de octubre de 1873, fue después decapitado, y su cabeza, enviada al Museo Médico del Ejército para que se añadiera a la colección de cráneos indios. En muchas ocasiones, la crueldad desatada quedó en manos de voluntarios y mercenarios reclutados para llevar a cabo acciones circunstanciales, como aconteció cuando, en agosto de 1868, Sheridan ordenó que se contratara a una fuerza de hombres de la frontera conocidos como los Solomon Avengers, mejor pertrechados y entrenados para la caza de los indios que los propios soldados. En Arizona, los habitantes blancos que colonizaban las tierras sufrían la especial firmeza destructiva de las razias apaches y veían con recelo cómo el Ejército no podía poner freno a la situación, de modo que pusieron en marcha un voluntariado para contestar a los indios que desató enormes dosis de violencia. Normalmente, acciones así obedecían a la presión de la prensa, que se posicionaba en un discurso crítico con la pasividad del Ejército y la escasa contundencia de las medidas adoptadas[175].

El mítico destacamento de Custer fue uno de los más violentos del arco castrense, quizá por su posición en la primera línea de fuego. Frente a los osage, los hombres del Séptimo de Caballería desplegaron sus peores malas artes y se enfrentaron a la violencia con un terror inusitado y carente de todo sentido. En el ataque, dos soldados dispararon a una mujer embarazada y le extrajeron el feto rajándola con un cuchillo; arrancaron cabelleras y dispararon contra niños que huían de la barbarie. La violencia se unió a la locura y algunos oficiales dieron muestra de ello, como en el momento en el que el comandante Eugene Baker encontró un poblado piegan en enero de 1870 y dio la orden de atacarlo hasta que cesara la resistencia. Mujeres y niños fueron masacrados a golpe de rifle o quemados vivos mientras el propio Baker reía a carcajadas. En el informe de Baker figuró la muerte de 173 piegan cuando la realidad fue que habían asesinado a noventa mujeres y cincuenta niños[176].

La más famosa de las batallas acontecidas en las guerras indias, Little Bighorn, en junio de 1876, significó la pérdida de 264 integrantes del Séptimo de Caballería, tres de ellos civiles y tres exploradores, y conmovió a la opinión pública norteamericana, que por primera vez vio cómo se alineaban los políticos, el Ejército y los poderes estatales con el objetivo común de destruir al indio, todo ello respaldado por la prensa. La manipulación de la violencia, por fin, había dado sus frutos y, pese a haberse extendido por el Oeste como el fuego con la muerte de mujeres, niños y ancianos indios, no despertó las conciencias de los estadounidenses hasta que no se derrumbó uno de los principales y míticos símbolos del mantenimiento del orden en la «frontera» y los hombres de Custer fueron masacrados.

---

175 Cozzens, Peter, *La tierra llora...*, p. 87.
176 *Ibid.*, p. 132.

ENEMIGOS INVISIBLES

Fuera de toda duda, los mayores enemigos de los indios y aliados de los europeos fueron los microrganismos. Su ferocidad se cobró más vidas entre los nativos que todas las acciones militares y lo hizo de una manera silenciosa. Es evidente que las enfermedades que transportaron los primeros colonizadores de una manera natural, que los acompañaban en los barcos como lo hacían las ratas, no fueron un arma que portaran de manera deliberada, ni tampoco durante las guerras más feroces contra los pueblos de las llanuras la táctica de guerra bacteriológica fue una realidad.

En la Antigüedad y la Edad Media ya se habían llevado a cabo tácticas de guerra química muy rudimentarias como la combustión de azufre en las murallas de las ciudades bajo sitio o el lanzamiento, por encima de las almenas, de cuerpos infectados por enfermedades, pero no se había generalizado el uso deliberado de agentes patógenos contra poblaciones. Las pocas noticias de intentos parecidos en Norteamérica se dieron durante la rebelión de Pontiac, en la que es probable que los anglosajones entregaran mantas contaminadas de viruela a los indios rebeldes, pero, en cualquier caso, fueron casos aislados. Cierto es que, antes de las guerras indias de Norteamérica, ya existían precedentes claros del daño que podían causar los virus y las bacterias en las sociedades nativas que nunca habían estado en contacto con estos microrganismos; tal fue el caso del impacto en las poblaciones de taínos del Caribe, cuando el contacto con los primeros conquistadores españoles terminó por extender las enfermedades endémicas que traían.

Pero nada hace suponer que los estadounidenses que conquistaron las llanuras y grandes planicies del continente tuvieran una clara intencionalidad de contagiar a los nativos con las enfermedades que portaban. Simplemente, se produjo un hecho catastrófico para estas sociedades que afectó en demasía a sus demografías y que fue aprovechado por los colonizadores para avanzar por sus territorios. Los primeros colonos a bordo del Mayflower vieron atónitos cómo las poblaciones indígenas de la costa resultaban mermadas a causa de la viruela, hecho que favoreció su expansión y la fundación de la colonia de Plymouth sin apenas oposición, ya que los pequot se encontraban debilitados y asustados ante el enemigo invisible que estaba terminando con sus vidas[177].

El alcohol, el encierro en las reservas, la privación de sus formas ancestrales de vida y otras tantas calamidades a las que se enfrentaron los nativos norteamericanos tuvieron un elemento en común: la enfermedad. Los virus y las bacterias atacaron con ferocidad a los indios encerrados en las reservas y agencias, faltos de una buena alimentación y hacinados en casuchas y barracones. La dieta anterior, rica en nutrientes y variada, se vio truncada por el rancho y la rutina, debilitándose aún más sus cuerpos y propiciando que los brotes víricos se extendieran con mayor intensidad. El denominador común de las armas invisibles que asediaban a los nativos siempre era la enfermedad y, por ello, no es de extrañar que el mayor responsable de la mortandad fueran los virus, siempre esperando una oportunidad para manifestarse.

En términos comparativos, aunque hablamos de guerras indias y en este libro así queremos reflejarlo, el enfrentamiento bélico entre nativos y colonizadores fue escaso y rara vez los indios se opusieron al avance de los europeos abiertamente[178]. Las enfermedades más comunes, menos mortíferas para los norteamericanos y que causaron estragos en las filas indias fueron el cólera, la viruela, el sarampión, la malaria o disentería y la tos ferina. Se registraron treinta epidemias que diezmaron decenas de tribus entre 1528 y 1892[179].

---

177 Dunbar-Ortiz, Roxanne, *La historia indígena...*, p. 90.
178 Doval, Gregorio, *Breve historia de la conquista del Oeste...*, p. 309.
179 Thornton, Russell, *American indian holocaust...*, pp. 130.

Ataque de los indios Crow [Alfred Jacob Miller, 1858-60].

Miembros de la tribu crow: 1. Águila Bonita (jefe principal); 2. Nariz de Toro; 3. Caballo Moteado ; 4. Cazador de Enemigos; 5. Muchos Golpes; 6. Hombro Grande; y 7. Toro de Cola Corta [National Archives].

CAZADORES DE INDIOS

Las acciones bélicas contra los indios norteamericanos revistieron características propias de una guerra irregular que se fraguaba contra un enemigo poco convencional. El Ejército de Estados Unidos, carente de medios e integrado por reclutas poco motivados, tuvo graves contratiempos para hacer frente a los nativos, que basaban su lucha en antiguas tácticas que nada tenían que ver con las empleadas por los ejércitos regulares.

Los indios de Norteamérica se contaban entre los más grandes y fieros guerreros del continente y, desde los siglos XVII y XVIII, habían adoptado el caballo y las armas de fuego como herramientas propias para el combate, lo que eliminaba la ventaja que la modernidad podía otorgar a las huestes movilizadas por Washington. Los guerreros llegaban a ocupar tan alto estatus por méritos y nunca por la necesidad de completar unidades militares; por tanto, cada guerrero estaba convencido y tenía una motivación clara para defender su hogar y sus tierras, que contrastaba con la pasividad y obligatoriedad de los soldados estadounidenses. Un guerrero era entrenado desde muy pequeño en las artes de la cinegética, de modo que sabía emplear el cuchillo y el arco con cierta maestría, estaba al tanto en las tácticas de la emboscada, podía moverse en silencio y mantenerse oculto y gozaba de un conocimiento exhaustivo del terreno que pisaba[180]. Y precisamente sus andanzas como cazadores experimentados condicionaron sus posteriores acciones como guerreros. Continuaron empleando estos métodos contra oponentes de otras tribus y soldados de infantería como si de animales se tratasen. Utilizaron trampas, emboscadas y señuelos, desde el sigilo y la acción individual. Para un guerrero, lo más importante, ya fuera porque su juventud lo obligaba a demostrar su valía o para mantener su posición

---

180   Doval, Gregorio, *Breve historia de los indios...*, p. 42.

141

dentro de la tribu a la que pertenecía, era elevar su prestigio y, para ello, había dos formas de obrar: la primera era
adquiriendo trofeos de sus enemigos como, por ejemplo,
partes de su panoplia o incluso la cabellera, lo que expli-
caba que algunos indios de las llanuras vistiesen guerreras
o sombreros del Ejército[181]; la segunda era dar un «toque» a
su enemigo, que consistía básicamente, como decíamos, en
tocar con su arma a un rival vivo y demostrar, con ese acercamiento, que era digno de hacerse llamar guerrero. Esto conllevó un tipo de enfrentamiento que no buscaba la victoria
común, sino que enarbolaba los éxitos personales y fomen-
taba el individualismo.

El ejército regular de Estados Unidos buscaba los laureles
de la victoria en su conjunto, sin importar las heroicidades
ni las acciones personales, lo que enfrentaba dos concepcio-
nes muy distintas de hacer la guerra y, por consiguiente, era
una dificultad añadida para combatir las tácticas indias. Asimismo, los nativos no pretendían, con sus acciones, eliminar
a sus enemigos de manera definitiva, sino que la búsqueda
de prestigio conllevaba una guerra de tipo ritual, basada
en ataques rápidos y en retiradas igualmente apresuradas,
que no significaran el final de sus contrincantes[182]. Esto también alentó un tipo de combate fugaz, que, combinado con
las tácticas aprendidas de la caza, daba lugar a una guerra
irregular y diferente, muy difícil de combatir y muy violenta.
En 1865, tres mil guerreros indios de las grandes llanuras
atacaron la estación de Platte Bridge y aniquilaron al destacamento de caballería que la custodiaba. Podían haber
aprovechado la ventaja y el número para lanzarse hacia una
operación mayor, pero, en lugar de eso, terminaron por dis-
persarse y volver a sus actividades cinegéticas.

Obviando la motivación de un guerrero que defiende su
territorio frente a un recluta que realiza un servicio militar a
cambio de un pago, la preparación de un soldado tampoco
tenía parangón con la de un indio. A los cinco años eran entre-

---

181   Cozzens, Peter, *La tierra llora...*, p. 42.
182   Dunbar-Ortiz, Roxanne, *La historia indígena...*, p. 91.

nados en la caza, obligados a recorrer grandes distancias, a nadar y a todo tipo de privaciones primarias, lo que hace suponer una clase de combatientes endurecidos, que poco tenían que ver con los soldados que llegaban a los fuertes del Oeste, inexpertos, sin prácticas de tiro y poco acostumbrados a la severa vida cuartelaria. Los nativos manejaban sus armas con distinción aunque tenían ciertos problemas con las municiones, que en el ejército regular siempre eran escasas. El hecho de que sus armas fueran robadas o arrebatadas de las manos de sus enemigos dio pie a una miscelánea de modelos que usaban diferentes tipos de cartuchos. Además, la producción estaba en manos de los estadounidenses, de modo que la munición se conseguía en función del éxito de la rapiña.

«Los jóvenes varones regresan con los trofeos»
[*Harper's Weekly*, 17 de mayo 1873].

Eran tesituras que superaban con el terror que causaban sus gritos y sus pinturas en la batalla, pero especialmente, entre los indios de las llanuras, con su fama de brutalidad y lo que eran capaces de hacer a un enemigo caído y hecho prisionero. La mutilación y la tortura eran prácticas habituales para condenar a las almas de los enemigos al más allá y que no tuvieran opción de regresar y vengarse, algo que los soldados conocían bien y que imprimía un miedo visceral en ellos.

Los nativos adolecían de otro problema grave: el ímpetu de los más jóvenes. La guerra que practicaban buscaba el reconocimiento del valor y el prestigio del guerrero, de suerte que los más bisoños anhelaban hacerse famosos venciendo a enemigos superiores en número y armamento con el afamado «toque». Esto se tradujo en que los jefes, más sabios y pausados, no pudieron detener su arrojo y se produjeron acciones muy violentas que esperaban, tarde o temprano, una represalia armada por parte del ejército de Estados Unidos[183].

Y un inconveniente adicional con el que contaron los indios de Norteamérica, ya adelantado, fue la división constante de sus tribus, con históricas rivalidades que se remontaban a décadas. No fueron en absoluto un bloque monolítico que combatió contra un ejército; de haberlo sido, probablemente, la guerra hubiera tenido otras características. Ni siquiera existía una identidad «india» en el continente. Los siux, los apaches o los cheyene se consideraban siux, apaches y cheyene, en función de una tradición que se había extendido durante siglos y que había conformado el espíritu de «nación». Hasta que el avance de los blancos no hizo aparecer las agencias y las reservas y confluyeron allí nativos de toda clase y procedencia, no brotó un sentimiento de empatía y de conjunto. Esto es claro en los numerosos ejemplos que hay sobre tribus que apoyaron a los ingleses o a los estadounidenses para tratar de saldar una cuenta pendiente con otras que habían sido sus enemigas, en la premisa indiscutible de que «el enemigo de mi enemigo es mi amigo».

---

183 Moore, William, *Guerras Indias de los Estados Unidos...*, p. 50.

Durante la guerra de los Siete Años (1756-1763), que enfrentó a Francia y a Reino Unido y que en Norteamérica fue más conocida como la guerra franco-india, las distintas etnias se enfrentaron abiertamente apoyando a los contendientes y resolviendo sus rivalidades ancestrales. La Confederación Iroquesa, formada por los oneida, los mohawk y los catawba y posicionada con los ingleses, se enfrentó con una suerte de tribus francófilas entre las que figuraron las naciones algonquina, hurón, ojibwa, shawnee y potawatomi.

Los indios de Norteamérica pertenecían a sociedades guerreras que organizaban sus formas de vida y sus bases sociales en función de la talla del guerrero, por lo que unirse a la contienda no fue nunca un trastorno, especialmente para los más jóvenes, que debían demostrar a sus pueblos que eran dignos de formar parte de los consejos y aspirar, algún día, a la jefatura de la tribu. No tuvieron reparos en pelear entre sí, en unirse a naciones extranjeras para ganar territorio y privilegios —algo que nunca consiguieron— y en combatir como aliados de los intereses de otros, siempre que cumplieran una función para sus propias etnias.

Nunca hubo unanimidad entre los nativos y muchas tribus fueron enemigas declaradas, pero tampoco existió en las propias naciones ante los problemas que surgieron con la ocupación colonial de los norteamericanos. La Oficina de Asuntos Indios tuvo mucha responsabilidad en la desunión de las tribus y esto se manifestó en episodios como las discrepancias entre los indios antitratado, mayormente cheyene y lakota, y aquellos que se habían resignado a vivir en las agencias y a despojarse de sus típicas formas de subsistencia. Un hecho que condicionó sobremanera esta división fue el avance de los euroamericanos por sus territorios. Frente a la postura de resignación y la búsqueda de una convivencia que agradara a todos, sometiéndose a los acuerdos dictados por Washington —siempre beneficiosos para los colonos—, cohabitaron tendencias guerreras y de oposición al avance occidental, argumentando que sería el final de sus pueblos. Y, más aún, entre estas dos posturas se alzaban las

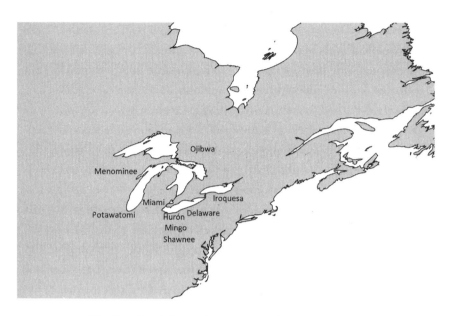

Distribución de las naciones nativas durante la guerra
franco-india (1756-1763) [elaboración propia].

Topamos con un terreno pantanoso. Cuadro de Frederic Remington [*Crooked trails*, 1898] que retrata una carga de los *rangers* de Texas contra un campamento comanche en la llamada batalla de Little Robe Creek (1858). Los *rangers* eran aliados de los tonkawa, enemigos tradicionales de la nación comanche.

tribus, como los shoshone, los crow y los pawnee, que basaron sus existencias en aliarse con los blancos a la espera de poder obtener beneficio de ello y que, como el tiempo demostró, terminaron por ser obligadas a abandonar sus formas de vida y tradiciones al igual que el resto[184].

El peso categórico de las guerras indias recayó en el Ejército de Estados Unidos, pero las autoridades y oficiales superiores pronto se percataron de que no podrían vencer a los nativos usando tácticas convencionales y con unas fuerzas armadas carentes de efectivos, tanto cuantitativa como cualitativamente. El ejército era pequeño, desprovisto de perspectivas de victoria, integrado por hombres sin motivación que se veían comúnmente arrastrados por los mismos males que los habitantes de las reservas en sus vidas de cuartel, con un deficiente desconocimiento del enemigo al que pretendían combatir, de las armas que debían utilizar y del terreno sobre el que se movían[185]. Por ello, el Gobierno optó por dejar espacio para otras formas de lucha que desangraran a los indios antes de que comenzaran a silbar las balas. Algunas de estas tácticas fueron el alcohol, las leyes sobre la tierra, el encierro en reservas y, en definitiva, el imparable crecimiento de la población blanca a lo largo del continente, pero también hubo otras que hicieron honor a la guerra sucia y que involucraron a *rangers*, a mercenarios y a colonos armados.

Ya en 1760, el coronel británico Archibald Montgomery movilizó a sus tropas contra el desafío de la nación cheroqui y acompañó a sus huestes de trescientos *rangers*, cuarenta hombres de la milicia local y cincuenta indios catawba como aliados y guías, advirtiendo que el ejército regular no sería capaz de terminar con las distintas resistencias locales[186]. El estallido de la guerra civil americana (1861-1865) contribuyó a exaltar aún más esta realidad. Los cheroqui, interesados en un país dividido y, por tanto, más débil, se inclinaron por apo-

184   Cozzens, Peter, *La tierra llora...*, p. 29.
185   Field, Ron, *US Infantry in the Indian Wars (1865-1891)*, Men at Arms 438, Osprey Publishing, Nueva York, 2007.
186   Dunbar-Ortiz, Roxanne, *La historia indígena...*, p. 99.

yar a los confederados en contra de Washington y, de hecho, se mantuvieron firmes hasta el punto de convertirse en la última unidad del Ejército sureño en rendirse. Pocos sentimientos o líneas ideológicas eran comunes a los indios cheroqui y a los confederados y el apoyo, obviamente, se basó en intereses propios de la nación india. La contienda trajo otras sorpresas al oeste americano, ya que la mayor parte de las unidades militares destinadas al oeste del río Misisipi fueron movilizadas a los frentes de batalla del este y la decisión ocasionó un enorme vacío en las guarniciones de las llanuras.

El Ejército se alzaba, en muchas regiones remotas, como la única baza visible del Gobierno para imponer el orden y representar sus intereses, por lo que su retirada tuvo un efecto grave. En los lugares más importantes, fue sustituido por una suerte de mercenarios sin moral provenientes del este que se ofrecieron voluntarios para cubrir las vacantes y que procedían mayoritariamente de la inmigración alemana e irlandesa. El Ejército se convirtió en un receptor de buscavidas y colonos que ansiaban prosperar en el Oeste a cualquier precio, con pocos escrúpulos, y que consideraban a los indios como un obstáculo para sus intereses, lo que redujo, sin lugar a duda, la profesionalidad de las tropas y recrudeció los episodios de violencia. Texas, Kansas, Washington, Colorado, Utah, Nevada, Nebraska y Oregón se convirtieron en el destino tanto de aquellos soldados bisoños, inexpertos y poco aptos para una guerra irregular, como de los mercenarios[187]. Así ocurriría en el verano de 1864, cuando el gobernador de Colorado reclutó a un regimiento de caballería provisional compuesto por lo peor de la sociedad, a cuyos miembros solo unía el deseo de matar indios. Aquellos mismos hombres, dirigidos por el coronel Chivington, fueron responsables de la matanza de más de doscientos cheyene, muchos de ellos mujeres y niños, y de la derrota y huida del jefe Caldera Negra, en la conocida masacre de Sand Creek[188].

---

187 Dunbar-Ortiz, Roxanne, *La historia indígena...*, p. 183.
188 Cozzens, Peter, *La tierra llora...*, p. 17.

ATTENTION!
INDIAN
FIGHTERS

Having been authorized by the Governor to raise a
Company of 100 day

U. S. VOL CAVALRY!

For immediate service against hostile Indians. I call upon all who wish to engage in such
service to call at my office and enroll their names immediately.

**Pay and Rations the same as other U. S.
Volunteer Cavalry.**

Parties furnishing their own horses will receive 40c per day, and rations for the same,
while in the service.
The Company will also be entitled to all horses and other plunder taken from the Indians.

Office first door East of Recorder's Office.
HAL. SAYR.

Central City, Aug. 13, '64.

Cartel de reclutamiento de voluntarios de caballería «para un servicio inmediato [de cien días] contra los hostiles indios» [*The Weekly Register-Call*, 13/08/1864] y retrato del Col. Chivington, que lideró a estos voluntarios en la masacre de Sand Creek [Colorado History Museum].

La primera reducción del ejército de la frontera ocurrió cuando dio comienzo la guerra civil y fueron sustituidas las mejores tropas por reclutas primero y voluntarios después, movilizados para guarnicionar fuertes aislados en medio de tierra hostil. Las condiciones eran muy duras y, con el avance del conflicto, muchos soldados deseaban volver a casa y reemprender sus vidas, por lo que las deserciones se multiplicaron exponencialmente en las filas castrenses[189]. Pero el Gobierno también tenía sus propios problemas y debía recuperarse de los gastos de la guerra, por lo que la Unión decidió reducir su inversión en las armas para compensar gastos. Los cincuenta y cuatro mil soldados que formaban filas en 1869 pasaron a ser unos veintisiete mil en torno a 1874[190]. Esta reducción y el hecho de que el ejército de la frontera lo integraban, en su mayor parte, inmigrantes europeos recién llegados a los puertos de Boston y Nueva York limitaron sus acciones.

---

189   Sobre las duras condiciones de vida de la caballería en los fuertes de las llanuras, véase Katcher, Philip y Volstad, Ron, *US Calvary on the plains, 1850-1890*, Men at Arms 168, Osprey Publishing, Londres, 1985, p. 21.

190   Field, Ron, *US Infantry in the Indian Wars …*, p. 4.

1866	1875	1884
1st Cavalry Pacific Coast	1st Cavalry Pacific Coast	1st Cavalry Pacific Coast
2nd Cavalry Kansas, Misuri & Colarado	2nd Cavalry Nebraska, Wyoming & Montana	2nd Cavalry Nebraska, Wyoming & Montana
3rd Cavalry Arkansas	3rd Cavalry Nebraska & Wyoming	3rd Cavalry Arizona
4th Cavalry Texas	4th Cavalry Texas	4th Cavalry New Mexico & Arizona
5th Cavalry District of Columbia, Maryland, Viginia &North Carolina	5th Cavalry Arizona	5th Cavalry Nebraska & Wyoming
6th Cavalry Texas	6th Cavalry Kansas, Colorado & Indian Territory	6th Cavalry Arizona, New Mexico & Colorado
	7th Cavalry Dakota & Montana	7th Cavalry Dakota & Montana
	8th Cavalry New Mexico & Colorado	8th Cavalry Texas
	9th Cavalry Louisiana & Texas	9th Cavalry Kansas & Indian Territory
	10th Cavalry Kansas, Texas & Indian Territory	10th Cavalry Kansas, Texas & Indian Territory
1st Infantry Louisiana	1st Infantry Dakota	1st Infantry Arizona
2nd Infantry Kentucky, Tennessee, Georgia & Alabama	2nd Infantry Kentucky, Tennessee, Georgia & Alabama	2nd Infantry Idaho & Washington
3rd Infantry Kansas Colorado & Indian Territory	3rd Infantry Louisiana & Mississippi	3rd Infantry Montana, Minnesota & South Dakota
4th Infantry Michigan & New York	4th Infantry Wyoming & Nebraska	4th Infantry Wyoming & Nebraska
5th Infantry New Mexico	5th Infantry Kansas, Colorado & Indian Territory	5th Infantry Montana
6th Infantry South Carolina	6th Infantry Dakota	6th Infantry Colorado, Utah & Kansas
7th Infantry Florida	7th Infantry Montana	7th Infantry Dakota, Minnesota & Wyoming

1866	1875	1884
8th Infantry The Carolinas	8th Infantry Arizona	8th Infantry California & Nevada
9th Infantry California & Nevada	9th Infantry Nebraska & Wyoming	9th Infantry Nebraska & Wyoming
10th Infantry Minnesota & Dakota	10th Infantry Texas	10th Infantry Michigan & New York
	11th Infantry Texas & Indian Territory	11th Infantry Dakota & Montana
12th Infantry District of Columbia & Virginia	12th Infantry California & Nevada	12th Infantry New York
13th Infantry Montana, Utah & Wyoming	13th Infantry Southern States	13th Infantry Colorado & New Mexico
14th Infantry Arizona	14th Infantry Dakota, Utah, Nebraska & Wyoming	14th Infantry Dakota, Utah, Nebraska & Wyoming
15th Infantry Alabama	15th Infantry Texas, Colorado & New Mexico	15th Infantry Dakota
	16th Infantry Southern States	16th Infantry Kansas, Texas & Indian Territory
17th Infantry New York	17th Infantry Dakota, Montana & Wyoming	17th Infantry Dakota, Montana & Wyoming
18th Infantry Nebraska & Wyoming	18th Infantry Southern States	18th Infantry Montana
19th Infantry Arkansas, Louisiana, Mississippi & Indian Territory	19th Infantry Kansas, Colorado & Indian Territory	19th Infantry Texas
20th Infantry Louisiana & Mississippi	20th Infantry Minnesota & Dakota	20th Infantry Kansas & Indian Territory
21st Infantry Virginia	21st Infantry Oregon, Washington & Idaho	21st Infantry Oregon, Washington & Idaho
22nd Infantry Dakota	22nd Infantry New York & Michigan	22nd Infantry Texas, Colorado & New Mexico
23rd Infantry Oregon & Washington	23rd Infantry Nebraska & Wyoming	23rd Infantry New Mexico, Texas & Indian Territory
	24th Infantry Texas	24th Infantry Indian Territory
	25th Infantry Louisiana & Texas	25th Infantry Dakota, Minnesota & Montana

Evolución de las unidades del Ejército de Estados Unidos y su distribución regional. Tabla elaborada a partir de datos recabados en The Adjutant-General's Office, «Circular showing the Distribution of the line of the United States Army».

Muchos hombres eran analfabetos, borrachos o delincuentes, pero también había muchos obreros de baja cualificación que buscaban una paga fija (por escasa que fuera), un techo y tres comidas al día. La lealtad a la institución dependía íntegramente de que aquellos hombres encontraran una opción mejor, lo que explica el alto número de deserciones. Un soldado cobraba diez dólares mensuales y, si promocionaba a oficial, podía aumentar significativamente su salario. Tras treinta años de servicio se alcanzaba el derecho a ganar una pensión, pero solo el uno por ciento de los que empezaban sus días en la vida castrense terminaba en ella.

Los soldados no eran entrenados correctamente y, cuando alcanzaban su destino en un fuerte en el Oeste, se arrepentían de haber optado por aquella vida. La rutina cuartelaria era complicada, anclada en el aburrimiento más absoluto, la mala y monótona alimentación y una falta de higiene que conllevaba la proliferación de las ratas y las pulgas. Era una existencia miserable que, en ocasiones, se comparó con la vida de los negros en las plantaciones del sur, como hizo Sherman: «Seguro que, si los plantadores sureños hubieran metido a sus negros en estos antros, se habría mostrado como ejemplo ilustrativo de la crueldad y falta de humanidades de sus amos»[191].

La falta de medios capitales impedía gastar el escaso dinero en municiones y, por tanto, era complicado que se produjeran prácticas de tiro. La consecuencia era que los soldados entraban en batalla contra experimentados guerreros nativos sin haber disparado jamás o habiéndolo hecho pocas veces e incluso sin saber montar bien a caballo. También adolecían de los mismos problemas que otros soldados coetáneos en cuanto a la uniformidad, ya que los tejidos no eran apropiados para aguantar las altas temperaturas de las llanuras y el cambio térmico inverso que se producía por las noches o que se agravaba con el paso de las estaciones[192]; normalmente solían estar atestados de chinches y la calidad era tan baja que en pocos meses de uso se convertían en jirones, creando

---

191   Cozzens, Peter, *La tierra llora...*, p. 50.
192   Field, Ron, *US Infantry in the Indian Wars...*, *p.* 18.

la imagen de un ejército de mendigos, lejos de la estampa castrense que caracteriza a cualquier ejército regular. Las armas puestas en las manos de los soldados del ejército de la frontera tampoco fueron las más modernas. El mosquete Springfield de la guerra civil, con una cadencia monotiro, era insuficiente y hasta 1873 no llegaron nuevas armas como el revólver Colt Peacemaker o el rifle Springfield del 45.

Con todo, la actividad de las tropas fue escasa. Su función guardesa de las posiciones fortificadas mantenía alejadas a las partidas de guerreros indios y rara vez eran movilizadas para actuar directamente contra los nativos, con una actividad bélica intermitente. Por lo tanto, el mayor enemigo de los soldados fueron la monotonía y el aburrimiento. Normalmente eran empleados en decenas de tareas de mantenimiento y construcción que nada tenían que ver con la acción bélica y esa falta de actividad y de alicientes más allá de los muros del fortín empujó a los combatientes, como relatamos, a abrazar los mismos vicios que asaltaban a los indios en las reservas. Pronto, el alcohol y el juego se convirtieron en sus mayores aliados para superar las tediosas horas del día. La entrada de prostitutas en las instalaciones castrenses fue constante y se alentó desde el mando como forma de combatir el tedio, lo que provocó, junto con los efectos del *whisky* barato, la proliferación de reyertas, conflictos y enfermedades como la cirrosis o la gonorrea. Condiciones de miseria absoluta que contribuyeron a la elevadísima cantidad de deserciones.

El Primer Regimiento de Caballería, de 1288 reclutas que engrosaron sus filas entre 1864 y 1867, registró el abandono de 928 hombres[193]. Las razones no se limitaban a las formas miserables de vida a las que estaban sometidos. Algunos ya tenían en mente, desde su unión en los centros de reclutamiento de las ciudades del este, que el Ejército era solo el medio para alcanzar sus fines y que cualquier fuerte del Oeste estaba más cerca de los yacimientos de oro de California que sus lugares de origen. Por eso, en cuanto veían la oportunidad, huían.

193　Cozzens, Peter, *La tierra llora...*, p. 55.

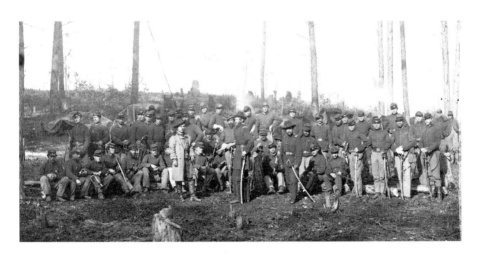

Brandy Station, Virginia. Oficiales del Primer Regimiento de
Caballería en el principal teatro oriental de la guerra civil
americana, 1863-1864 (detalle) [Library of Congress].

La incapacidad de un ejército pequeño y anclado en la
mediocridad obligó a los oficiales, muchas veces a su pesar,
a contar con la aportación de otros nativos en funciones de
exploración (en ocasiones, incluso formaron sus propias
unidades) o a contratar los servicios de mercenarios. Así lo
manifestó el coronel Jefferson Davis en una carta al cuartel general en la que escribió: «... la mayoría de los hombres
alistados aquí son unos completos inútiles para este tipo de
lucha contra los indios y no son más que cobardes comedores
de búfalo»[194]; y puso en valor, al tiempo, la habilidad de los
setenta aliados warm springs para enfrentarse con los modoc.

Ante esta falta de profesionalidad, hubo una categoría de
combatientes que resultó ser más efectiva y letal en la lucha
contra los nativos: los conocidos como Buffalo Soldiers. Los
afroamericanos no habían podido formar parte de las filas
del Ejército de Estados Unidos hasta 1862, cuando el presidente Abraham Lincoln dio permiso para que integrasen
las fuerzas armadas de la Unión. El índice de mortalidad de

---

194   *Ibid.*, p. 168.

los soldados negros fue mucho mayor que el de otros grupos minoritarios de combatientes: de 186 000 soldados, 38 000 perdieron sus vidas en los campos de batalla contra los Estados Confederados. Cuando terminó el conflicto fratricida, en 1865, muchos de ellos y antiguos esclavos manumitidos vieron en el Ejército una forma de prosperar y garantizarse una paga que en otros campos de la vida civil era más complicado conseguir[195]. No obstante, las circunstancias que encontraron fueron discriminatorias, con sueldos menores que sus compañeros blancos y peores servicios. Estos, evidentemente, incluyeron guarniciones en el Oeste en las que compartieron destino con inmigrantes alemanes e irlandeses.

Los Buffalo Soldiers pasaron a ser una fuerza de choque importante en el oeste americano durante las guerras indias por dos factores. En primer lugar, porque imprimieron terror y respeto en los nativos. El color de su piel asustó a los guerreros indios al igual que lo hicieron los caballos en el siglo XVI o las armas de fuego cuando escucharon por primera vez la detonación de sus cañones, lo que propició que les atribuyeran algunas características propias de los bisontes, considerados animales fuertes, sabios y venerables. En segundo término, porque los Buffalo demostraron mayor eficacia que sus compañeros de filas blancos. En un primer momento integraron el Décimo Regimiento de Caballería, pero el abrumador alistamiento de negros después de la guerra hizo necesaria la creación del Noveno Regimiento de Caballería y los 24.º y 25.º regimientos de Infantería, ambos copados por soldados afroamericanos.

Al margen de las fuerzas regulares, se movieron una serie de individuos que combatieron a las tribus norteamericanas con crudeza y que sirvieron para menguar a las poblaciones autóctonas. Así se formaron los Indian Fighters en los primeros tiempos de la colonización británica: grupos de mercenarios que batallaron con tácticas que imitaban la forma de combate de los indios y resultaron muy efectivos.

---

195 Plante, Trevor (ed.), *Military Service Records at the National Archives*, Washington, 2009, p. 64.

Buffalo Soldiers, 25.º de Infantería (Barthelmess, 1890) [Library of Congress].

Estas tácticas de guerra irregular se revelaron en el uso de la violencia extrema sobre la población civil y, especialmente, sobre mujeres, ancianos y niños. Al no poder arrastrar a los guerreros nativos hacia el combate abierto que suponía un campo de batalla, los esfuerzos de estos grupos se centraron en castigar sus medios de producción y aquello que más añoraban, esto es, sus familias. Por tanto, se quemaron y destruyeron cientos de poblados, se asesinó a los más vulnerables y estos fueron vendidos como esclavos en las ciudades del este, todo ello para desafiar y obligar a la reacción de los indios. En 1791, los *rangers* quemaron y aniquilaron poblados enteros de indios miami, capturaron a cuarenta y cuatro mujeres y niños y amenazaron al resto de los pueblos hostiles con que les sucedería algo similar si no se sometían a sus exigencias. Esta fue un arma más poderosa que los rifles porque el guerrero luchaba por un motivo, que era proteger a los suyos y, por ende, la tierra en la que vivían. Si se destruía todo aquello que defendían, forzaban a los enemigos a desfallecer o a perder la cordura y actuar de manera impetuosa alimentando la espiral de violencia[196].

---

196 Dunbar-Ortiz, Roxanne, *La historia indígena...*, p. 116.

La literatura acompañó a los *rangers* a lo largo de la historia y los elevó a lo más alto del heroísmo. Escritores como Walt Whitman encumbraron la categoría de *ranger* a la de los «verdaderos americanos» y, en definitiva, justificaron la idea de ejércitos vencedores, ya fueran el regular o el formado por voluntarios, para pacificar y llevar el progreso al país, aunque eso fuera a costa de la vida de miles de personas. La realidad es que, al igual que los soldados recibían su paga por el servicio que prestaban a la nación, los voluntarios *rangers* no actuaron solo por pasión y la muerte de los indios se convirtió en un lucrativo negocio que aportó mucho dinero y sirvió de sustento a cientos de familias. Las autoridades californianas pagaron en 1851 más de un millón de dólares a las milicias que se encargaban de eliminar a los nativos y, en 1860, la matanza del capitán Jarboe demostró la rentabilidad del negocio, bien remunerado e incluso reconocido por las autoridades, pese a ser extremadamente violento. Y es que W.S. Jarboe se abalanzó sobre una partida de indios y, a golpe de hachas y gatillos, voló cabezas, aplastó cráneos y se llevó por delante a decenas de ellos, incluso niños que estaban aprendiendo a caminar o mujeres indefensas que trataban de protegerlos. La expedición se pagó con 9347 dólares y el gobernador envió una felicitación a Jarboe por haber actuado de manera tan diligente[197].

Las autoridades y el Gobierno de Estados Unidos iban fraguando una historia ajena a la realidad, que las generaciones venideras considerarían como auténtica, y para ello se sirvieron de la exaltación de personajes como Sherman, Sheridan, Custer o Miles, todos ellos héroes de la guerra civil (1861-1865). ¿Cómo podían equivocarse u obrar mal los grandes líderes del país? El uso de estos personajes fue común y además crucial para la construcción de la nación, pero además convenció a la sociedad de que los indios eran un obstáculo para el progreso. Fueron los «pacificadores» del Oeste y su labor fue reconocida oficialmente y premiada

---

197   Doval, Gregorio, *Breve historia de la conquista del Oeste...*, p. 210.

Izqda.: brigadier general George Crook (D. S. Mitchell, 1876) [Newberry Library]. Dcha.: mayor general William T. Sherman (Brady's National Photographic Portrait Galleries, 1860-1865) [Library of Congress].

La última batalla de Custer (detalle) [Edgar Samuel Paxon, 1899]. El general Custer, en el centro, con su chaqueta de piel de ciervo vive junto a sus hombres su última lid en Little Bighorn.

con ascensos y medallas, como lo fueron sus antepasados con títulos nobiliarios y tierras. Esto coincidió con el anhelo de muchos jóvenes oficiales licenciados en West Point de ganar prestigio y el único lugar donde conseguir fama tras la finalización de la guerra civil era el Oeste, donde continuaba el sometimiento colonial de las tribus nativas. Uno de los ejemplos de aquella promoción basada en las acciones violentas se produjo en el invierno de 1872, cuando el general Crook se enfrentó en varias ocasiones contra los yavapais y los apaches: las operaciones militares del Ejército se alternaron con razias por parte de pequeños grupos de guerreros indios que destruyeron ranchos y granjas; ante la perspectiva, Crook ordenó el ataque sobre un poblado yavapai en Turret Peak y fueron asesinados los guerreros y sus familias. Controlada la zona, Crook ofreció amistad a los supervivientes y ayuda en cuanto a su propia vida siempre y cuando respetasen la superioridad occidental, lo que le valió el reconocimiento del presidente Ulysses Grant, que lo ascendió de teniente coronel a general de brigada[198].

William Tecumseh Sherman fue general de brigada al mando de las tropas de la frontera desde el final de la guerra civil americana hasta 1883. Su pasado militar le granjeó un gran prestigio entre los ciudadanos de la Unión, aunque su fama causaba cierta polémica en los Estados Confederados, debido a las duras campañas que llevó a cabo en las dos Carolinas y en Georgia, que implicaron tácticas de tierra quemada y otras brutalidades contra la población civil. Con ese currículum, lo que para unos fue un completo asesino, para otros, lo convirtió en un héroe de guerra, pero lo crucial es que quienes consideraban su heroicidad por encima de su brutalidad fueron los vencedores de la guerra civil y, por ello, pasó a la historia de Estados Unidos como un ejemplo que seguir. Cuando se ocupó de dirigir al ejército de la frontera en las guerras indias, mantuvo las mismas políticas y planteamientos.

---

198   Cozzens, Peter, *La tierra llora...*, p. 208.

La brutalidad de Philip Sheridan, general de brigada durante la guerra civil americana, se vio reflejada en la destrucción del valle de Shenandoah en 1864 contra el ejército confederado, por lo que es lógico pensar, como atestiguaron los hechos, que, frente a los indios, no tuvo mayores simpatías. Hasta 1883 estuvo destinado en la defensa de la frontera y ordenó cientos de escaramuzas contra los nativos, pero aquel año, y hasta su muerte, ocupó el cargo de comandante en jefe de las Fuerzas Armadas estadounidenses sustituyendo a Sherman. La historiografía reciente ha denunciado en no pocas obras el carácter predispuesto hacia la violencia y el genocidio que le confieren frases como la ya citada «el único indio bueno es el indio muerto».

El general Nelson Appleton Miles fue otro de los ensalzados por sus servicios en los conflictos con los indios y fue responsable de la rendición de kiowas y comanches, estuvo presente en las campañas de castigo en las llanuras tras la derrota de Little Bighorn, sometió a los nez percé y acabó con los siux en la masacre de Wounded Knee (1890).

Pero, sin duda, el más conocido y célebre combatiente de los indios de Norteamérica, que pasó a los anales de la historia por su ferocidad y no tanto por su ineptitud, fue el general George Armstrong Custer. Héroe en la batalla de Bull Run (1861) y en Gettysburg (1863), Custer fue ascendido precozmente a general con tan solo 23 años. Al finalizar la guerra, continuó sus días en el Ejército, pero mantuvo sólo el rango de teniente coronel al mando del celebérrimo Séptimo de Caballería y allí fue haciéndose un nombre. Aunque protagonizó algunos episodios brutales como el asesinato de cientos de nativos en la batalla de Washita, la historia lo recordó por su derrota y muerte en Little Bighorn en 1876. Sin embargo, el nombre de Custer es reconocido en las crónicas de la historia militar como el del héroe por excelencia, que dio su vida en el campo de batalla de manera honorable, sacrificándose por sus hombres y su país.

III. AL ESTE DEL MISISIPI

LA PRIMERA SANGRE

La llegada de los europeos al norte del continente americano aconteció desde diferentes vías. El poder de España desplegado en el Nuevo Mundo tras su descubrimiento y posterior colonización había creado en el Caribe su propio Mare Nostrum y dejaba poco espacio para que las restantes potencias, deseosas de expandir sus imperios, vieran colmadas sus apetencias territoriales, lo que obligó a franceses e ingleses a desplazarse al norte con el fin de encontrar su propio sueño americano. Pese a la parcela jamaicana en el Caribe y algunas pequeñas islas desde las que operaban los corsarios al servicio de la Corona inglesa, la verdadera colonización anglosajona de América fue en el norte, en los actuales Estados Unidos.

En 1607, los ingleses fundaron la pequeña colonia de Jamestown, en Virginia, en honor a su rey Jaime I, y sentaron las bases de una relación que se extendería hasta la independencia de las trece colonias. En 1620 arribaba a las costas de Massachusetts el afamado barco Mayflower, cargado de puritanos que ese mismo año fundaron la colonia de Plymouth y a partir de ese momento comenzaron a extenderse primero a Boston y después a la cercana Connecticut. Un siglo después, los británicos ostentaban la plena posesión de las trece colonias y ejercían un intenso comercio con las tribus indias del este del río Misisipi.

[Jacques] *Marquette* y [Louis] *Jolliet descubren el Misisipi* [Robert Guillemin a partir de W. L. Sheppard, 1876]. Antigua postal editada por Dexter Press.

Champlain comerciando con los indios [Charles William Jefferys, 1911].

Los franceses tardaron algo más en acercarse a las bondades que ofrecían aquellos vastos territorios, pero, cuando lo hicieron, establecieron su propio imperio colonial. En 1524 hicieron su primera aproximación de la mano del marino Giovanni da Verrazzano y, una década después, el francés Jacques Cartier exploraba la región de Terranova y descubría el río San Lorenzo. Las leyendas de Hernán Cortés y Francisco Pizarro, que habían conquistado los Imperios mexica e inca, impulsaron a los marinos europeos a anhelar las mismas riquezas, mientras que los reinos del Viejo Mundo buscaban un regalo mucho mayor con el paso interoceánico. En cualquier caso, los franceses se extendieron pronto por Canadá, en torno al valle del río San Lorenzo, e hicieron suya la navegación del Misisipi, originando un vasto dominio habitado por pocos miles de colonos pero con unas relaciones más estrechas con las tribus indias que lo poblaban.

Samuel Champlain, militar, marinero, investigador compulsivo, fue el impulsor de una colonia francesa permanente en América del Norte que abriría la ruta hacia el Pacífico y China, a partir de su primer viaje a América en 1603. Para Champlain, las tribus indias mayoritarias en Quebec eran tres: los hurones y los algonquinos, en cuyas tierras se asentaron los franceses a su llegada a América; y los iroqueses, confederación de amerindios fundada en 1570 y que se ubicaba en el actual estado de Nueva York. En su opinión, los primeros serían la nobleza de origen; los segundos, «algo así como los burgueses»; y los últimos, la plebe. Pese a esa nobleza de origen de los hurones, así los catalogaba este explorador y estadista: «Una pandilla de mugrientos... unos vanidosos que tratan los asuntos de Estado con tanta sangre fría y seriedad como la Junta de España, el Consejo de los Sabios de Venecia o los Ancianos de Lacedemonia»[199].

De entrada, a Samuel Champlain no le interesaba la enemistad con ninguno de los pueblos indígenas, pues depen-

---

199 Todos los datos, de Gutiérrez Escudero, Antonio, «La colonización francesa en Norteamérica en el siglo XVII», en Navarro García, Luis, *Historia de las Américas*, Sevilla, Universidad, 1991.

día de ellos para mantener e incrementar el comercio de pieles de castor que eran enviadas y negociadas en Francia y que servían para adornar abrigos y hacer el fieltro de los sombreros de la época. El aumento de este comercio permitiría una rápida consolidación de la colonización francesa en Canadá y cualquier intento de exploración y de extensión del ámbito de penetración francesa en el continente podía verse frenado si las relaciones con los indios no eran buenas[200]. Champlain había sido el primer europeo en llegar a los Grandes Lagos y también el primero en entrever las enormes posibilidades del territorio, pero sus esfuerzos por consolidar la colonización no se vieron correspondidos a pesar de que había ideado un sistema por el cual se concedían tierras a nobles y grandes señores, comprometiéndolos a llevar a sus expensas a emigrantes entre quienes se distribuían los lotes de terreno en calidad de arrendatarios.

El día de Navidad del año de 1635, Champlain murió en Quebec. A partir de entonces, franciscanos y en especial jesuitas empezaron a evangelizar a los amerindios y a adentrarse por el territorio. Así se llegó a la conquista de Luisiana a comienzos del siglo XVIII. El nuevo emplazamiento garantizaba una cierta seguridad gracias a una alianza concertada con los indios choctaw y creek, y estos últimos, además, se convirtieron en una barrera que impedía cualquier penetración terrestre procedente de las colonias inglesas de Carolina del Sur o de su aliada, la tribu de los yamasee. El flanco este, sin embargo, quedaba desguarnecido y a merced de los españoles situados en Texas y Pensacola. La monarquía hispánica, previo estudio del Consejo de Indias, entendió que la Corona francesa se estaba metiendo en territorio español, pese a que los galos actuaban, presuntamente, para frenar a los ingleses. En 1663, Luis XIV había incorporado a la colonia el dominio real. No obstante, la mayor parte de las personas que se movían por el territorio no dejaban de ser tramperos y comerciantes de pieles, que no tenían

---

200   Gutiérrez Escudero, Antonio, «La colonización…, p. 744.

mucho afán en apegarse a la tierra. Máxime cuando numerosas compañías de comercio se encargaban casi en exclusiva de este comercio de cuero, pieles y también madera y sus miembros no tenían reparo alguno en el exterminio de los indios que estorbaban sus operaciones mercantiles. En 1624 solo había veinte colonias de asentamiento[201]. Para la década de los setenta del siglo XVII ya había unos tres mil colonos franceses en la América del Norte. En 1683 ya eran diez mil. Esto generó una altísima violencia por parte de estos emigrantes hacia los amerindios, pero también de estos hacia los franceses. Por ejemplo, en 1689, los iroqueses atacaron el poblado de Lachine y su acción fue rápidamente contestada. Con estos indios no se llegó a un estado de paz más o menos razonable hasta 1701. Con los británicos, la lucha por el control de la zona fue permanente.

La Iglesia francesa también tuvo sus problemas, pues a las continuas agresiones de los nativos como respuesta a la creación de misiones hubo de sumar el nulo interés de las compañías de comercio por apoyar la evangelización, así como el abuso que comerciantes y tramperos ejercían contra los indios con el apoyo de los gobernadores. Por ello, a finales del siglo XVII solo contaba con treinta parroquias, un problema que quizá se habría solventado con la normalización del mestizaje, como ocurría en las zonas de dominacion española, donde había porcentajes más altos de población indígena: «Sin mestizaje no hay imperio, sino imperialismo»[202].

La conquista de Nueva España en 1521 conformó el punto de partida de las expediciones venideras de los españoles por el norte del continente. Mucho antes de la llegada de ingleses y franceses a las costas norteamericanas, los españoles ya habían punteado los litorales de Florida y California y se habían adentrado en los territorios desconocidos[203].

201   *Ibid.*, p. 753.
202   Gullo, Marcelo, *Madre Patria. Desmontando la leyenda negra desde Bartolomé de las Casas hasta el separatismo catalán*, Madrid, Espasa, 2021.
203   Rodríguez, Andrés, «Florida Hispanica y rehispanizada. Herencia española en el sudeste americano», *Laus Hispaniae. Revista de Historia de España, Especial Norteamérica*, 2022, pp. 100-111.

ESTADOS UNIDOS: PRINCIPALES ETNIAS

Etnias	%
1. Inglesa	44,3
2. Escandinava	39,4
3. Europea del Nordeste	36,7
4. Ibérica	25,4
5. Europea oriental	21,3
6. Irlandesa, escocesa y galesa	18,0
7. Italiana	17,3
8. Balcánica	15,3
9. Griega y del sur de Italia	11,3
10. Mesoamericana y andina	9,2
11. Nigeriana	8,7
12. Judía askenazi	7,1
13. Norafricana	6,5
14. Sierraleonesa	5,6
15. Asiática occidental	5,2
16. Keniana	5,0
17. Africana occidental	4,7
18. Finlandesa	4,6
19. De Oriente Medio	3,2
20. Sarda	1,8
21. China y vietnamita	1,5
22. Judía sefardí-norafricana	1,3
23. Filipina, indonesia y malasia	1,2

MÉXICO: PRINCIPALES ETNIAS

Etnias	%
1. Mesoamericana y andina	81,1
2. Ibérica	79,5
3. Italiana	30,4
4. Norafricana	22,7
5. Europea del Nordeste	17,7

CANADÁ: PRINCIPALES ETNIAS

Etnias	%
1. Inglesa	42,8
2. Escandinava	36,3
3. Europea del nordeste (Holanda, Austria, Bélgica, Suiza, Alemania)	33,0
4. Ibérica	26,7
5. Europea oriental	23,1
6. Irlandesa, escocesa y galesa	18,8
7. Balcánica	17,2
8. Italiana	16,9
9. Griega y del sur de Italia	9,7
10. Judía askenazi	6,1
11. Mesoamericana y andina	5,9
12. Finlandesa	5,5
13. Asiática occidental	5,4
14. Norafricana	3,4
15. Nigeriana	3,4
16. De Oriente Medio	3,2
17. Sudasiática	2,5
18. China y vietnamita	2,4
19. Sarda	1,9
20. Sierraleonesa	1,8
21. Keniana	1,4
22. Filipina, indonesia y malaya	1,3
23. Judía sefardí-norafricana	1,3
24. Inuit	1,1
25. Africana occidental	1,1
26. Centroasiática	1,0

Principales etnias de Estados Unidos, Canadá y México. Datos de los usuarios de ADN de MyHeritage.

PERÚ: PRINCIPALES ETNIAS		COLOMBIA: PRINCIPALES ETNIAS	
Etnias	%	Etnias	%
1. Mesoamericana y andina	88,3	1. Mesoamericana y andina	88,8
2. Ibérica	48,4	2. Ibérica	79,3
3. Italiana	26,8	3. Italiana	35,1
4. Europea del nordeste	17,8	4. Norafricana	21,2
5. Norafricana	12,8	5. Europea del nordeste	14,4

Principales etnias de Perú y Colombia.
Datos de los usuarios de ADN de MyHeritage.

Juan Ponce de León hizo su primera aproximación desde Puerto Rico, atraído por las leyendas de la fuente de la eterna juventud, y otros como Pérez de Ortubia lo siguieron en empresas parecidas. Tuvieron allí desafortunados encuentros con indios, como el que costó la vida a Lucas Vázquez de Ayllón y a doscientos de sus hombres, invitados a un banquete y aniquilados por los indígenas de Florida[204]. En 1528, el veterano Pánfilo de Narváez exploró la costa hasta la península de Pensacola y después se aventuró tierra adentro hasta alcanzar las estribaciones de los Apalaches; recorrió la costa hacia el oeste y descubrió la desembocadura del río Misisipi, pero la virulencia de los temporales, la resistencia indígena y un cúmulo de infortunios terminaron por hacer fracasar la expedición con la desaparición de su capitán. De esta empresa quedaron algunos supervivientes que pasaron a la historia por sus hazañas, como Álvar Núñez Cabeza de Vaca: después de ganarse la fama entre los indios por sus dotes de curación, y convertido en una suerte de jefe y rehén, decidió emprender la huida y recorrer a pie miles de kilómetros por el suroeste de los actuales Estados Unidos, hasta que, ocho años después, arribó a la Nueva España.

---

204 Moore, William, *Guerras indias...*, p. 68.

Tristán de Luna, comandando otra expedición a la Florida, fue testigo y partícipe de la rivalidad entre las tribus indias coosa y natchez. Los españoles afincados en la Nueva España no se detuvieron ante el éxito y las riquezas que habían obtenido del imperio de Tenochtitlán y surgieron una serie de expediciones hacia el norte que colonizaron lo que hoy conocemos como las grandes llanuras y la costa oeste desde California hasta Alaska, donde se toparon con comerciantes de pieles rusos[205]. Exploradores como Hernando de Soto y Vázquez de Coronado pagaron con sus vidas la conquista de nuevas tierras y, en poco más de un siglo, los presidios —auténticos fortines militares— y los dragones de cuera —caballería— controlaban el territorio de manera efectiva y extendían los límites del Imperio español.

La confluencia de estas tres potencias europeas en el mismo solar y la existencia de ancestrales naciones nativas enfrentadas entre sí por años de agravios y desencuentros crearon la situación idónea para que la guerra fuera un elemento identitario del nuevo mundo norteño. Circunscribiéndonos al ámbito anglosajón, las primeras diferencias surgidas entre el Gobierno colonial de Jamestown y la tribu de los powhatan (1609-1614) abrieron una época bélica que concluyó en 1890 y que tuvo como protagonistas a las naciones nativas, enfrentadas primero al poder británico y después a los emancipados Estados Unidos de América[206]. El conflicto con los powhatan resumió a la perfección la dinámica de la guerra que iba a tener lugar en el periodo de conquista, con un primer acercamiento rodeado de cortesía y curiosidad, un enconamiento de las acciones guerreras nativas y una mayor brutalidad proveniente de las tácticas inglesas, basadas en la aniquilación de los poblados y en la quema de sus cultivos para privar a los indios de sus recursos naturales.

---

205   Garrido Palacios, José, «La presencia española en Alaska. El Imperio español en el Pacífico», *Laus Hispaniae. Revista de Historia de España, Especial Norteamérica*, 2022, pp. 90-99.

206   Vease Grenier, John, *The First Way of War, American War Making of the Frontier, 1607-1814*, New York, Cambridge University Press, 2005.

La guerra concluyó con una victoria parcial de los nativos, que controlaron el territorio circundante, y un acuerdo de paz respaldado con la boda de Pocahontas, hija del jefe powhatan Nonoma Winanuske Matatiske, con el inglés John Rolfe. Su unión significó el primer matrimonio mestizo de la historia en Virginia, práctica que los españoles habían llevado a cabo desde los primeros días de la conquista en todo el continente (1492) y que los anglosajones no ejercieron más que en contadas excepciones. La pretendida superioridad racial de la que hacían gala e incluso el repudio moral fueron motivos suficientes para que este tipo de uniones no fueran comunes en el norte del continente.

El secuestro de Pocahontas [Jean-Léon Gérôme Ferris, ca. 1910].

Desde 1630 habían tenido lugar algunos enfrentamientos con víctimas mortales entre los ingleses y la tribu de los pequot. Estos, apoyados por los holandeses, mantenían una rivalidad ancestral con los mohegan y los narragansett, que, evidentemente, buscaron el favor de las autoridades coloniales inglesas. Así, una suerte de alianzas y una violencia que salpicaba de cuando en cuando fueron elevando la tensión hasta que, en 1637, estalló el conflicto. Los pequot se dedicaron a incursionar en posiciones inglesas y de sus aliados, asesinando a una treintena de colonos. La respuesta inglesa no se hizo esperar y, en mayo del mismo año, rodearon la posición pequot de Mystic, incendiándola y convirtiendo el poblado en una gran hoguera. Los miembros de la etnia que trataron de salir fueron masacrados. Los supervivientes fueron reintegrados en las tribus vecinas o vendidos como esclavos por las autoridades inglesas en otros dominios coloniales, pero la brutalidad de los métodos anglosajones consiguió incluso sorprender a sus aliados indios, acostumbrados a medir sus fuerzas con el mínimo número de bajas y que asistían, con asombro, a un nuevo concepto de guerra.

Una ilustración de *Lion Gardiner: a tale of the pequot war* (detalle) [Graham, 1918].

La rivalidad franco-inglesa y la enemistad histórica de los pueblos nativos de la región de los Grandes Lagos ocasionaron un nuevo enfrentamiento que se prolongó durante cincuenta años y que fue conocido como la guerra de los castores (1642-1697). El conflicto velado entre Francia e Inglaterra, en el que también intervinieron otras potencias europeas como el reino de Suecia y los holandeses desde su colonia de los Nuevos Países Bajos, influyó en el devenir de la región y alteró las relaciones con los pueblos originarios. La Confederación Iroquesa, formada por las tribus mohawk, seneca, cayuga, oneida y onondaga, estuvo aliada con los holandeses y más tarde con los ingleses, en un intento de sentar unas alianzas suficientemente fuertes como para consolidar su dominio sobre la región de los Grandes Lagos y monopolizar el comercio de pieles. Sus máximos adversarios, los indios algonquinos (agrupados en las tribus de hurones, mohicanos, nipmuc, narragansett, wampanoag, podunk, miami, ojibwa, ottawa o micmac en diversas confederaciones), se aliaron con Francia para mantener sus privilegios en la zona y contrarrestar el poder iroqués. El conflicto o la concatenación de acciones bélicas durante más de cincuenta años fueron uno de los ejemplos más paradigmáticos de la influencia de las potencias extranjeras en el destino de los pueblos nativos y del enfrentamiento entre estos.

La solución vino dada con la Paz de Montreal (1701), en la que las autoridades coloniales francesas firmaron un acuerdo con 39 naciones americanas para garantizar el comercio de pieles en la zona en un contexto de entendimiento. El convenio permitió unos años de relaciones sosegadas entre las tribus rivales y el compromiso de la Confederación Iroquesa de no intervenir en caso de conflicto entre las potencias europeas.

La agitación llegó a Nueva Inglaterra cuando, en 1675, estalló la guerra del rey Felipe, entre las fuerzas coloniales allí establecidas y las tribus indias que poblaban aquellas tierras. El primer contacto fue positivo para ambos mundos y los peregrinos del Mayflower de 1620 encontraron

Muerte del rey Philip [Metacom] [*Indian history for young folks*, Francis S. Drake, 1919].

amistad en la tribu wampanoag y especialmente en su jefe, Massasoit, pero, a la muerte de este, su hijo, Metacom, abandonó el camino de las buenas relaciones mientras era testigo de cómo su pueblo sufría el abuso de los colonos ingleses. El peso demográfico de estos aumentó de una manera exponencial y, en apenas cincuenta años, se había pasado de un puñado de colonos a más de sesenta y cinco mil individuos[207], convivientes en un centenar de ciudades. Los problemas derivados de aquel aumento en la densidad de población no se hicieron esperar y la tierra volvió a convertirse, una vez más, en un motivo de controversia insuperable. A esta condición se sumó una considerable disminución de la población autóctona a causa de las enfermedades transmitidas por los europeos, lo que extendió una sensación de malestar entre tribus que observaban con desasosiego cómo la cercana relación con el hombre blanco solo traía mortandad.

La gran Confederación Wampanoag comprendía a otras tribus que tenían los mismos problemas con los colonos y que pertenecían a las ramas algonquinas, como los podunk, nimpuc, nashaway, wabanaki o los más conocidos y beligerantes narragansett. Por su parte, la fuerza colonial, nutrida por un buen número de combatientes movilizados que ascendía a un cuarto de su población, todos ellos jóvenes en edad militar, contaba además con el apoyo de algunas tribus con una tradicional enemistad con los algonquinos, en su mayoría mohegan, de ascendencia iroquesa. El jefe de la confederación desde 1664, Metacom, conocido por los colonos por su nombre occidental, Philip, agrupó a su alrededor a una fuerza considerable mientras esperaba la oportunidad para deshacerse del dominio británico. La causa que hizo estallar la guerra, y que se unió al cúmulo de agravios y discrepancias entre colonos e indios, fue la detención de Metacom, denunciado por un converso llamado John Sassamon, que había informado del rearme y de la preparación de los gue-

---

207 Bureau of the Census, «Colonial and Pre-Federal Statistics», en *Historical Statistics of the United States: colonial times to 1970*, 2, U. S. Department of Commerce, 1975.

rreros para un inminente ataque. Metacom salió indemne de aquel juicio, pero Sassamon, considerado un renegado, fue ajusticiado por los wampanoag y, cuando encontraron su cadáver, tres miembros de la tribu fueron apresados y ejecutados en la horca.

El escenario de guerra había quedado servido en bandeja. A partir de entonces se iniciaron los ataques furtivos, que comprendían incursiones rápidas al tiempo que los colonos ponían en práctica tácticas de castigo contra las poblaciones indígenas. En términos absolutos, las cifras tanto de combatientes como de bajas registradas no fueron excesivas y se contaron por un total de tres mil individuos en cada campo[208]. Sin embargo, las consecuencias y un acuerdo de paz mal definido en 1678 dejaron las puertas abiertas para que los conflictos siguieran reproduciéndose en el continente y la rivalidad con Francia se enconara. La destrucción del enclave de Providence en Rhode Island demostró la fiereza y la contundencia con la que atacaron los indios, que, con todo, se llevaron la peor parte: muchos de ellos fueron vendidos como esclavos y trasladados a las islas Bermudas; otras tribus fueron desposeídas de su identidad y entraron en un declive difícil de superar pues habían perdido a una importante cantidad de guerreros; y otras más pequeñas desaparecieron. Incluso las tribus aliadas de los colonos, como los mohawks o los mohegan, sufrieron las consecuencias de la guerra y quedaron sometidas y ligadas al poder colonial, perdiendo, en parte, su independencia.

El conflicto descubrió a las tribus algonquinas que necesitaban un aliado que contribuyera a erosionar el poder británico y Francia aprovechó su condición de potencia y su posición en el valle del río San Lorenzo para ofrecerse como ese baluarte frente a las autoridades coloniales inglesas, abriendo una etapa de arduos enfrentamientos entre ancestrales enemigos del Viejo Continente y sus socios, también enfrentados por siglos de desencuentros.

---

208 Elson, Henry, «Colonial New England Affairs: King Philip's War», en *History of the United States of America*. The MacMillan Company, Nueva York, 1904.

ENTRE PARÍS Y LONDRES

La guerra de los Nueve Años (1688-1697), librada en solar europeo y que enfrentó a Francia con la Liga de Augsburgo, con Gran Bretaña recién incluida en la alianza, tuvo su eco en América en la conocida guerra del rey Guillermo, donde París y Londres midieron sus fuerzas en un escenario único y expuesto a la participación de otros actores nativos[209].

Las heridas mal cerradas en la paz alcanzada tras la guerra del rey Felipe fueron el motivo principal de este nuevo estallido de tensión. La rivalidad entre franceses e ingleses y los recelos por la atracción de las poblaciones indias a sus respectivas causas encendieron la mecha de la guerra, especialmente cuando Londres se veía francamente debilitada, con una unión política cuestionable frente a la Nueva Francia, dividida en tres unidades políticas —Acadia, Luisiana y Canadá— y con una mejor relación con las naciones nativas, a las que había convertido en sus aliadas. Por su parte, Francia estaba en inferioridad numérica, con apenas unos quince mil colonos frente a una masa demográfica inglesa que la multiplicaba por diez[210].

El conflicto no podría entenderse sin la lucha que tenía lugar en aquel momento en Inglaterra, en torno al cambio de monarca, después de la Revolución Gloriosa de 1688, por la que había sido depuesto el rey católico Jacobo II y el pretendiente al trono, el futuro Guillermo III, se había aliado con los de Augsburgo para derrocar el poder francés, que había a su vez protegido a Jacobo II. En América, la tensión fronteriza era tal que simplemente el enfrentamiento directo de las metrópolis era suficiente para motivar allí un conflicto.

---

209 Una buena aproximación a los pueblos nativos americanos que poblaban aquellas tierras, en Johnson, Michael y Hook, Richard, *American Woodland Indians*, Men at Arms 228, Londres, Osprey Publishing, 1990; y Johnson, Michael, *North American Indian tribes of the great lakes*, Londres, Osprey Publishing, 1993.

210 Chartrand, René, *French Fortresses in North America 1535-1763: Québec, Montréal, Louisbourg and New Orleans*, Oxford, Osprey Publishing, 2005.

Acadia y Canadá eran limítrofes con las trece colonias y, además, las tribus algonquinas e iroquesas luchaban por el control del comercio de pieles y la primacía sobre el territorio.

Los primeros conatos de violencia tuvieron lugar en la frontera entre Massachusetts y Acadia aunque, no pueden ni siquiera citarse como una guerra, sino más bien como una serie de escaramuzas de baja intensidad en las que murieron algunas decenas de colonos e indios aliados de ambos bandos. Durante los siguientes cuatro años, el teatro de operaciones se concentró en Acadia y en la insistencia inglesa por destruir su capital, Port Royal, recurriendo de nuevo a un conflicto de escasos números, alejado de los cánones europeos, en el que se utilizó a los indígenas aliados en las confederaciones wabanaki e iroquesa como fuerza de choque.

«Quema de Port Royal (Nueva Escocia), 1613» [*Tuttle's popular history of the Dominion of Canada*, Charles R. Tuttle, 1877].

Port Royal fue tomada por primera vez, por una fuerza inglesa de más de setecientos hombres, en 1860. Las fuerzas fueron trasladadas en siete barcos y la guarnición francesa capituló dos días después. La lejanía del teatro de operaciones y el apoyo de las tribus wabanaki a los franceses dejaban poco margen para que los ingleses retuvieran el territorio con suficiente autoridad, de modo que la ciudad sufrió una serie de asaltos a lo largo de los siguientes cuatro lustros. Los franceses, por su parte, trasladaron la capitalidad de Acadia a una posición interior y más cómoda de proteger, en Fort Nashwaak. No obstante, las refriegas se sucedieron hasta 1694, dando lugar a intervenciones indias de relativa importancia y a distintos estallidos de violencia como el ocurrido en la masacre de Candelaria, cuando ciento cincuenta abenaki asesinaron a un centenar de colonos ingleses y, en contrapartida, las sucesivas expediciones al mando del coronel Benjamin Church provocaron varios incendios, asaltos y ejecuciones indiscriminadas contra población tanto nativa como gala.

En 1696, Pierre Le Moyne d'Iberville, al mando del ejército francés, consiguió una clara victoria en la bahía de Fundy y facilitó el control de todos los asentamientos ingleses en Terranova, a juzgar por las cifras que manejamos, escasos y mal establecidos, pues un centenar de franceses con unas decenas de aliados abenaki y micmac fueron suficientes para conseguir tal proeza. Las acciones galas provocaron la ira de la Confederación Iroquesa, que veía amenazados sus intereses en la zona, y se produjo entonces un ataque de estos sobre algunas posiciones estratégicas que los aliados nativos de París consiguieron repeler. Entretanto, una fuerza colonial reclutada en Connecticut partió hacia Quebec al mando del general William Phips y otra hacia Montreal bajo las órdenes de Fitz-John Winthrop, pero ambas fracasaron.

Los franceses demostraban su poderío en teatros no demasiado significativos en cuanto a números pero sí sumamente importantes desde el punto de vista estratégico, y todo ello, gracias a la buena sintonía con las tribus aliadas, a las que supieron defender y a las que hicieron partícipes de sus intereses. En cambio, los iroqueses se vieron abandonados por los británicos y las fuerzas coloniales, muy pasivas ante los insistentes ataques de las fuerzas franco-indias rivales. Con todo, en 1697 se firmaba el Tratado de Ryswick y, una vez más, los acuerdos se centraban en los intereses metropolitanos y no en los de las naciones nativas que habían participado. Se estableció un *statu quo* que emulaba la situación fronteriza anterior al estallido del conflicto, insuficiente como para dar una solución a la rivalidad anglo-francesa en América del Norte[211].

Tal fue el desencanto con lo acordado en Ryswick que las hostilidades reaparecieron tan solo cinco años después, en la conocida guerra de la reina Ana (1702-1713). Como había sucedido en la anterior contienda del rey Guillermo, aquel conflicto fue únicamente el resultado de las tensiones entre las potencias metropolitanas por el control de Europa y, por tanto, un reflejo de estas, caracterizadas por un teatro de operaciones inabarcable y por la participación de los nativos americanos, que creían, sin demasiado acierto, estar luchando por sus propios intereses. En aquella ocasión, la guerra que se libraba en el solar del Viejo Continente era la de la sucesión española: la muerte del último Habsburgo, Carlos II, sin descendencia desató una pugna por colocar en el trono de España a un pretendiente que inclinara la balanza del poder en Europa. Felipe de Anjou era nieto de Luis XIV y tenía el respaldo de la Corona francesa, una potencia en auge; mientras que el archiduque Carlos Francisco de Habsburgo estaba respaldado por el emperador del Sacro Imperio Romano Germánico, Leopoldo I. La importancia estratégica de ocupar el trono de España respondía al poder que podría reunirse en caso de que cualquiera de los dos candidatos lo lograse, así como al miedo de todas las cancillerías europeas a ver roto el equilibrio en el continente y, obviamente, en el resto del orbe.

---

211 *Traité de Commerce, Navigation, et Marine, entre la France et les États Généraux des Provinces Unies des Pays-Bas. Conclu à Ryswick le 21 Septembre 1697*. Girin, Lyon, 1697.

Londres apoyó al archiduque Carlos en contraposición al respaldo de Francia a Felipe de Anjou, lo que originó que las tensiones en Norteamérica regresaran en un nuevo conflicto que, con este trasfondo, se resumía en las propias tensiones fronterizas de las colonias. El recurso principal que ambas potencias buscaban controlar era la cuenca del río Misisipi, nervio principal que recorría América del Norte y que suponía la frontera natural con lo desconocido.

Inglaterra mantenía sus trece colonias; Francia estaba en posesión de vastos territorios entre el río San Lorenzo y el mencionado Misisipi; y España controlaba la mayor parte del oeste americano, así como la península de Florida. Por su parte, los indios se encontraban sujetos a acuerdos militares con las potencias y se enfrentaban entre sí por sus propias rivalidades ancestrales. Francia unía entre sus huestes a la Confederación Wabanaki, a los mohawks, a los choctaw, a los timucúa, a los apalaches y a los natchez, mientras que Inglaterra tenía el favor de los creek, los chickasaw y los yamasi, pues había perdido la amistad de la Confederación Iroquesa tras la guerra del rey Guillermo. Estos se mantuvieron alejados de los británicos al verse traicionados, pero tampoco confiaron en los franceses y continuaron las hostilidades contra ellos hasta 1701, tras lo cual se mantuvieron ajenos al conflicto de la reina Ana.

Los planes de París y Londres anhelaban el control del valle del río Misisipi. Pierre Le Moyne d'Iberville había ideado un plan para hacerse con el valle a través de acuerdos militares con las principales poblaciones nativas y, para ello, había fundado el fuerte de Maurepas en 1699, en la desembocadura del río. Su idea principal era unir el fuerte con las posiciones del norte y así aislar a los británicos en la franja costera, pero estos no compartían esa sumisión y tenían apetencias territoriales sobre el río Misisipi. España controlaba la Florida; sin embargo, era la presencia francesa la que se hacía molesta para sus planes de expansión.

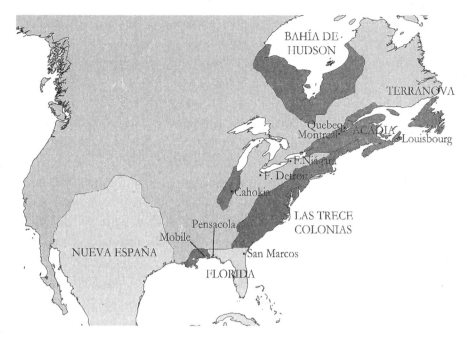

Norteamérica en 1702, en el inicio de la guerra
de la Reina Ana [elaboración propia].

Aun así, los españoles enviaron una fuerza, al mando de
Francisco Romo de Uriza, que levantó a los indios apalaches
contra las posiciones británicas pero que no tuvo demasiada
fortuna, pues el contingente hispano fue derrotado en la
batalla del río Flint (1702). No obstante, el poder naval de
España era suficiente como para mantener a raya a los británicos desde sus posiciones en La Habana y la guerra no
supuso ninguna pérdida territorial.

Acadia fue también escenario de una ingente cantidad
de incursiones por parte de ambos bandos, protagoniza-
das, casi siempre, por partidas de guerreros nativos. El control en 1710 de Port Royal, por fin, por parte de los británicos, se tradujo en el establecimiento de un poder real desde
Londres sobre la región de Acadia y en la pérdida de cualquier opción francesa de mantener la zona. Aun así, el sen-

timiento de los indios contra los británicos continuó latente y la resistencia antibritánica se extendió hasta más allá del tratado de paz de 1713. Nueva Francia y las trece colonias británicas estaban separadas por los territorios que ocupaba la Confederación Iroquesa, que representaban un colchón estratégico clave. Mientras que los franceses temían a los iroqueses, con los que habían librado la guerra hasta 1701 y con los que habían firmado la difícil Paz de Montreal[212], los británicos no querían que las hostilidades arruinaran el buen funcionamiento del comercio de pieles. Los iroqueses no confiaban ni en unos ni en otros y se habían mantenido al margen de la rivalidad anglo-francesa desde 1701, escarmentados por el incumplimiento de los acuerdos por parte de ambos bandos. Tras la caída de Port Royal en 1710, los ingleses lanzaron una ofensiva doble: por mar se dirigieron a la conquista de Quebec, pero la expedición sufrió una serie de infortunios que la hicieron fracasar y el almirante Hovenden Walker se retiró. La expedición de Nicholson, que iba a completar la ecuación anfibia con la conquista de Montreal, se unió a la retirada ante tan aciagas noticias.

En Terranova, los ingleses se cobraron la venganza por lo sucedido en el anterior conflicto y asaltaron las poblaciones costeras francesas, incluso amenazando con la conquista de Plaisance, aunque la situación se había mantenido equilibrada. Aunque los franceses gozaban de la ayuda de las tribus indias, no tenían suficientes efectivos como para mantener sus conquistas. Algo parecido les ocurría a los británicos, que tenían que desplazarse a través de la flota hasta la región y debían enfrentarse a un alto coste para conservar las líneas de comunicación.

En definitiva, la guerra de la reina Ana se libraba condicionada por los designios del Viejo Continente en el contexto de la guerra de sucesión española. En 1712, las partes estaban agotadas y las cancillerías trataban de encontrar una salida digna y satisfactoria para sus propios intereses.

---

212 Véase Gilles, Havard, *Great Peace of Montreal of* 1701 *: French-Native Diplomacy in the Seventeenth Century*, Montreal, McGill-Queens University Press, 2001.

En 1713 se firmaba el Tratado de Utrecht e Inglaterra se resarcía por lo sucedido en Ryswick (1697). En virtud del tratado y en lo concerniente a Norteamérica, el Gobierno londinense se hizo con Acadia —que se convirtió en Nueva Escocia—, la bahía de Hudson y Terranova, así como con la isla de San Cristóbal. Francia apenas mantenía algunas posiciones en el río San Lorenzo y derechos de pesca en la región, lo que suponía una importante derrota para los intereses de París y marcaba el inicio de la preponderancia británica en Norteamérica, sin más competidores que los propios colonos bajo su protección. En cuanto a las tribus indias, los iroqueses quedaban bajo la tutela de los ingleses y la otra gran confederación, aliada histórica de Francia, la etnia abenaki, sufría el mismo destino, viendo abandonados y no respetados sus intereses en unas negociaciones que, obviamente, se centraron en las cuestiones europeas[213].

Con todo, la merma de los territorios obligó los franceses a replegarse sobre las posiciones de Cap-Breton, lo que significó la fundación de ciudades como la celebérrima Louisbourg. El hecho, quizá, fortaleció localmente a estos, cuyo principal problema desde siempre había sido la enorme dispersión demográfica por un territorio tan amplio, aunque también restó la influencia de París en Norteamérica. Al mismo tiempo, mientras desde la corte gala abandonaban a los colonos de la Nueva Francia, estos siguieron manteniendo una posición hostil frente a los británicos, ayudados por sus aliados nativos, especialmente los micmac, que también se negaban a someterse al yugo de las colonias inglesas.

La desaparición, *de facto*, del poder español en la Florida animó a los ingleses a fundar la colonia de Georgia, a costa de someter a los yamasee y a los tuscarora, y amenazó seriamente los intereses de la monarquía hispánica en este territo-

---

213   El texto de la Paz de Utretch puede leerse en en Del Cantillo, Alejandro, *Tratados, convenios y declaraciones de paz y de comercio... desde el año de 1700 hasta el día*, Alegría y Charlain, Madrid, 1843.

rio hasta que, años después, tras la guerra de los Siete Años, fue cedido en virtud del Tratado de París (1763)[214].

Pero, como había ocurrido en la anterior contienda, las heridas se cerraron mal y el conflicto resurgió en la guerra del rey Jorge (1744-1748). Y, una vez más, el teatro de operaciones en Norteamérica no fue más que el reflejo de un nuevo enfrentamiento en Europa, ahora como consecuencia de la guerra de sucesión austriaca (1740-1748). Francia e Inglaterra mostraron sus bayonetas en defensa de sus intereses en el continente americano y volvieron a enfrentarse dos modelos que apostaban por distintas estrategias. Lo cierto es que los británicos estaban desunidos, pese a conservar el control de la costa este de América del Norte, y las colonias no actuaban como un bloque monolítico, lo que hacía complicada una acción conjunta y eficiente. Por su parte, los franceses, reducidos a pequeños enclaves en el curso del río San Lorenzo, mostraban una unión mayor y una mejor relación con las tribus indias del territorio, identificadas todas ellas por el odio hacia los ingleses.

Las sucesivas incursiones de las tribus aliadas de los franceses, de la Confederación Wabanaki, en distintos enclaves del Hudson y Nueva York tuvieron su contrapartida con la conquista de Louisbourg en 1745 por parte de los ingleses, pero todo se ciñó a una serie de escaramuzas sin relevancia estratégica. La falta de recursos imposibilitó que las tropas consolidaran sus conquistas y, cuando comenzaron los acercamientos en Europa en 1748, una vez resuelta la crisis de la sucesión austriaca, las posiciones volvieron a la situación previa, alcanzándose de nuevo un *statu quo* que perpetuaba la rivalidad de las dos potencias por el control de Norteamérica.

---

214 *The definitive Treaty of Peace and Friendship between his Britannick Majesty, the Most Christian King, and the King of Spain. Concluded at Paris the 10th day of February, 1763...*, E. Owen y T. Harrison, Londres, 1763.

MÁS ALLÁ DEL ÚLTIMO MOHICANO

El siguiente enfrentamiento entre ambas naciones, conocido en Europa como la guerra de los Siete Años (1756-1763), se tradujo en Norteamérica como la guerra franco-india (1754-1763, aunque realmente concluyó en 1759) y continúo con la tendencia que se había dado desde la guerra de los Nueve Años y las correlativas crisis de sucesión en España y Austria, la misma que, por la ambición de controlar el continente americano, dio origen a las guerras del rey Guillermo, de la reina Ana y del rey Jorge. Sin embargo, conviene detenerse en la de los Siete Años y analizarla como una lucha que cambió la dinámica y estableció un punto de inflexión de cierta relevancia en el contexto de la historia militar. La guerra de los Siete Años fue un conflicto universal que tuvo sus teatros de operaciones no solo en el continente europeo, donde sin duda revistió un mayor protagonismo, sino también en otros ámbitos geográficos. Así, se libraron algunos combates entre las armadas anglo-francesas en factorías de la costa africana y de la India y entre las naves de ambas banderas que surcaban mares y océanos.

El escenario que nos interesa en este libro es el norteamericano, que se convirtió en una sucesión de combates entre los resquicios de la Nueva Francia y las trece colonias por el control del territorio y que, indudablemente, estuvo enturbiado por la acción de los indios aliados de uno y otro bando. Por todo ello, el propio Winston Churchill afirmó que la guerra de los Siete Años fue en realidad la primera guerra mundial, incluso desbancando de su título a la Gran Guerra (1914-1918)[215]. No obstante, la franco-india se tornó en una contienda única que, dependiente del contexto de la de los Siete Años o no, tuvo sus particularidades y se desarrolló de acuerdo con las dinámicas que se habían ido sucediendo en el norte del continente americano desde finales del siglo XVII.

---

215   Churchill, Winston, *A History of the English Speaking Peoples*, Dodd Mead, Londres, 1983.

Aunque hubo batallas campales como la de las Llanuras de Abraham (1759), la táctica desarrollada con mayor profusión fue la de la escaramuza y el asedio. Las fortalezas y posiciones que defendían los intereses comerciales de ambas potencias se convirtieron en el objetivo de las fuerzas militares y, en ello, los nativos americanos tuvieron mucho que ver. Asedios como el del fuerte William Henry han pasado a la historia por su dureza. Estos recintos militares habían concentrado a las poblaciones occidentales o al menos vertebraban la vida económico-social de los colonos, tanto franceses como británicos. Eran centros neurálgicos de comercio y los negocios atraían también a las poblaciones aliadas nativas, por lo que, en poco tiempo, todos fueron conscientes de su importancia.

En este aspecto están muy relacionadas la naturaleza del conflicto y, especialmente, las condiciones geográficas y demográficas del continente americano. La población británica multiplicaba con creces a la de los colonos franceses, pero no era suficiente como para extenderse por todos los territorios conquistados; por tanto, el control de las grandes extensiones se canalizaba a través de la posesión de los fortines. Las grandes distancias y la inabarcable geografía hacían imposible custodiarlas sin los acuerdos con las diferentes tribus nativas, que, además, estaban enfrentadas entre sí y se movían por sus propios intereses o por el odio ancestral a sus vecinos.

Otra cuestión ligada a esta realidad es que las cifras que manejamos en el continente americano no tuvieron nada que ver con las que se movieron en Europa. Según un estudio realizado en la década de 1770[216], el número total de guerreros nativos involucrados en el conflicto ascendía a unos 28 000, mientras que las fuerzas británicas sumaron un máximo de 42 000 milicianos y regulares, y los franceses, poco más de 10 000. Estos números, que apenas alcanzan los 80 000 combatientes, contrastan con los cientos de miles

---

216   Calloway, Colin. G., «Los nativos americanos en la guerra franco-india», *Desperta Ferro*, 2018, 34, pp. 14-20.

Tribu	Combatientes
Ojibwa	5900
Algonquino	300
Mississauga	2000
Ottawa	2000
Potawatomi	300
Kickapoo	300
Piankeshaw	250
Miami	350
Shawnee	500
Delaware	300
Iroqueses	1500
Natchez	150
Abenaki	350
Arkansas	2000
Cheroqui	2500
Choctaw	4500
Creek	4000
Alibamou	600
Catawa	150
Total	27950

Combatientes nativos en la guerra franco-india [elaboración propia a partir de datos de Calloway, Colin. G., «Los nativos americanos en la guerra franco-india», *Desperta Ferro*, 2018].

de soldados movilizados en el Viejo Continente. Por consiguiente, un número reducido de fuerzas y un vasto territorio que controlar modificaron los parámetros tradicionales de la guerra y tanto la estrategia como las maniobras tácticas se adaptaron a la nueva realidad. Las batallas campales fueron escasas y predominaron, por tanto, las incursiones, las escaramuzas y los asedios de los fuertes. Los indios desequilibraban la balanza porque conocían mejor el terreno, estaban adaptados al relieve y sabían moverse con más facilidad por los densos bosques, de modo que, aunque los franceses partían de una posición de trato privilegiada y entendían mejor la forma de hacer la guerra, los ingleses aprendieron rápidamente que la única manera de vencer a los galos y a sus aliados era haciéndose con socios igual de válidos.

Una interesante singularidad de la guerra franco-india fue no solo su globalidad, sino también su naturaleza total. Pocos conflictos anteriores habían tenido repercusiones tan acusadas en las poblaciones civiles. La guerra, precisamente por huir del concepto tradicional de un campo de batalla en el que los combatientes se daban cita mientras sus respectivas poblaciones y familias se mantenían lejos de sus horrores, cambió. En la contienda de los Siete Años, la falta de ese tipo de combates y la adopción de nuevas tácticas dieron lugar a emboscadas, trampas y asedios que comprometieron a una parte considerable de la población civil.

La guerra franco-india, con sus propias peculiaridades, se resolvió de un modo autónomo en algunas cuestiones. Mientras que en Europa se extendió desde 1756 hasta 1763, en Norteamérica alcanzó el año 1759 y se prolongó simplemente por la inercia de las metrópolis, diferenciándose dos etapas muy claras: una primera en la que el dominio francés fue destacado (1754-1758) y una final en la que los británicos asestaron el golpe definitivo y demostraron su mayor potencial en todos los sentidos. Uno de los aspectos cruciales para comprender este giro en el transcurso de los bélicos acontecimientos es el entendimiento con las poblaciones nativas: una vez que los británicos estrecharon sus alianzas y se comportaron en los campos de batalla de acuerdo con las normas tácticas que regulaban el conflicto en Norteamérica, su mayor arsenal y demografía hicieron el resto.

La rivalidad por las líneas de comunicaciones entre franceses e ingleses en torno al territorio del Ohio fue lo que inició la mecha de la conflagración. Las milicias coloniales al mando de George Washington lanzaron una primera incursión contra las líneas galas y descubrieron que los ejércitos de Francia estaban mejor abastecidos de lo que parecía, dirigidas sus operaciones desde Fort Duquesne. La escaramuza de Jumonville fue el *casus belli* y puso en pie de guerra a dos naciones que ya rivalizaban en Europa pero que aún no habían iniciado las hostilidades en Norteamérica. Washington fundó Fort Necessity en una mala posición estratégica y su error fue fatal al perderla en menos de un día de asedio franco-indio.

«El consejo nocturno en Fort Necessity», con George Washington como protagonista [John McNevin, 1856; The Darlington Collection of Engravings at the University of Pittsburgh].

Los ingleses veían necesaria una unión política de las trece colonias para favorecer una posición de fuerza frente a los franceses, inferiores en número pero dirigidos con un único interés, y por ello se celebró, a instancias de los británicos, una conferencia en la localidad neoyorquina de Albany. Lo más destacable de aquel encuentro fue una nueva aproximación a la Confederación Iroquesa, que, por su parte, volvía a ver vulnerados sus privilegios por los acuerdos de los franceses con sus antiguos enemigos, los algonquinos.

El año de 1755 se mantuvo el *statu quo* en términos estratégicos, pues, a pesar de dos incursiones británicas al lago George y al fuerte Beauséjour, estos no consiguieron establecer ninguna ventaja sobre los franceses y aquello solo contribuyó a realzar más el odio entre ambos bandos, demostrándose la trascendencia de la participación nativa en la guerra. En el ejército francés, compuesto por unos mil quinientos granaderos, participaron algo más de setecientos aliados indios procedentes de las tribus abenaki y caughnawaga, que suponían un tercio de sus fuerzas[217]. La invasión prusiana de Austria y Bohemia marcaba el inicio de las hostilidades entre ambas potencias y abría una declaración oficial en el continente americano: los franceses, con mejores relaciones con los nativos y una mayor unidad política, retuvieron el control de sus posesiones e incluso tomaron los fuertes británicos de Oswego y Bull; con el comercio británico detenido y el control fronterizo de los franceses sobre sus posesiones de Canadá y el valle del río Misisipi, el frente se relajó, ya que las tensiones en Europa hacían imposible el traslado de recursos a las lejanas y hostiles tierras norteamericanas.

A principios de agosto de 1757 tuvo lugar el asalto del fuerte William Henry, donde se manifestaron de manera clara las tácticas indias y el sentido de una guerra alejada de los cánones europeos. El general Louis-Joseph de Montcalm, al mando de unos seis mil soldados franceses y dos mil indios aliados, puso sitio a la fortificación. El general George Monro

---

217   Anderson, Fred, *Crucible of War: The Seven Years' War and the Fate of Empire in British North America, 1754-1766*, Londres, Vintage, 2001, p. 115

defendió el fuerte durante seis días, pero el 9 de agosto capitulaba con unas condiciones bastante beneficiosas tanto para él como para sus hombres. Entre los nativos se encontraban guerreros abenaki, ojibwa, ottawa, potawatomi, winnebago y miami, movidos por el odio hacia los colonos británicos que amenazaban sus tierras. Por eso, cuando los generales francés y británico pactaron una salida pacífica y se perdonó la vida de los defensores, los nativos no comprendieron tal hecho y lanzaron un ataque contra la columna que huía hacia el sur. La masacre arrojó varios centenares de hombres asesinados[218], lo que pondría de manifiesto que la guerra en Norteamérica no respetaba las condiciones impuestas por su homónima en Europa y que la rendición pactada entre caballeros poco valor tenía para las tribus nativas, que concebían la guerra de otro modo. El ensañamiento fue tal que incluso se profanaron algunas tumbas, dentro del fuerte William Henry, de personas que habían fallecido por la viruela, causando con ello una de las peores epidemias de la época entre las poblaciones nativas. Los enemigos invisibles, una vez más, diezmaron a los indios provocando más víctimas que la propia guerra.

La batalla del fuerte William Henry dio un respiro a los franceses, que se veían en inferioridad numérica y que tarde o temprano pagarían la diferencia demográfica respecto a las trece colonias. Casi quince mil soldados británicos fueron movilizados a bordo de ciento cincuenta barcos y cuarenta navíos de guerra para poner sitio a la emblemática ciudad de Louisbourg, corazón de la Nueva Francia, y ni las alianzas con los nativos ni la posición defensiva pudieron evitar que el general británico Jeffrey Amherst tomara la plaza en apenas un mes.

La posición de Louisbourg, en la desembocadura del río San Lorenzo, era la puerta para la conquista de Nueva Francia y Canadá y, desde allí, de hecho, partió la flota para la conquista de Quebec y Montreal. Así, la balanza comenzó a

---

218   McRory, Stanley, *Lord Loudoun in North America*, Yale University Press, New Haven, 1993, p. 250.

inclinarse y el cauce del San Lorenzo iba cayendo en manos británicas con la toma de Fort Duquesne y Fort Frontenac. Viendo la debilidad de los galos, los indios empezaron a retirar sus apoyos y a firmar acuerdos con los ingleses con el fin de salvar sus tierras de una ira que ya conocían. Con todo, los franceses vieron, en ese año de 1759, cómo su imperio se desmoronaba definitivamente. La batalla de Ticonderoga y la toma de Fort Niagara anunciaban que la hecatombe francesa no era más que cuestión de tiempo y las debilitadas fuerzas franco-indias apenas pudieron hacer nada cuando una flota de casi cincuenta navíos, bien pertrechada, se dirigió a la conquista de Quebec al mando del general Wolfe.

Los intentos del general francés Louis-Joseph de Montcalm por mantener a raya a los ingleses fueron infructuosos y Wolfe consiguió rodear la ciudad, forzando a los orgullosos franceses a enfrentarse en campo abierto en las Llanuras de Abraham el 13 de septiembre de 1759. El resultado se decantó del lado británico y sus dos generales, tanto Montcalm como Wolfe, perdieron la vida, pero sentenciaron la guerra franco-india, como se evidenciaría un año después con la caída de Montreal sin apenas oposición.

La guerra de los Siete Años, en Norteamérica la guerra franco-india, se resolvió en el Tratado de París (1763) entre Francia, Reino Unido, España y Portugal. Los cambios territoriales fueron sustanciosos. Las posesiones francesas fueron traspasadas al Imperio británico y su presencia política en el continente quedó reducida a la nada. La monarquía hispánica perdía la Florida y, en compensación, se ratificaba el traspaso de la Luisiana a España.

Sin embargo, los efectos del Tratado de París fueron mucho más trascendentales que el mero trazado de nuevas líneas fronterizas y la conversión de Inglaterra en una gran potencia por dos circunstancias. La primera fue la toma de conciencia de los colonos de su poderío, que había tenido un peso importantísimo en la guerra, acrecentado además por el hecho de que, eliminado el principal adversario, la necesidad de estar protegidos por una gran potencia como

Inglaterra desaparecía. La segunda fue la actitud de Gran Bretaña ante el endeudamiento que había supuesto la contienda: Francia e Inglaterra habían elevado el gasto militar, especialmente en Europa, y sus arcas estaban agotadas; la forma de recuperarse pasaba por incrementar la carga impositiva en sus ciudadanos. A París no le quedó más remedio que elevar los impuestos a sus propios ciudadanos en la metrópoli, pero Londres consideró repartir la carga entre los habitantes europeos y los del resto de su imperio y eso fue algo que irritó a los colonos de Norteamérica, como quedaría patente, años después, en una guerra revolucionaria de independencia en la que los nativos también tuvieron un destacado protagonismo.

La muerte del general Wolfe [Benjamin West, 1770].

TAMBORES DE GUERRA

El Tratado de París (1763) dio el mando de Norteamérica a Londres, pero no zanjó las rivalidades de la zona. El principal escenario durante la guerra franco-india había sido el valle del Ohio, al sur de los Grandes Lagos, y la desaparición política y territorial de Francia conllevó, en virtud de los acuerdos internacionales, que Inglaterra asumiera el control del territorio. No obstante, la zona estaba habitada por tribus nativas que habían combatido en la guerra del lado francés y, por tanto, fueron tratadas por los británicos como súbditas; esto elevó la hostilidad de las etnias locales, que reclamaban un territorio propio y *de facto* lo ocupaban, lejos de las apetencias expansionistas de los colonos. Por ello, el monarca inglés Jorge III dictó la Proclamación Real[219] de 1763, que abogaba por poner una solución a la administración territorial inglesa en Norteamérica. Buscaba reducir las tensiones con los pueblos nativos y trazar una línea de demarcación que no podía ser traspasada con ánimo colonizador por los habitantes de las trece colonias. Este intento de aliviar la tensión en la región no resultó exitoso. Los colonos tenían una enorme carga demográfica, que se agravaba cada día con la llegada de inmigrantes europeos que reclamaban nuevas tierras y que no respetaban los dictados de Londres. Desde la Corte, la Administración de Jorge III no podía controlar el cumplimiento de tales disposiciones, separados por un océano y miles de kilómetros. Y los amerindios se veían continuamente amenazados por el libre tránsito de los colonos, motivo de un grave repunte de las hostilidades en la frontera.

La situación estalló cuando una serie de tribus se unieron, bajo el liderazgo del jefe ottawa Pontiac, en una rebelión contra el dominio británico que, en realidad, iba dirigida contra los colonos. El desentendimiento entre las trece colonias y Londres era ya por entonces evidente, pues

---

219   Proclamation respecting new Governments in America. By the king George, R.; *Gentleman's Magazine: and Historical Chronicle*, 33, 1763.

normas como la Proclamación de 1763 coartaban las aspiraciones de los colonos y garantizaban un mayor control directo a la Corona británica. Unos tres mil quinientos guerreros de las naciones ottawa, ojibwa, miami, potawatomi, seneca, hurón-wyandot, delaware, wea, mingo, kickapoo, piankashaw, shawnee y mascouten se unieron en armas, iniciando un conflicto que apenas se extendió dos años y que no pudo anular la supremacía blanca, notoria en el ámbito tecnológico y en el demográfico. La escasa unión política de las naciones nativas, divididas por viejos enfrentamientos o influenciadas por las guerras anglo-francesas precedentes, significó que las naciones no caminaron al compás de los tambores de guerra y la rebelión se consolidó sobre tribus enemistadas[220]. Ejemplo de ello fue el posicionamiento de la Confederación Iroquesa, aliada de los británicos, que no pudo evitar que algunos guerreros seneca participaran del lado del jefe Pontiac, tan activamente que uno de sus líderes, Guyasuta, lideró parte de las incursiones contra los colonos.

Detalle de un anuncio publicitario con un retrato del jefe Pontiac, obra de Jerry Farnsworth para la Pontiac Motor Division de General Motors (ca. 1935-1938).

---

220   White, Richard, *The Middle Ground: Indians, Empires, and Republics in the Great Lakes Region, 1650-1815*, Cambridge University Press, 1991.

Las políticas llevadas a cabo por el general Jeffrey Amherst, héroe en la guerra de los Siete Años contra los franceses, mantuvieron el estado de guerra. Amherst impuso restricciones al comercio de pieles y a las armas de fuego, cortando dos de los pilares principales de los nativos para su supervivencia y propiciando que se elevara el tono de las quejas. Sin embargo, el nuevo gobernador inglés apenas mostró atención al peligro que podían suponer las partidas de indios que cada día incursionaban cerca de los fuertes británicos. Consideraba, error común en los ejércitos occidentales, que aquellos salvajes no suponían ninguna amenaza. Mientras tanto, el clamor popular entre los indios para un levantamiento iba en aumento y, en 1763, un ataque contra Fort Detroit liderado por Pontiac desató la guerra.

La revuelta se extendió con rapidez y algunos fuertes fueron sometiéndose (Fort Sandusky, Fort Saint Joseph, Fort Miami, Fort Ouiatenon y Fort Michilimackinac) mientras más partidas de indios se iban uniendo a Pontiac, atraídos por su éxito[221]. Con todo, Pontiac no pudo tomar Fort Detroit y su movimiento se limitó a algunos asaltos a la periferia del fuerte y a una retirada apenas dos meses después, con la fama trastocada. Las operaciones se centraron entonces en la conquista de Fort Pitt, donde medio millar de personas aguantaron tras sus sólidos muros un asedio complicado. En esa época surgieron las noticias sobre el deliberado contagio de la viruela a los indios a través de las mantas, aspecto que pudo diezmar las filas de los guerreros.

Lo cierto es que el propio Amherst, inquieto tras comprobar que los indios podían suponer un problema muy grave si la insurrección iba a más, envío una columna de quinientos soldados para liberar Fort Pitt. Los indios salieron a su paso y se encontraron en la batalla de Bushy Run el 5 de agosto de 1763, pero los británicos consiguieron superar la defensa y entrar en Fort Pitt unos días después. La victoria no fue suficiente como para paliar el descontento

---

221　Véase a este respecto Peckham, Howard, *Pontiac and the Indian Uprising*, Chicago University Press, 1947.

que provocó la emboscada india a una columna de abastecimiento británica en Devil's Hole, en la que fueron asesinados ochenta soldados británicos, elevando la preocupación de los colonos. La violencia se estaba extendiendo con rapidez y los habitantes de las trece colonias, especialmente los de la cercana Pensilvania, se veían desprotegidos, de suerte que aparecieron numerosos ciudadanos, popularmente llamados Paxton Boys, que tomaron las armas por su cuenta, lanzando incursiones de carácter muy violento contra poblaciones de indios inocentes.

La espiral crecía y la prensa se hacía eco de la brutalidad de los nativos. Un grupo de indios delaware asesinó y arrancó la cabellera a un profesor y a diez alumnos de su escuela, al tiempo que varias partidas asaltaban y asesinaban a meros agricultores. La respuesta no hizo más que alimentar más violencia cuando el Gobierno de Pensilvania ofreció recompensas por cada indio cazado, incluidos las mujeres y los niños. Amherst, que había subestimado la fiereza de los nativos, se veía incapaz de solucionar el problema y fue sustituido en 1764 por el general Thomas Gage, quien lanzó dos expediciones sobre territorio indio sin apenas conseguir un éxito militar, pero sí mitigando la revuelta. Pontiac, por su parte, más experimentado y consciente de que no podría vencer a los ingleses, se mostró de acuerdo en alcanzar pactos y así se fueron apagando los fuegos de la rebelión. Los británicos, que habían puesto en marcha la Proclamación Real de 1763 y generado con ello el descontento tanto de los colonos como de los indios, perseveraron en la idea de establecer una línea de demarcación que mantuviera a inmigrantes y a nativos alejados. Evidentemente, la frontera era una delicada línea que unos y otros atravesaron y seguirían atravesando, pero cumplía como una solución momentánea a los intereses británicos y en 1766, por fin, la hicieron efectiva. En definitiva, los británicos prevalecían como potencia administradora del territorio, pero los nativos consiguieron mantener, por el momento, algunas prerrogativas y libertades.

ENTRE LA GUERRA REVOLUCIONARIA
Y LAS INJERENCIAS EUROPEAS

Dos años antes de que se estableciera la irredenta postura de los colonos británicos frente a su metrópolis, se inició un conflicto entre las milicias de Virginia y las tribus indias mingo y shawnee. El caos que se vivía en las fronteras, y que tuvo su mayor estallido de rebelión bajo el liderazgo de Pontiac, se extendió por los límites entre las colonias británicas y el territorio indio establecido con la línea de demarcación en 1763. El gobernador de Virginia, John Murray, como conde de Dunmore, pidió auxilio a la asamblea legislativa de la colonia para iniciar operaciones de castigo contra las partidas de indios que estaban atacando a los exploradores y colonos que se internaban en el valle del Ohio. Probablemente se había iniciado la espiral que desencadenó la posterior guerra de la Independencia[222]. La polémica, no obstante, estaba servida. Los indios hacían valer también sus derechos de caza en dichos territorios y acusaban como el origen de aquel mal a la actitud violenta de los colonos.

Los shawnee tomaron las riendas de la resistencia anticolonial y pronto se manifestaron como los grandes enemigos de los intereses de Londres en el valle del Ohio, mucho más cuando, en 1768, se alcanzó el acuerdo de Fort Stanwix[223], que cedía las tierras de los iroqueses al control de los colonos, y comenzó, entonces, una invasión de sus ancestrales espacios de caza. La violencia ritual de los nativos y los constantes atropellos de los colonos no hicieron más que avivar el fuego y el odio se adueñó pronto de todos ellos. La masacre de Yellow Creek de 1774, en la que una partida de hombres

---

222 López Fernández, José Antonio, *Las guerras indias de Norteamérica, 1513--1794. La expansión europea y la resistencia de los pueblos indios*, Zaragoza, HRM Ediciones, 2021, p. 207.

223 Tratado de Fort Stanwix (1768). Disponible en Proceedings of Sir William Johnson with the Indians at Fort Stanwix to settle a Boundary Line, en Brodhead, John Romeyn; *Documents Relative to the Colonial History of the State of New-York*, Albany; Weed, Parsons and Co., 1857.

Conspiración de Pontiac (Gari Melchers, ca. 1921;
Detroit Publishing Co.) [Library of Congress].

de la frontera asesinó cruelmente a miembros de la tribu mingo, fue uno de los acontecimientos que empujaron a las naciones americanas nativas a la guerra contra los colonos de Virginia. Las milicias virginianas fueron sólidas y contaron con recursos suficientes como para garantizar, finalmente, la seguridad de los colonos que se internaban en el valle del Ohio, pero la rivalidad con las tribus indias tuvo su contrapartida, como en otros territorios de las trece colonias, en diversas manifestaciones contra el poder independentista una vez iniciada la guerra contra Londres.

Y ese fue el gran dilema que tuvieron que abordar todas las etnias que cazaban en el territorio indio: posicionarse del lado de los independentistas, que pretendían un país propio y que, desde la autonomía que les había brindado el poder colonial, amenazaban sus tierras; o inclinarse por el bando británico, ausente, lejano y que ya los había abandonado a su suerte en otras ocasiones. Los indios tenían experiencia suficiente como para saber que la Corona inglesa no era de fiar, pero la coyuntura ofrecía la posibilidad de alcanzar acuerdos importantes y asegurar, a cambio de su apoyo incondicional a Londres, el destino de sus pueblos. Esta dicotomía estuvo presente en cada una de las tribus y, mientras algunas se inclinaron por la primera opción, otras consideraron oportuno apoyar el sueño de los colonos de constituir una nación propia; lo cierto es que en todas ellas se originaron divisiones al respecto y en algunas, incluso, cruentos enfrentamientos civiles.

En 1775 estalló el conflicto que inició la independencia de las trece colonias británicas y el nacimiento de una nueva nación: los Estados Unidos de América. El origen de aquella colisión se había sembrado con el Tratado de París de 1763 —que puso fin a la guerra de los Siete Años (1756-1763)—, mediante el cual el Imperio francés fue dilapidado y la hegemonía del norte de América quedó en manos del poder británico. La contrapartida a aquel triunfo se tradujo en dos nuevos problemas para Gran Bretaña. Por un lado, los colonos tomaron conciencia de su propio poder, porque fueron parte protagonista en el enfrentamiento contra los franceses y se percataron, tras su desaparición, de que ya no necesitaban el abrigo que proporcionaba Londres. Por otro, los enormes gastos derivados de la guerra supusieron un aumento de las cargas fiscales a los colonos, con el fin de sufragar los empréstitos de guerra y que la población metropolitana no sufriera sus efectos. Esta política económica poco solidaria imponía importantes cargas sobre productos que llegaban a las colonias o sembraban especial recelo entre los colonos ante cualquier papeleo legal que tuvieran que emprender, como puso de manifiesto la famosa Stamp Act[224].

El 16 de diciembre de 1773, en señal de protesta, los colonos de Massachusetts, en la ciudad de Boston, arrojaron al mar el cargamento de té de tres buques mercantes ingleses provenientes de las Indias Orientales, provocando la respuesta de Londres[225]. Lo curioso fue que, en aquel acto de osadía hacia el poder británico, los artífices se disfrazaron de nativos americanos. El Parlamento británico reaccionó con contundencia, cerrando el puerto de Boston y estableciendo nuevas y severas medidas impositivas frente a los colonos —como las «leyes intolerables» (1774)—, en lo que significó un límite en las relaciones del Imperio con las trece colonias. El punto de no retorno en la rivalidad con Jorge III, monarca inglés, motivó la andadura independentista de los colonos, que en 1774 celebraron el Primer Congreso Continental esbozando las líneas generales para la creación de una nueva nación. Pero, evidentemente, Londres no vendió barata su libertad y se inauguró entonces un nuevo conflicto, extendido desde 1775 hasta la firma del Tratado de París en 1783.

La aludida división de las tribus indias afectó principalmente a la antigua Confederación Iroquesa, a la que Londres prometió tierra y derechos si apoyaba a la causa realista.

---

224 An act for granting and applying certain stamp duties, and other duties, in the British colonies...; en *Anno regni Georgii III. regis magnae Britanniae, Franciae & Hiberniae, quinto*; Londres, Mark Baskett, 1765.

225 Véase Huguet, Montserrat, *Estados Unidos en secesión: De la comunidad de americanos a la sociedad estadounidense*, Madrid, Editorial Universidad de Alcalá, 2016.

Carga de los Dragones en Fallen Timbers [R. F. Zogbaum, 1895].

El ejemplo no fue aislado y otras muchas naciones se unieron a la causa británica para evitar que los colonos ganaran el derecho a formar su propia nación. Los indios ya habían visto cómo actuaban los colonos en las fronteras y sabían perfectamente que, si habían iniciado guerras desde el poder de las asambleas coloniales, un país formado por las trece colonias se convertiría en una amenaza real.

Esta resistencia estuvo presente durante la guerra de la independencia americana e incluso en los años posteriores, cuando las trece colonias se habían convertido en los Estados Unidos de Norteamérica y los británicos habían perdido toda su influencia y poder de protección sobre los indios. Más si cabe cuando, en 1787, el inexperto Gobierno estadounidense[226] aprobó la Ordenanza del Noroeste[227], por

226 Una buena aproximación al ejército de Estados Unidos en Kochan, James y Rickman, David, *The United States Army 1783-1811*, Men at Arms 352, Osprey Publising, Londres, 2001.

227 An Ordinance for the Government of the Territory of the United States North-West of the River Ohio, *Journals of the Continental Congress*, 1787 [Library of Congress].

la que los territorios circundantes a los Grandes Lagos y en torno al valle del Ohio quedaron bajo su influencia. Esto provocó que los actuales estados de Wisconsin, Minnesota, Illinois, Michigan y Ohio conformaran el siguiente objetivo de conquista de Estados Unidos, sin tener en cuenta, evidentemente, a las tribus que los habitaban.

La necesidad hizo que surgieran iniciativas hasta entonces poco comunes y que abordaban el problema de las tribus como un elemento común a todas ellas, una suerte de sentimiento panindio que logró unir a los miami, shawnee, lenape y ottawa y hacer frente al poder de Washington en una campaña que se prolongó de 1790 a 1795: dos intentos, llevados a cabo por los generales Josiah Harmar y Arthur Saint Clair, que resultaron infructuosos e incluso supusieron un revés para el recién creado Ejército estadounidense en la batalla del río Wabash. Pero el júbilo duró poco y los estadounidenses regresaron mejor pertrechados, causando una grave derrota a las tribus coaligadas en la batalla de Fallen Timbers, cuya consecuencia fue el posterior Tratado de Greenville (1795).

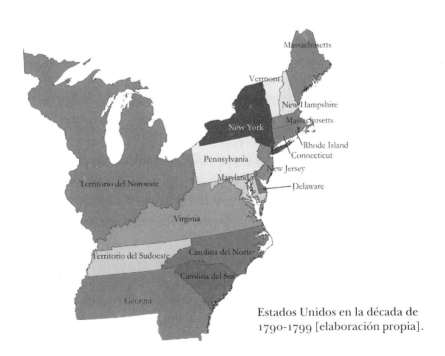

Estados Unidos en la década de 1790-1799 [elaboración propia].

La resistencia no quedó apagada y, a pesar de las medidas impuestas por Washington y de la amenaza de perder sus tierras, de las cenizas de aquella rebelión surgió otra liderada por Tecumseh, jefe de la tribu shawnee que en 1809 consiguió agrupar en la Convención de Tallapoosa a más de cinco mil guerreros[228] y recuperó la idea de formar una nación nativa unida contra un enemigo común[229]. Sus fuerzas fueron derrotadas por la superioridad militar estadounidense, pero Tecumseh huyó a Canadá y pronto encontró sentido a su lucha con la unión de sus fuerzas a las de los británicos, que en 1812 trataban de recuperar su hegemonía en Norteamérica en el contexto de las guerras napoleónicas. El líder shawnee pensó, una vez más, que el apoyo a los británicos le brindaría la posibilidad de recuperar lo que les pertenecía una vez derrotados los estadounidenses, pero el transcurso de la historia demostró una vez más cuán equivocado estaba.

Otro pueblo importante del territorio indio como fue el cheroqui presentó un doble juego en el apoyo a los independentistas y una hoja de ruta distinta que desembocó en el mismo resultado: su sometimiento al poder de Washington. Los cheroqui, que habían convivido con las trece colonias de una manera cordial y que habían adoptado patrones socioeconómicos cercanos a los de sus vecinos occidentales, también se dividieron en dos facciones. Unos estuvieron dispuestos a apoyar a los independentistas, llevando la modernización a sus gentes y pueblos e implantando, por mediación de su jefe, Sequoyah, la escritura; la potenciación de una lengua propia escrita fue un proyecto que se desarrolló durante veinte años y significaba, unido a todas las adaptaciones del modo de vida occidental que emprendió el pueblo cheroqui, una similitud con los habitantes estadounidenses. Sin embargo, el pueblo cheroqui fue tratado exactamente como el resto de las naciones nativas y, cuando los colonos consiguieron la independencia y se convirtieron

228 Doval, Gregorio, *Breve historia de los indios…*, p. 148.
229 Para profundizar más: Cozzens, Peter, *Tecumseh y el profeta. Los hermanos Shawnee que desariaron a Estados Unidos*, Desperta Ferro, Madrid, 2021.

en habitantes de un país propio, no dudaron en expulsar y vilipendiar al pueblo cheroqui. Solo una facción disidente, conocida como la de los chickamauga, presentó oposición a Washington y extendió su belicosidad desde 1776 hasta 1794. Su destino, irremediablemente, fue el mismo.

Regresando a los teatros europeos, que tantas veces influyeron en el destino de las naciones americanas nativas, en 1812 tuvo lugar un nuevo enfrentamiento entre el Imperio británico y el moderno Estado nacido de las trece colonias. Estados Unidos declaraba la guerra a Londres aprovechando el contexto de las guerras napoleónicas, para tratar de deshacerse del control británico de ciertos enclaves comerciales en Canadá y de sus injerencias en el comercio regional. Una vez más, la cuestión india se tornó en una excusa para Washington, pues consideraba que el Imperio británico alentaba las pretensiones de independencia de las naciones nativas y, con ello, consideraba apropiado terminar con ambas amenazas para facilitar los planes expansionistas de su joven nación.

La monarquía británica, embarrada en el solar europeo, planteó una estrategia defensiva, a pesar de lo cual las fuerzas estadounidenses no pudieron conquistar los principales centros comerciales y urbanos canadienses. A partir de la derrota de Napoleón en 1814 y con las manos libres para movilizar a más tropas, los británicos pasaron a la ofensiva y llegaron incluso a tomar e incendiar el distrito de Columbia. Pese a este revés, los estadounidenses lograron repeler los ataques de los británicos y el 17 de febrero de 1815 se alcanzaba la paz y se recuperaba el *statu quo*. Canadá seguía siendo un dominio británico y Estados Unidos afianzaba su poder en el norte del continente, pero, sin duda alguna, las más perjudicadas volvieron a ser las naciones nativas, que albergaban esperanzas de consolidar un territorio propio al amparo de Londres y, tras los acuerdos de Gante de 1812[230], vieron esfumarse sus esperanzas. Con ello, quedaban al arbitrio de lo que el Gobierno de Washington decidiera en adelante.

---

230 Treaty of Ghent; 12/24/1814 ; Perfected Treaties, 1778-1945; General Records of the U. S. Government; National Archives.

A MERCED DE UNA GRAN NACIÓN

La independencia de Estados Unidos dio libertad a los colonos para ejercer una mayor presión sobre su entorno, especialmente cuando se corroboró la paz con Gran Bretaña en 1815. El hecho de que el país más poderoso del momento hubiera pactado de igual a igual con la nación estadounidense era prueba suficiente de que Norteamérica se iba a convertir en el escenario de expansión del Gobierno de Washington. Lo único que frenaba entonces aquellas apetencias territoriales eran los dominios británicos en Canadá y las todavía posesiones españolas en el continente, pero especialmente los pueblos nativos asentados a las faldas del poder de la nueva nación. Por ello, Estados Unidos comenzó una larga marcha hacia la conquista de las zonas aledañas, que se habían posicionado varias veces del lado británico mostrando su actitud hostil, hecho que sirvió de justificación inequívoca.

Daniel Boone escoltando a los colonos por Cumberland Gap [G. C. Bingham, 1851-52].

Tecumseh salvando prisioneros (Virtue, Emmins & Co., 1860) [Library of Congress].

Batalla de Talladega (entre la Milicia de Tennessee y los red stick creek, en 1813) [*Indian history for young folks*, Francis S. Drake, 1919].

La idea del destino manifiesto empezaba ya a rondar por las mentes más brillantes de Washington y se pondría en marcha en los siguientes años con un inusitado empuje, pero, antes, debían controlar todos los territorios que estaban en el margen este del río Misisipi.

La primera etnia que cayó bajo la autoridad de esta nueva nación fue la tribu creek, en 1813, en un conflicto englobado dentro de la guerra de 1812 contra la Corona británica. Los creek eran considerados como una de las cinco naciones civilizadas de América del Norte; se regían por patrones socioculturales que imitaban de los colonos e incluso habían adoptado el cristianismo como religión principal, renegando de sus antiguas creencias. Su posición geográfica (en el actual estado de Alabama) había sido limítrofe con los intereses de las grandes naciones europeas y, en el momento del conflicto, estos se circunscribían a las rivalidades entre España y Estados Unidos. La pérdida francesa de Luisiana (1803) y las continuas injerencias de Washington para controlar la ciudad de Nueva Orleans, cedida por España en 1795, empezaron a ser consideradas, tanto por Gran Bretaña como por España, como una amenaza[231]. Gran Bretaña pretendía detener el expansionismo estadounidense a costa de enfrentar a cuantos pueblos nativos pudiese contra el poder de la Casa Blanca y España veía en peligro sus intereses en la Florida, aún en sus manos.

Cuando Estados Unidos reclamó la ciudad portuaria de Mobile mediante la Mobile Act, España pudo retenerla, pero en 1813 la perdió finalmente y vio amenazadas sus posesiones en la Florida y, especialmente, en la ciudad de Pensacola, por lo que se decidió unir fuerzas y movilizar a las tribus de la Confederación Creek para levantar un obstáculo entre ambos países. Unido a esto, el líder shawnee Tecumseh, ya señalado, recorrió las tierras creek y seminolas en 1811 buscando apoyos contra la beligerancia estadounidense, que anhelaba extenderse por el valle del Ohio. Su mensaje

---

231   López Santolino, Alfredo, *Permanencia cultural de España en Nueva Orleans*, Nueva Orleans, Sociedad Española, 2008.

resultó un éxito entre ciertas facciones de la nación creek, ya divididas por la intromisión «blanca» y con posturas bien diferenciadas en cuanto a la asimilación de las costumbres occidentales. Aquella facción creek rebelde comenzó a ser conocida como la de los «bastones rojos»[232], simbolizando la guerra y la oposición.

A principios de 1813 se inauguraron las hostilidades entre ambos bandos de la nación creek. Los bastones rojos emprendieron algunas cacerías y quemas de casas entre las poblaciones leales a Washington, que fueron contestadas pero apenas originaron enfrentamientos locales sin importancia hasta que la sangre tocó a los colonos. En esa espiral de violencia, una partida creek rebelde al mando de Pequeño Guerrero masacró a dos familias y, como era habitual, el Gobierno estadounidense pidió la cabeza de los responsables. No hubo tal entrega y las hostilidades aumentaron hasta desembocar en la masacre de Fort Mims, en la que fueron asesinados cientos de creek leales y colonos estadounidenses. Aquellas acciones empujaron a Estados Unidos a afrontar el levantamiento de los bastones rojos, más que como una guerra civil entre indios, como un ataque contra su propia soberanía, pero la mayor parte de las fuerzas estadounidenses estaban combatiendo contra los británicos y contra las tribus movilizadas por Tecumseh, de modo que se dio la posibilidad de que se armaran milicias. Unos cinco mil hombres se presentaron voluntarios al tiempo que algunas naciones como la cheroqui y la choctaw se mostraron favorables a luchar del lado de Washington, en un nuevo episodio de desunión y de enfrentamiento entre pueblos hermanos que no pudo evitar un dramático desenlace.

De hecho, ni el Gobierno de Estados Unidos ni las milicias formadas por los Estados, tanto en Misisipi como en Georgia o en las dos Carolinas, diferenciaron entre tribus amistosas o belicosas. En 1814, el general Andrew Jackson propició la rendición de toda la nación creek en el Tratado de

---

232   Del inglés Red Sticks.

Fort Jackson. Los leales a Washington conocieron el mismo destino que los bastones rojos: ser desterrados y desposeídos de sus ancestrales territorios de caza, que conformaban una parte de los actuales estados de Alabama y de Georgia y pasaron a depender directamente de la Administración estadounidense. Los cheroqui, que habían combatido frente a sus tradicionales enemigos, tampoco consiguieron sus pretensiones sobre la tierra creek. Era evidente que Estados Unidos había empezado a crecer y, fuese cual fuese la postura de las naciones indias con las que se topase por el camino, el destino de aquellas siempre sería el mismo.

Para Estados Unidos, sin embargo, la gravedad del asunto pasaba por el hecho de que, en el contexto de la guerra de 1812, tanto Gran Bretaña como España habían tomado posiciones alentando y apoyando logísticamente a los bastones rojos y eso era un problema aún mayor. Florida, que había permanecido en manos inglesas durante la guerra de la Independencia, pasó a España en virtud del Tratado de París de 1783[233], aunque la presencia española se limitó a pequeñas guarniciones en ciudades importantes como Pensacola o San Marcos. La rivalidad latente entre ambas potencias se agravó cuando Estados Unidos tomó finalmente posesión de Mobile, ciudad portuaria española, y cuando, además, Washington tuvo la certeza de que España apoyaba a los insurrectos.

Al final de la guerra creek, el mayor británico Edward Nichols incitó a los esclavos liberados de la región a que se reunieran y tomaran como suyo Fort Prospect Bluff, que había quedado deshabitado y se encontraba en territorio español y que pronto comenzó a ser referido como Fort Black. El gabinete estadounidense vio como un problema de mayor calado la existencia de un enclave habitado por esclavos, ya que podía estimular a la sublevación de muchos más, por lo que se empeñó en destruir la amenaza. El propio Andrew Jackson, que ya se había convertido en un héroe en la guerra creek, advirtió a las autoridades españolas que,

---

233 Treaty of Paris; 9/3/1783; Perfected Treaties, 1778-1945; General Records of the U. S. Government; National Archives.

de no destruir ellas el fuerte, lo harían las estadounidenses, pero España no estaba en condiciones de movilizar hombres para tal cometido. Envío al general Edmund Gaines y puso fin a la aventura del fuerte Negro gracias a un certero y casi milagroso impacto de su artillería en el polvorín principal que hizo volar todo el recinto, matando a más de trescientas personas[234].

Los seminola y los restos de la resistencia creek se movían inquietos por la frontera, llevando a cabo violentos ataques contra los colonos, mientras que el propio Andrew Jackson comandaba una expedición que conquistaría las ciudades de San Marcos y Pensacola, bajo jurisdicción española y sin apenas resistencia. El hecho de emprender hostilidades contra España sin existir una declaración de guerra en ciernes y la ejecución de dos comerciantes británicos —Alexander Arbuthnot y Robert Ambrister—, así como otras arbitrariedades contra jefes seminola de la región, provocaron un cierto malestar en el propio Congreso estadounidense, que cuestionó las acciones de Jackson. Su pulcro historial de servicios en la guerra de 1812 le sirvió de escudo protector frente a las acusaciones y su reputación quedó limpia.

Se unían dos elementos de importancia en aquel conflicto de baja intensidad que fue conocido como la primera guerra seminola: la elección de James Monroe para la presidencia de Estados Unidos y el ataque contra otra de las naciones civilizadas indias[235]. James Monroe se convirtió en el quinto presidente de Estados Unidos entre 1817 y 1825 y, durante sus ocho años de mandato, puso en marcha la idea iniciada por su secretario de Estado, John Quincy Adams, que pondría la primera piedra de la expansión estadounidense y que llevaría su nombre en los futuros libros de historia: la doctrina Monroe. Con ella, el presidente quería imponer la premisa de que América era *para los americanos* y de que sus asuntos no debían sufrir injerencias de las potencias europeas.

---

234 Ron Field, *The seminole wars 1818-1859*, Osprey Publishing, Oxford, 2009.
235 López Fernández, José Antonio, *Las guerras indias en Norteamérica, 1811--1891. La ofensiva estadounidense*, Zaragoza, HRM Ediciones, 2021, p. 35.

UNCLE SAM'S DREAM OF CONQUEST AND CARNAGE — CAUSED BY READING THE JINGO NEWSPAPERS.

El sueño de conquista y matanza del tío Sam (Udo J. Keppler). Viñeta satírica en *Puck*, 13 de noviembre de 1895. En la esquina inferior izquierda sostiene la doctrina Monroe, según reza la leyenda, «mostrando al mundo entero que conoce sus derechos y los mantendrá a toda costa».

Este escenario dibujó un halo de esperanza para las regiones americanas de todo el continente que ya aspiraban a su independencia, las cuales correspondían en su mayor parte a la América española; pero, con el tiempo, se comprobó que a lo que realmente se refería Monroe cuando hablaba de *americanos* era a los Estados Unidos, por lo que la frase, corregida, postulaba: «América para los Estados Unidos».

La segunda cuestión era el ataque sobre una de las llamadas cinco naciones civilizadas. Ya se había guerreado contra los creek y los cheroqui y ahora le tocaba el turno a la soberanía de los seminola. Junto con los chickasaw y los choctaw, estos pueblos habían asimilado las formas de vida occidentales y asumido que su supervivencia pasaba por una convivencia en la que debían reconocer el liderazgo de Washington.

Litografías de dos guerreros seminola, Foke-Luste-Hajo
y el jefe Yaha-Hajo [*History of the Indian Tribes of North
America*, Thomas L. McKenney y James Hall, 1849].

Sin embargo, sufrieron el mismo destino que los pueblos
nativos que mostraron resistencia. El papel sumiso de los cheroqui no obtuvo recompensa, como hemos visto, y los creek,
divididos entre partidarios y adversarios del poder estadounidense, sufrieron el mismo final. Cuando le tocaba el turno
a los seminola, el gabinete de Estados Unidos se enfrentaba
a la necesidad de defender sus acciones ante la comunidad
internacional y ante sus propios congresistas. James Monroe
evitó el primer problema con la argucia de su doctrina y
convenció a sus detractores en el interior del Congreso con
razonamientos económicos, pero la cuestión de legitimidad
sobre la conquista de pueblos que ya se habían rendido y que
habían asumido su papel subordinado estaba servida.

LA LEGITIMACIÓN DEL GENOCIDIO

En el verano de 1823, Estados Unidos ponía de manifiesto que su idea de controlar todo el continente y convertirlo en una misma nación era firme. Había traspasado ya las fronteras impuestas por el río Misisipi durante tantos años y sus colonos se habían adentrado en el vastísimo territorio de Luisiana, anteriormente francés y español. La nación arikara, asentada en la actual Dakota del Sur, sufrió inherentemente la política expansionista estadounidense. Una partida de tramperos y vendedores de pieles resistió un ataque por parte de un grupo de indios arikara, que durante demasiado tiempo habían visto cómo sus tierras ancestrales de caza eran invadidas por hombres blancos.

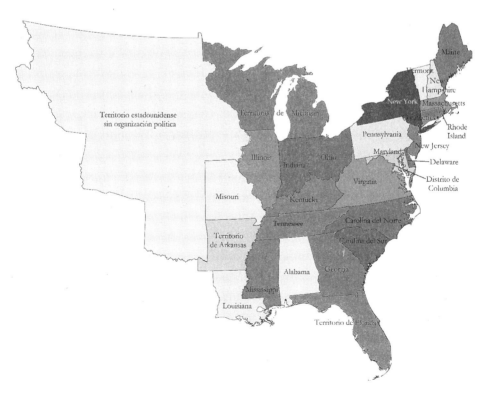

Estados Unidos en la década de 1820-1830 [elaboración propia].

En junio de 1823, dentro de la ya típica espiral de violencia en que se habían sumido las relaciones de colonos y nativos en prácticamente todos los escenarios, los guerreros arikara atacaron a los trabajadores de la Rocky Mountain Fur Company, asesinando a quince de ellos. Estados Unidos no tardó en reaccionar y envío una fuerza regular de doscientos cincuenta hombres a la que se sumó un buen número de trabajadores de la empresa y hasta setecientos cincuenta aliados siux de la rama dakota, un ejemplo más de la falta de visión general de las tribus, que seguían considerando a sus enemigos ancestrales como la prioridad por resolver y a los Estados Unidos como una herramienta para conseguirlo. Cuando los hechos fueron sucediéndose y los indios se dieron cuenta de quién era realmente el enemigo, fue demasiado tarde.

La conocida Legión de Misuri, liderada por Henry Leavenworth, no pudo someter completamente a los arikara por medio de las armas y hubo de recurrir a un tratado de paz[236], que, obviamente, iba en detrimento de los nativos. Después de aquel verano de 1823, los arikara regresaron a sus asentamientos, pero la rivalidad con los siux dakota y el imparable avance de los Estados Unidos en operaciones posteriores terminaron por aislarlos y convertirlos en una de los cientos de tribus eliminadas de manera pasiva. El encierro colectivo en reservas, el alcohol y la anulación de sus formas tradicionales de vida fueron algunas de las armas invisibles que terminaron con su existencia.

En aquellos años tuvo lugar uno de los grandes movimientos de la política estadounidense en cuanto al sometimiento de las naciones nativas que aún estaban asentadas al este del río Misisipi. El gabinete de la Casa Blanca ya había demostrado su vehemencia ante las etnias que se habían resistido a su avance, pero necesitaba, con vistas a garantizar la legitimidad de sus acciones, basar sus fundamentos en la ley y no en la fuerza. Por ello, cuando Andrew Jackson llegó a la pre-

---

236 «Tratado con la Tribu Arikara» (1825). Disponible en Treaty with the Arikara Tribe, 1825; en Kappler, Charles J., *Indian Affairs. Laws and Treaties*, 2, 1904.

sidencia de los Estados Unidos en 1829, el país encontró el elemento que necesitaba para impulsar unas medidas drásticas. Jackson había sido héroe de guerra en 1812 y había mostrado desde entonces una determinación férrea de acabar con la resistencia indígena, por lo que, al llegar al despacho oval, tenía ya merecida fama.

El clima que se vivía en América del Norte en esos días era proclive a que se llevaran a cabo aquellas medidas. La mayoría de las tribus que vivían al este del Misisipi, o al menos las más numerosas e influyentes —las cinco naciones civilizadas—, habían adoptado formas de vida occidentales con el fin de sobrevivir a la expansión de la recién creada nación. Había posturas enfrentadas en el seno de las etnias locales y, mientras unos pocos abogaban por la resistencia —como los bastones rojos de la nación creek—, la mayoría se inclinaba por una resignada convivencia. Y dentro de estos había otras dos líneas de pensamiento: los que creían que adoptando las costumbres y modos de vida occidentales podrían vivir entre los blancos sin problema y los que consideraban que lo único que garantizaría la supervivencia de la tribu sería alejarse de ellos y trasladarse a otros territorios al oeste del gran río.

Jackson exploró estas divisiones para conseguir un mayor éxito en su plan, que no era otro que expulsar a los indios al otro margen del río para dar salida a las apetencias territoriales, demográficas y económicas de la nación[237]. El apoyo de grandes intereses estaba garantizado y Jackson se vio con las manos libres para aprobar la Ley de Remoción India el 30 de mayo de 1830[238]. Mediante el Tratado de Dancing Rabbit Creek[239], los choctaw fueron los primeros en abandonar sus tierras para ser asentados al oeste del río Misisipi, en una

---

237 Una mayor profundización en los indios que poblaban aquellas tierras en Johnson, Michael y Hook, Richard, *American Indian of the Southeast*, Men at Arms 288, Osprey Publishing, Londres, 1995

238 «Ley de Remoción India» (1830). Disponible en Kratz, Jessie, On exhibit: the Indian Removal Act, *National Archives Pieces of History*, 16/03/2017.

239 «Tratado con los Chocktaw de Dancing Rabbit Creek» (1830). Disponible en Treaty with the Choctaw, 1830; en Kappler, Charles J., *Indian Affairs. Laws and Treaties*, 2, 1904.

«Removiendo a los indios del sur»
[*The new eclectic history of the United States*, M. E. Thalheimer, 1890].

El sendero de las lágrimas [Brummett Echohawk, 1957].

región coincidente con el actual estado de Oklahoma. Los chickasaw corrieron la misma suerte, pero fueron compensados por un pago, por parte del Gobierno de Estados Unidos, de tres millones de dólares. Como ya hemos mencionado anteriormente, creyeron que con la entrega de dinero podrían comenzar de nuevo, pero el haber renunciado a sus territorios era el primer paso hacia su destrucción porque sentaba un peligroso precedente.

Los creek se dividieron en dos facciones y, aunque la gran mayoría se mantuvo del lado de la conciliación con los norteamericanos y combatió junto con ellos a los bastones rojos, el presidente Jackson no tuvo reparos en aplicarles la Ley de Remoción y desterrarlos como a las restantes naciones. Los cheroqui, que habían mantenido entre las tribus la mayor sumisión y acatamiento de las formas de vida occidentales, vieron su final del mismo modo y, mediante el Tratado de Nueva Echota[240], firmado por una minoría de ellos, perdieron sus tierras y fueron obligados a marchar hacia el oeste.

El éxodo de aquellos nativos americanos pertenecientes a las cinco naciones civilizadas se dio entre 1830 y 1850 y fue conocido, tal cual relatábamos, como «el sendero de las lágrimas»[241]. El periplo para todas estas naciones, que lo habían perdido prácticamente todo y debían marchar a un nuevo destino alejado de sus tierras, se convirtió en un calamitoso trance. Al menos sesenta mil personas fueron obligadas por la Ley de Remoción India a moverse hacia el oeste del río Misisipi y padecieron una importante incidencia de muertes en el camino, ya que las condiciones y las largas distancias que tuvieron que recorrer se revelaron certeros asesinos, también silenciosos. Del conjunto de los veinte mil miembros de la tribu choctaw, unos veintidós mil creek, en torno a cinco mil chickasaw, algo más de quince mil cheroqui y unos cuatro mil seminola, fueron obligados a moverse casi

---

240 «Tratado de Nueva Echota» (1835). Disponible en Treaty with the Cherokee, 1835; en Kappler, Charles J., *Indian Affairs. Laws and Treaties*, 2, 1904.

241 Foreman, Grant, *Indian Removal: The Emigration of the Five Civilized Tribes of Indians*, Universidad de Oklahoma, 1932.

todos y quedó un número testimonial de nativos que resistieron, aunque, sin el sustento de sus naciones, fueron sometidos en los siguientes años y terminaron por desaparecer. Durante la citada travesía fallecieron entre ocho mil y trece mil indios (entre dos mil y cuatro mil choctaw, unos tres mil quinientos creek, entre quinientos y ochocientos chickasaw y entre dos mil y cuatro mil cheroqui), a los que habría que añadir los setecientos guerreros seminola que perdieron la vida durante su guerra de resistencia[242].

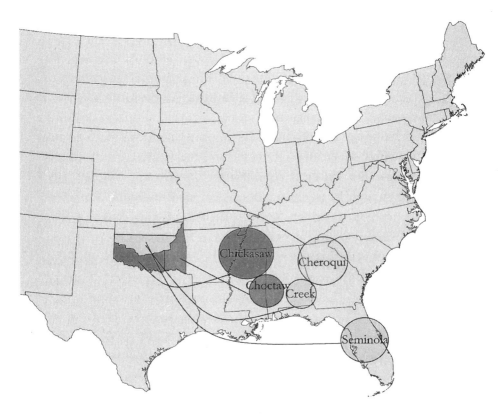

Efectos de la Ley de Remoción India de 1830 sobre las
cinco naciones civilizadas [elaboración propia].

242 Russell Thornton, «The Demography of the Trail of Tears Period: A New Estimate of Cherokee Population Losses», en William L. Anderson (ed.). *Eliminación de Cherokee: Antes y Después*, Universidad de Georgia, p. 85.

LA ÚLTIMA RESISTENCIA
AL ESTE DEL MISISIPI

Tras la intervención del propio Andrew Jackson en la primera guerra seminola[243], la situación quedó en suspenso. El futuro presidente de los Estados Unidos fue acusado de haber cometido una serie de arbitrariedades y, además, a punto estuvo de arrojar a su país a una guerra con España después de la conquista de San Marcos y Pensacola. No obstante, su estrella y el brillante pasado en la guerra de 1812 fueron suficientes para garantizar su inviolabilidad y ni siquiera su popularidad se vio afectada cuando en 1829 fue elegido presidente.

Entre tanto, la Florida cambiaba de manos y era cedida por España en virtud del Tratado Adams-Onís en 1819[244]. En el mismo se estipulaba que el virreinato de Nueva España llegaba hasta el territorio de Oregón y se garantizaba la propiedad de Texas mientras que se cedía Florida, amenazada por la nación seminola. Estados Unidos, con todo, conseguía así el dominio de una vasta región que cerraba la zona suroriental del continente y satisfacía los anhelos del destino manifiesto.

El Ejecutivo de los Estados Unidos trató de poner fin al problema que suponían los seminola, trasladándolos al centro de la península con el fin de mantenerlos vigilados y aislados de posibles redes comerciales. Por ello, en 1823 prepararon los términos del Tratado de Moultrie Creek y varios centenares de seminolas acudieron en representación de su pueblo; de acuerdo con aquel, continuarían asimilando las formas de vida occidentales, basadas especialmente en economías agrícolas y ganaderas, y Estados Unidos se comprometía a mantener la seguridad del pueblo seminola, así como a garantizar que, durante los primeros años, tuvieran acceso a los servicios básicos. La contrapartida era que debían per-

---

243   Ron Field, *The seminole wars...*
244   Bevans, Charles, I. (ed.), «Adams-Onís Treaty: 1819», Treaties and Other International Agreements of the United States of America, 1776-1949.

mitir el paso de caminos y el tránsito por su territorio, que se extendía a lo largo de dieciséis mil kilómetros cuadrados. Así mismo, la presión continua por parte de los gabinetes estadounidenses no cesó durante aquellos años para que se marcharan a las tierras que se habían prometido en el margen occidental de Misisipi, cuestión que fueron retrasando hasta la ineludible elección presidencial de Andrew Jackson y la promulgación de la Ley de Remoción India.

En 1832, siete jefes seminola fueron obligados a firmar el Tratado de Payne's Landing[245], mediante el cual se ofrecía un espacio en la reserva creek más allá del río Misisipi y se hacía imperativo su traslado hasta allí. Las autoridades estadounidenses permitieron que los jefes seminola inspeccionasen las condiciones de la reserva y todos ellos firmaron su aceptación, pero, al regresar a Florida, se retractaron, quizá porque habían sido obligados o simplemente porque otros jefes ejercieron presión sobre ellos. En cualquier caso, lo que había comenzado siendo un acuerdo amistoso se convirtió en una imposición cuando el Gobierno de Estados Unidos aprobó el tratado, en 1834, dando tres años a los seminola para abandonar sus tierras a contar desde 1832. Algunos jefes de esta etnia aceptaron, como forma de seguir manteniendo a su pueblo a salvo, pero otros se negaron a aceptar aquel bochornoso acuerdo.

La tensión entre blancos e indios iba en aumento y empezó a tomar fuerza entre todos el nombre de un joven guerrero seminola: Osceola. Su fama adquirió cotas de rebeldía cuando asesinó al jefe de su propia tribu, Charley Emathla, por vender su ganado a los colonos norteamericanos y rendirse ante ellos. Osceola lo interceptó y lo mató y esparció el dinero que había recibido por el ganado por encima de sus restos. En aquel momento, Osceola era el referente de la resistencia seminola y la afirmación, para el Gobierno de Estados Unidos, de que una parte de su pueblo jamás abandonaría Florida sin presentar batalla.

---

245 «Tratado de Payne's Landing» (1832). Disponible en Treaty with the Seminole, 1832; en Kappler, Ch. J., *Indian Affairs. Laws and Treaties*, 2, 1904.

Los seminolas iniciaron una guerra irregular contra las fuerzas estadounidenses, que durante el primer año no consiguieron más que bajas y que se estancaron en un escenario hostil, pero la llegada del mayor general Thomas Jesup al mando del Ejército cambió las tornas del conflicto. Jesup imprimió una estrategia que abandonaba la búsqueda de la gran batalla y se internó en las espesuras de Florida incrementando el número de hombres y recursos, hasta el punto de que en 1837 eran varios los jefes seminola que se habían rendido. Tan solo Osceola y Aripeka mantenían la lucha, pero el primero murió preso, probablemente de malaria. Así que los seminola fueron empujados hacia el sur de la península de Florida, aunque siguieron defendiéndose en las batallas del lago Okeechobee y de Loxahatchee. Esta resistencia favoreció que varios líderes pactaran con Jesup la idea de dejar de luchar si se les permitía permanecer al sur del Okeechobee, pero el Ejecutivo no aceptó y las escaramuzas prosiguieron con el cambio de mando. Jesup fue sustituido por Zachary Taylor, que adoptó como estrategia el ahogar a los seminola con una mayor fortificación y defensa de los principales caminos.

En torno a 1841, la mayoría de los guerreros habían sido capturados y enviados a la reserva del Oeste a la fuerza. Aunque irredentos, una pequeña minoría no superior a trescientos, que no podía hacer frente a las numerosas tropas estadounidenses que operaban en los Everglades por medio de la infantería de marina, se mantuvo firme. Los seminola habían dejado de ser una amenaza para el mantenimiento de la paz en Florida y la Ley de Ocupación Armada[246] hizo el resto. Los colonos podían asentarse en tierras de la reserva con la condición de que las defendieran ellos mismos, por lo que fue sustituyéndose a los soldados por campesinos armados. Al cese de actividad seminola se unió el hecho de que la guerra había costado cuarenta millones de dólares a las arcas del Estado y se había tornado en algo poco rentable.

---

246 «Ley de Ocupación Armada» (1842). Disponible en An act to provide for the armed occupation and settlement, en *The Public Statutes at Large of the United States of America*, 5, 1846.

Los escasos indios que quedaban permanecían en una reserva al sur del lago, tal y como habían propuesto en el transcurso de la contienda, pero los roces con los colonos eran constantes. El presidente James Polk creó una franja de seguridad de unos treinta kilómetros que rodeaba a la reserva y en la que era imposible especular ni adquirir posesiones. Evidentemente, esto soliviantó los ánimos de los colonos y de los especuladores, que no dejaban de exigir el traslado forzoso de los pocos seminola que aún sobrevivían y la eliminación de la reserva. No fue complicado hacer que varias decenas de ellos que aún presentaban resistencia en torno al liderazgo del jefe Billy Bowlegs aceptaran sobornos y

«La manera de firmar el tratado de Osceola» [*A narrative of the early days and remembrances of Oceola Nikkanochee*, Andrew Welch, 1841].

marcharan al Oeste. De hecho, con tan pocos enemigos, esta devino una táctica habitual por parte de las autoridades estatales de Florida, pero el problema, aunque menor, persistía.

Lo que ha pasado a la historia como la tercera guerra seminola no fue más que el empecinamiento de unos pocos guerreros por mantener sus tierras. Unas cuantas escaramuzas e incursiones de soldados regulares y milicianos armados (normalmente, no más de ochocientos hombres) amenazaron los últimos reductos de la banda de Billy Bowlegs. El 8 de mayo de 1858, tras ser sobornados, los guerreros seminola se unieron a sus compañeros capturados anteriormente y 163 fueron enviados hacia el Oeste, dándose por finalizada la contienda.

EL VUELO DEL HALCÓN NEGRO

En 1827, en los Grandes Lagos, en la región que ocupa el actual estado de Wisconsin, se levantó un conato de rebelión liderada por Pájaro Rojo (de la tribu de los winnebago), que no pasó más allá de unas cuantas incursiones contra los colonos que ya poblaban la zona pero que puso en evidencia un problema local. La propia tribu winnebago entregó a los culpables, incluido a su cabecilla, pero el episodio fue usado por el Gobierno de Estados Unidos para incrementar su control militar en la región y para desposeer a los winnebago de parte de sus terrazgos, especialmente aquellos que tenían importantes vetas de plomo y que eran cruciales para la industria minera estadounidense.

La región ya había sido objetivo de los agentes gubernamentales cuando, en 1804, obligaron a las tribus sauk y fox a entregar sus campos por una suma monetaria en compensación, cuestión que dividió a las tribus entre los partidarios de aceptar el dinero para mantener la integridad a salvo y los que consideraban que la resistencia era la única vía posible.

Indios saux y fox (Karl Bodmer, 1840-1843) [Library of Congress].

Entre ellos estaba el jefe sauk Halcón Negro. En 1830, el líder indio y su tribu regresaban a Saukenuk, en la confluencia de los ríos Rock y Misisipi, cuando descubrieron que la zona que llevaban poblando durante generaciones en los periodos veraniegos había sido ocupada por colonos procedentes del este. La afluencia de estos había ido en aumento desde la ocupación integral del valle del Ohio y la competición por los espacios comenzaba a ser un problema grave.

El gobernador de Illinois ofreció a los sauk la posibilidad de vender el territorio, pero el jefe indio se negó ante el convencimiento de que la tierra sagrada de sus ancestros no podía ser vendida, de modo que se retiró y volvió el siguiente año, 1831, con ánimo de conseguir lo que por derecho creía que le pertenecía. Ante la llegada de la partida sauk, el gobernador de Illinois hizo un llamamiento de ayuda al Gobierno de los Estados Unidos, ya que consideraba la llegada de Halcón Negro como una invasión. El general Gaines, desde el fuerte Saint Louis, accedió a enviar mil cuatrocientos soldados, a los que se sumaron hombres de la milicia de Illinois, y estos obligaron al jefe indio a cruzar el río Misisipi y renunciar a sus terrenos de caza.

La retirada, no obstante, fue momentánea. Las tribus fox y sauk se unieron y se prepararon durante el invierno para lanzar un ataque sobre las posiciones de colonos de Illinois con el apoyo de la Corona británica. La batalla de Stillman significó un número escasísimo de bajas entre las filas norteamericanas, pero los diarios al servicio de la Casa Blanca exageraron el resultado para explotar la mala prensa de los indios liderados por Halcón Negro, lo que terminó por movilizar más recursos contra él y convencer a su población del riesgo que suponía cualquier conato de resistencia, por pequeño que pudiera parecer. Las escaramuzas se sucedieron y, en todas, el Ejecutivo estadounidense usó la misma táctica de desprestigio, con el fin de crear un sentimiento general de odio hacia los indios considerados rebeldes. Muchas de aquellas luchas fueron renombradas como masacres, exaltando la violencia desmedida de los guerreros sauk y fox, hasta que, en la batalla de Wisconsin Heights, Halcón Negro fue capturado y lo más granado de sus guerreros encontró la muerte o el presidio. El general Henry Dodge lo entregó al Gobierno de Estados Unidos y desde el gabinete se pensó que el mejor servicio que se podía hacer con Halcón Negro no era su ejecución, sino convencerlo del poderío de la nueva nación. Por ello, como sauk y fox habían sido derrotados, se condujo al jefe indio de gira por las ciudades más importantes de Estados Unidos, tratando de hacerle ver que la resistencia contra una potencia como la suya era un error tremendo; todo ello, con la esperanza de que convenciera a otros jefes amerindios rebeldes de la necesidad de someterse a los designios de Washington. Halcón Negro hablaba en estos términos en el momento de su rendición:

> Un indio que es tan malo como los hombres blancos no podría vivir en nuestra nación; sería condenado a muerte, y comido [*sic*] por los lobos. Los hombres blancos son malos maestros de escuela; llevan miradas falsas, y tratan con acciones falsas; sonríen en la cara del pobre indio para engañarlo; les dan la mano para ganar su confianza, para emborracharlos, para engañarlos, y arruinar a nuestras esposas. Les dijimos que nos dejaran en paz; pero siguieron y acosaron nuestros caminos, y se enroscaron entre nosotros como la serpiente. Nos envenenaron con su contacto. No estábamos a salvo. Vivíamos en peligro. Nos estábamos volviendo como ellos, hipócritas y mentirosos, adúlteros, zánganos perezosos, todos habladores y nada trabajadores[247].

Sin embargo, resulta difícil creer que un hombre que pensaba de este modo sobre los blancos en el momento de su rendición hubiera cambiado de parecer seis años después, antes de fallecer en 1838. Así lo manifestó en su autobiografía[248] y

---

247 Las palabras de Halcón Negro (1832) fueron registradas en Drake, Samuel G., *Biography and history of the Indians of North America*, 1836 (p. 161).
248 Hawk, Black, *Black Hawk: An Autobiography*, vol. 19, Univ. de Illinois, 1964.

así quedó demostrado en las políticas impuestas por Estados Unidos en sus primeros años como nación frente a la existencia de las tribus nativas. Desde la declaración de independencia pusieron en marcha un plan para eliminar cualquier obstáculo que impidiera la expansión de las colonias hacia el este. La franja del valle del Misisipi fue el primer objetivo que se fijó como barrera imaginaria para delimitar el espacio que debían ocupar los bisoños estados y la separación con las naciones nativas. Por ello, todo aquello que quedó en el margen este del cauce fluvial fue sometido a base de una agresiva legislación y, cuando esta falló, por medio de la violencia. Incluso las naciones que se consideraban civilizadas y que habían adoptado medios de vida de tipo occidental fueron desposeídas de su derecho a vivir en los territorios en que se habían desarrollado durante décadas, a veces durante siglos.

Lincoln en la guerra del Halcón Volador [*The heroic life of Abraham Lincoln: the great emancipator*, Elbridge S. Brooks, 1902].

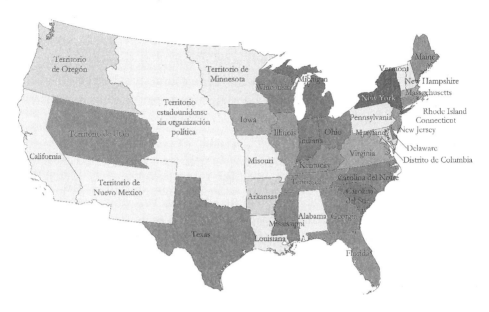

Estados Unidos en la década de 1850 [elaboración propia].

Vista de una aldea cheyene en Big Timbers, en el actual Colorado, con cuatro grandes tipis [y dos nativos] al borde de una zona boscosa. Viejo y deteriorado daguerrotipo atribuido a Solomon Carvalho, 1853 [Library of Congress].

IV. ESTRECHANDO EL CÍRCULO

Hacia la década de 1850, Estados Unidos ocupaba ya una extensión muy parecida a la que tiene en la actualidad y su Gobierno había conseguido hacerse con la totalidad de los territorios del Medio Oeste e incluso había llegado a las ansiadas aguas del océano Pacífico. California y Oregón se habían convertido en importantes polos de atracción para los buscadores de oro una vez descubiertas vetas del preciado mineral, mientras que los territorios de Utah y Nuevo México anunciaban el preámbulo de una conquista mucho más profunda, tal y como había ocurrido con sus predecesores, que con el tiempo habían alcanzado el estatus de estado. El sur del país también se había consolidado en la fórmula tejana, al tiempo que la parte central de las grandes llanuras, correspondiente a los actuales estados de Montana, Wyoming y Colorado y poblada por las tribus más belicosas, había quedado encerrada entre las posesiones estadounidenses. Eran, *de facto*, propiedad de Washington, aunque quedaba la ardua tarea de someter a sus pobladores.

*   *   *

La batalla de San Jacinto [Henry Arthur McArdle, 1901].

Puesto de vigilancia comanche [Lee Arthur Tracy, 1850].

LA PACIFICACIÓN DE TEXAS

El influjo de la conquista española de Tenochtitlán (1521) y de la creación del virreinato de la Nueva España se hizo sentir en los años inmediatos en la región de Texas. La zona había estado poblada por numerosas tribus influenciadas por la poderosa ciudad de Teotihuacán, que se asentaron en el valle del río Bravo, y por otras de carácter más independiente establecidas al norte o en la zona oriental, lindando con el curso bajo del río Misisipi. El pueblo caddo se había ubicado en esas tierras siglos atrás y había consolidado una rica cultura caracterizada por la construcción de túmulos de tierra; se hallaba entre las más importantes culturas prehispánicas de la zona. Pero también habitaban aquellos parajes las tribus apache, atakapan, kiowa, kickapoo y wichita, entre otras. Los choctaw habían llegado al margen occidental del Misisipi como consecuencia de la Ley de Remoción India y el consiguiente sendero de lágrimas; y los comanches se habían anclado instaurando una de las culturas nativas más prósperas de Norteamérica.

El contacto con las expediciones que habían partido desde la Nueva España tras su conquista dotó a los indios, como apuntamos, de conocimientos en el manejo de las armas de fuego y en la doma de caballos, algo que resultó muy útil en sus contactos tanto con españoles como con el resto de los europeos. Las relaciones de las tribus nativas con estos se fraguaron sobre la base de la hostilidad que despertaron las incursiones francesas desde la Nueva España y desde el Misisipi. Algunas tribus fueron belicosas desde un principio, como los apache o los caddo, pero otras mantuvieron relaciones comerciales con los europeos tal cual expusimos.

Robert Cavallier de la Salle, buscando la desembocadura del río Misisipi, naufragó en 1685 en la costa tejana y se vio obligado a fundar una posición fortificada en la bahía de Matagorda, desde la que partieron algunas expediciones que se adentraron hacia el río Bravo y la región oriental de Texas. La colonia aguantó hasta 1688 asolada por las carencias y el ataque de tribus hostiles[249], pero sentó un precedente, pues los españoles, años más tarde, fundaron un presidio sobre sus ruinas. Por parte de la monarquía hispánica, las expediciones de Álvar Núñez Cabeza de Vaca y de Vázquez de Coronado descubrieron una región inhóspita y poco pretendida por el resto de las potencias europeas, pero la cada vez más insistente presencia francesa desde el valle del Misisipi, materializada en la Luisiana, provocó la reacción de las autoridades de la Nueva España, tímida al principio (pues se basó en la construcción de misiones y presidios, de tipo religioso los primeros y militares los segundos) y más agresiva después, cuando, en 1718, fundaron San Antonio como el primer asentamiento español en Texas[250].

La Corona española conformó una red de relaciones en la región y comenzó a tratar con las tribus locales de manera más íntima, hasta el punto de que se postuló como el principal desequilibrio entre las luchas de poder de los comanches y los apaches, pero lo que especialmente afectó a las tribus nativas fue la penetración del cristianismo a través de los clérigos que actuaban desde los cientos de misiones diseminadas por el territorio. Nada de aquello sirvió a los intereses españoles, pues la Luisiana fue vendida por Francia a Estados Unidos en 1803 y el Gobierno de Washington demandaba la región de Texas[251]. La frontera entre Estados Unidos y España se fijó en torno al río Sabine, pero muchos colonos estadounidenses no reconocían los términos de aquel tratado y empezaron a pasar a la región, asentándose en diferentes puntos de su geografía. La presencia española en Texas era muy escasa debido a las condiciones climáticas adversas y a que el punto neurálgico del comercio español se encontraba en la Nueva España, por lo que los estadounidenses tuvieron una relativa ventaja poblacional.

249 Chipman, Donald, *Spanish Texas, 1519-1821*, Texas, Universidad de Texas, 1992, p. 83.
250 García Ruíz, José Luis, «Las misiones españolas. San Antonio de valera en Texas», *Laus Hispaniae. Revista de Historia de España, Especial Norteamérica*, 2022, pp. 46-55.
251 Rendon Lozano, Rubén, *Viva Tejas*, San Antonio, Alamo Press, 1985.

La guerra de independencia de México, en 1821, y el posterior reconocimiento de España como una nación soberana, en 1836, alejaban del teatro de operaciones a una de las grandes potencias del momento y dejaban el camino expedito a los intereses expansionistas estadounidenses. La nueva República de México comprendió a Texas en su tratado de independencia, pero se topó con el mismo problema que las autoridades españolas de la Nueva España: la diferencia demográfica. Mientras que Texas era un territorio prácticamente despoblado por parte de México, se había revelado como un polo de atracción para la población estadounidense, que buscaba nuevas oportunidades al otro lado del Misisipi y que no tenía ningún reparo en asentarse en esta área. La confluencia de extranjeros también tuvo su origen en el deseo del recién creado Gobierno mexicano de anular la hostilidad de las tribus nativas: se aplicaron políticas de inmigración que favorecieron la llegada de colonos estadounidenses y europeos a la zona, todo ello organizado por la asignación de tierras a través de grandes empresarios como Moses Austin. La entrada masiva de colonos, inaugurada por los «viejos trescientos» o primeros colonizadores, provocó que, en solo dos años, la población de Texas se multiplicara por diez y supusiera un porcentaje anglosajón de más del ochenta por ciento con respecto a la población mexicana[252].

El ambiente se había vuelto propicio para un cambio. Mientras que Washington lanzaba ofertas de compra del territorio a México, las autoridades mexicanas se dieron cuenta del problema que se estaban creando y prohibieron la inmigración estadounidense con un refuerzo de las fronteras y una serie de leyes que lo respaldaban, aunque sin conseguir detener durante los siguientes años la inmigración de tipo ilegal.

Mientras tanto, las poblaciones texanas se iban nutriendo de más estadounidenses que no consentían verse sometidos por las leyes de un Gobierno que no tenía, *de facto*, presen-

---

252 Manchaca, Martha, *Recovering History, Constructing Race: The Indian, Black, and White Roots of Mexican Americans*, Universidad de Texas, 2001, p. 201.

cia en Texas, de modo que no tardaron en surgir los primeros problemas. Entre 1832 y 1835 tuvieron lugar los disturbios de Anáhuac, pequeña localidad texana que estaba bajo la supervisión de una guarnición militar mexicana, a la que los ciudadanos estadounidenses hicieron frente. Los aires de independencia de los colonos cristalizaron en las convenciones de 1832 y 1833, en las que se debatió la necesidad de crear una comunidad ajena al control político de México que luego se traduciría en la instauración de la República de Texas. Los federalistas se organizaron y vencieron en la batalla de Gonzales, primer enfrentamiento entre los colonos texanos y las fuerzas mexicanas, algo que se volvió habitual y que facilitó la creación de un Gobierno provisional conocido como «la Consulta», que dirimió el destino de Texas en esos primeros meses. Pero el Ejecutivo del presidente mexicano Antonio López de Santa Anna recurrió a las Fuerzas Armadas para terminar con la insurrección, desplegando un ejército que aplastó a varios contingentes federalistas con episodios tan afamados como el de la batalla de El Álamo, en la que un puñado de colonos aguantaron durante trece días de asedio los ataques del ejército mexicano[253].

Los texanos se afanaron por proclamar la independencia de Texas el 2 de marzo de 1836, pero el avance de los mexicanos era imparable y provocaba la huida de los colonos texanos hacia el este. La batalla de San Jacinto (1836) cambió el curso de la guerra cuando Sam Houston derrotó a Santa Anna, obligado a firmar el Tratado de Velasco, en el momento que inmortalizara el pintor William Henry Huddle en 1886.

Una vez constituida la República de Texas, se enfrentaron dos tendencias. Houston abogaba por la integración de Texas en los Estados Unidos, mientras que Mirabeau Lamar ansiaba la independencia íntegra, la consolidación de una nación independiente de Estados Unidos y México y la expansión hacia el Oeste a costa del sometimiento de las tribus indias que se asentaban en la zona y del Gobierno

---

253 Sobre la batalla del Álamo, véase Doeden, Matt, *The battle of the Alamo*, Houston, Capstone, 2006.

mexicano, que dominaba los territorios intermedios hasta el océano Pacífico. La vertiente de Houston se hizo con el poder y, en 1845, bajo la presidencia de James Polk, Texas se convertía en un estado dentro del Estado federal.

La ruptura de relaciones entre México y Washington y la perseverancia mexicana en mantener el territorio, negándose a que la frontera estuviese fijada en el río Bravo, condujo a las primeras escaramuzas, que implicaron la pérdida de un mayor territorio en el contexto de la guerra mexicano-estadounidense. El Tratado de Guadalupe Hidalgo, de 1848[254], puso a disposición de Estados Unidos un amplio territorio en el que, realmente, las autoridades mexicanas no habían tenido prácticamente influencia y que estaba habitado por numerosos amerindios; el polémico control de este espacio minaba las aspiraciones mexicanas sobre la región y abría un abanico de oportunidades al Gobierno federal, ya que conectaba las posesiones del este y del oeste y la tan ansiada unión geográfica con el océano Pacífico. Cabe destacar el protagonismo de Alexander von Humboldt en la empresa, por su carácter determinista y su religión protestante.

Alexander von Humboldt nació en Berlín el 14 de septiembre de 1769. Su padre fue oficial del Ejército de Federico II de Prusia y eligió para su hijo, como profesor exclusivo, a Joachim Heinrich Campe (1746-1818), discípulo de Jean-Jacques Rousseau (1712-1778). Como todos los ilustrados franceses, este era profundamente antiespañol y transmitió al joven Alexander el odio visceral hacia la historia de España, su monarquía y su conquista de América. Por su parte, su madre, Marie-Elisabeth von Holwede (1741-1796), era miembro de una familia de raíces protestantes hugonotes y lo aleccionó en el anticatolicismo más obstinado.

Alexander von Humboldt terminó sus viajes por América con una visita a Estados Unidos, donde fue huésped de honor de su tercer presidente, Thomas Jefferson (1743-1826), que había asumido su mandato el 4 de marzo de 1801 y que dura-

---

254 «Tratado de Gudalupe-Hidalgo» (1848) [facsímil]. Alicante: Biblioteca Virtual Miguel de Cervantes, 2004.

ría en él hasta 1809. El científico prusiano llegó a Estados Unidos en la primavera de 1804 y permaneció allí cinco semanas. Al parecer, Jefferson era muy adicto a los estudios de geografía e historia y recibió con sumo agrado todo lo recogido por Humboldt en su estancia en el virreinato de la Nueva España. El presidente norteamericano ordenó al secretario del Tesoro, Albert Gallatin, que copiara todos los mapas y aquella otra documentación que se considerara vital para los intereses de la nueva Unión Americana; serían de importante ayuda para la invasión norteamericana de México de 1846. En 1848, Estados Unidos se anexionó los territorios de Alta California, Nuevo México, Texas, Arizona, Nevada, Colorado y parte del estado de Wyoming.

Cuando los colonos protestantes anglosajones ocuparon estas tierras, la población mexicana (blanca, criolla e india) se convirtió en una presencia molesta para ellos y se procuró expulsarlos más allá del río Bravo, en dirección a México, acusándolos de mirar de forma poco adecuada a las mujeres blancas, hablar español demasiado fuerte, actuar de forma arrogante, practicar la brujería o quitar trabajo a los norteamericanos. A las mujeres mexicanas, de clase baja, se las acusaba de no dejarse tratar como prostitutas. Los hombres y mujeres inculpados, casi siempre, fueron ejecutados por ahorcamiento, y sus cuerpos, mutilados, quemados y exhibidos en público para aterrorizar y sembrar ejemplo en el resto de la población.

Estados Unidos creó entonces el territorio de Nuevo México y California, que sería pieza fundamental en el desarrollo del país. Esto dotó al despacho oval de una mayor trascendencia en el plano continental, pero sobre todo significó el acotamiento del territorio ancestral de los indios americanos. La simple legalización de la propiedad de la tierra en el ámbito internacional de Estados Unidos frente a México, que poco a poco fue reconocida por los diferentes países del mundo, dejaba las manos libres a Washington para ejercer el control real sobre el territorio a costa de las tribus que allí residían desde hacía siglos. México no había tenido fuerza, presencia ni intención de llevar a cabo una expansión real por esos territorios, y menos aún la capacidad de someter a esos pueblos, pero el plan de Estados Unidos sí contemplaba la unión de los océanos y el control de todo el continente sobre la base del modelo ideológico del llamado destino manifiesto. Lo mismo que había ocurrido en el este del río Misisipi se fraguaba en las grandes llanuras del Medio Oeste en un plazo no demasiado largo; de hecho, cuarenta años después, la resistencia india era historia.

Territorio de México que pasó a Estados Unidos tras el Tratado de Guadalupe Hidalgo (1848) [elaboración propia].

LA FIEBRE DEL ORO EN CALIFORNIA

La unión de los dos océanos, el Atlántico y el Pacífico, había sido una obsesión en los Gobiernos estadounidenses desde su consolidación como nación soberana y la adquisición de California, como resultado del Tratado de Guadalupe Hidalgo (1848), garantizaba los propósitos del destino manifiesto. Sin embargo, el proceso que se vivió en California antes del desastroso desenlace de la guerra mexicano-estadounidense había estado plagado de similitudes con el experimentado en Texas. Pese a ello, California constituye el ejemplo más claro de colonialismo de asentamiento y genocidio de toda la conquista del Oeste, precisamente porque confluyeron allí todos los elementos antes mencionados: crecimiento demográfico de la población occidental en

Mineros extrayendo oro en California. Daguerrotipo de George H. Johnson, 1850-1852 [The Nelson-Atkins Museum of Art].

detrimento de las etnias nativas; sometimiento por las armas y a golpe de leyes; proliferación de vías de comunicación y de centros poblacionales que ahogaban a las sociedades locales; estrechamiento y eliminación de sus sustentos naturales por la incidencia de la actividad colonizadora; proliferación de enfermedades por contacto; y, la más importante, aparición de vetas de oro que condicionaron la multiplicación de todos estos efectos a límites dramáticos.

California era una zona rica, beneficiada por un clima y una tierra óptimos para el cultivo, bañada por el océano Pacífico y protegida por las estribaciones de las Montañas Rocosas. Desde la antigüedad había estado poblada por numerosas tribus nativas que se habían movido de norte a sur, utilizando la región como zona de paso y, en algunas ocasiones, como lugar de asentamiento. La riqueza cultural iba desde la costa hasta al interior y se nutría de las bondades de la tierra y de sus recursos naturales. Las autoridades de la Nueva España elevaron su intención de avanzar hacia el norte en busca de máximas riquezas y las expediciones al servicio de la Corona española de Juan Rodríguez Cabrillo en 1542 y de Sebastián Vizcaíno en 1602 pusieron de manifiesto aquel interés. Los presidios y las misiones españolas proliferaron por todo el territorio y su presencia en pequeños asentamientos daría lugar, tiempo después, al nacimiento de grandes ciudades como Los Ángeles y San Francisco. Así, los españoles tuvieron contacto con los indios nativos en relaciones tanto hostiles como amistosas, al tiempo que chocaban con los anhelos infructuosos de la Corona británica de establecer factorías en la región, así como con expediciones rusas provenientes de Alaska. No obstante, mantuvieron un control de la zona, más sobre el papel que presencial, que queda patente en la escasa población novohispana que habitó aquellas tierras, de manera similar a lo que había ocurrido en Texas, a pesar del empeño de algunos como el propio Bernardo de Gálvez[255]. Cuando acontecieron los hechos

---

255   Boeta, José, *Bernardo de Gálvez*, Madrid, Publicaciones Españolas, 1976.

que dieron lugar a la independencia de México, California cayó bajo su dominio territorial y Estados Unidos vio entonces sustituida a una potencia que aún podía presentar batalla (España) por un país sin experiencia militar, como México, al que podía retar.

Los acontecimientos de Texas condujeron a los primeros enfrentamientos y a la guerra mexicana-estadounidense (1846-1848) que otorgó el control de Nuevo México y California a Estados Unidos. El territorio se repartió en varios estados: Arizona, Colorado, Nevada y Utah; pero California mantuvo su propio ritmo. Es entendible, por la trayectoria que había seguido en los años previos. Como indicábamos anteriormente, la población mexicana en California había sido escasa y la llegada de colonos estadounidenses, atraídos por las bondades de la región, había ahogado demográficamente las aspiraciones políticas de Ciudad de México.

Mientras que cientos de colonos estadounidenses atravesaban las Montañas Rocosas desde el este, a través de las rutas abiertas por las grandes llanuras del Medio Oeste, California se organizaba territorialmente por medio de enormes ranchos y los mexicanos residentes en aquellas tierras se abrazaban a un tipo primario de nacionalismo, haciéndose llamar «californios». La falta de experiencia política del Gobierno mexicano y la fragilidad de la nueva nación se manifestaron en Gobiernos muy inestables que dejaban total autonomía a los territorios alejados de la capital, donde los gobernadores se hacían con prácticamente todo el poder pero donde, además, los ciudadanos, ya fueran mexicanos o colonos, veían a las autoridades tan lejanas como ausentes. Esto condujo a la inaplazable proclamación de la República de California en 1846, después de que varios miles de colonos se agruparan en torno a una revuelta y forzaran la independencia del Gobierno mexicano. Pero el estallido de la guerra contra México y la cesión de los territorios de la Alta California a los Estados Unidos en 1848 dieron al traste con las aspiraciones independentistas de los californios. Una escuadra estadounidense y tropas terrestres tomaron los principales asentamientos y se hicieron con el control de California, en una conquista que se oficializaría con la firma del Tratado de Cahuenga (1847)[256].

Sin embargo, la condición que hizo que California se convirtiera en uno de los mayores polos de atracción de la época fue el descubrimiento de oro por parte de James Marshall. A partir de la extensión de los rumores sobre la existencia de pepitas de este metal en los ríos de la región, especialmente en las cercanías de la ciudad de Coloma, en los valles fluviales del Feather y del Americano, comenzó la denominada y afamada fiebre del oro de California. El hallazgo sentenció a todas las tribus nativas que habitaban aquellas tierras, que, sin saberlo, quedaban supeditadas a una explotación sin precedentes. Una parte de los indios nativos que murieron en torno a la década de 1850, aproximadamente quince mil[257], lo hicieron de manera violenta a manos de colonos anglosajones y buscadores de oro que se arrogaban la tarea de eliminarlos, pero la mayor parte sucumbieron víctimas de la pérdida de sus sistemas tradicionales de sustento.

Cuando se descubrió oro, California pasó de una población de unas ciento cincuenta mil personas a las trescientas cincuenta mil, atraídas por las expectativas que ofrecía el brillante mineral. Solo la ciudad de San Francisco, hogar de apenas unos cientos de habitantes, se transformó en una que soportaba la población original de California; de hecho, la urbe devino uno de los principales caladeros de buscadores de oro del mundo. Llegaban de todos los lugares imaginables, la mayoría estadounidenses del este, pero con un gran reclamo de latinoamericanos, chinos y europeos. Lo hacían a través de las habituales rutas terrestres abiertas en las Montañas Rocosas y por mar, provenientes de la costa este, atravesando del istmo de Panamá.

---

256 «Tratado de Cahuenga» (1847). Disponible en Capitulates to Col. Fremont, en Cutts, James Madison; *The conquest of California and New Mexico...*, Filadelfia, Carey & Hart, 1847.

257 Madley, Benjamin, *An American Genocide: The United States and the California Indian Catastrophe*, 1846–1873, Universidad de Yale, 2016, p. 11.

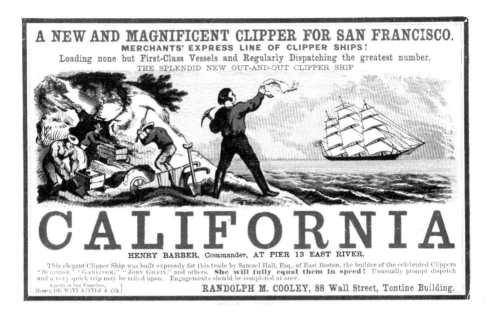

«Un nuevo y magnífico clíper para San Francisco». Tarjeta de navegación para el clíper California, «construido expresamente para este comercio», en plena fiebre del oro [Randolph M. Cooley; Nesbitt & Co., ca. 1850].

Llegaron a San Francisco cientos de barcos mercantes que trasladaban a miles de personas con el único objetivo de enriquecerse. Esto produjo, evidentemente, un crecimiento no sostenible que alteró todas las condiciones físicas y sociales de California y afectó con especial virulencia a los indios. Las cuencas de los ríos se convirtieron en hervideros humanos que al principio utilizaban tácticas ancestrales como el bateo, que consistía en filtrar el agua y separar la tierra del oro en pequeñas cestas. Con el tiempo, la ambición por extraer más y en mayor cantidad dio origen al desvío de cauces, a excavaciones masivas y a la voladura de tierras. Los valles de los ríos Americano y Feather fueron alterados y contaminados y los recursos de pesca fluvial a los que los pobladores nativos recurrían desaparecieron. Se mutaban los ecosistemas y, por tanto, sus métodos de supervivencia.

La gravedad, no obstante, estuvo en el cambio demográfico que conllevó la fiebre del oro y, especialmente, en las medidas para albergar a todas aquellas personas recién llegadas. No solo San Francisco creció: la proliferación de ciudades y pueblos invadió terrenos ancestrales de caza. Primero eran asentamientos basados en tiendas de campaña, cabañas improvisadas y construcciones precarias, sin ninguna garantía de salubridad, pero, con el tiempo, esos asentamientos fueron creciendo y transformándose en pueblos y ciudades que atrajeron a más gente. No todo eran buscadores de oro; su número catapultó la creación de sociedades complejas en las que los servicios encontraron también su hueco. Los empresarios empezaron a ver con interés que podían crecer los negocios de lavanderías, las tiendas de suministros o las barberías, mientras que el ocio se posicionaba como la principal fuente de ingresos a través de licorerías, lugares de juego y prostíbulos. Y ese cambio demográfico también condujo a una mayor demanda y a la extensión tanto de la ganadería como de una agricultura más agresiva, invadiendo zonas vírgenes y bosques para dar sustento a las bulliciosas poblaciones. En consecuencia, la mayor riqueza californiana generó la necesidad de establecer líneas de comunicación con el resto del país, por lo que, en 1869, California ya estaba unida por vías férreas al este y los trenes, tanto de mercancías como de pasajeros, atravesaban aquellas tierras.

El viejo Oeste había nacido con una legislación estadounidense que no llegaba a California[258]. Durante más de dos años, su estatus fue el de un territorio controlado por Estados Unidos, pero no como parte integrante, cuestión que se resolvió en 1850 con la conversión de California a territorio propio. La época dorada de los buscadores fueron esos años, en los que los denominados «cuarenta y nueve», los que habían llegado en torno a esa fecha, hacían y deshacían a su antojo, aunque no por ello los años posteriores deben parecer más ordenados. La legislación federal apenas

---

258 Holliday, J. S y Swain, William, *The World Rushed in: The California Gold Rush Experience*, Oklahoma, Universidad de Oklahoma, 2002, p. 116.

era controlada por nadie y las reglas se mezclaban en virtud de las diferentes poblaciones que habitaban el territorio. Esto tampoco fue bueno para las tribus indias, que, además de ver contaminadas sus aguas e invadidas sus tierras ancestrales de caza y recolección, se hallaron envueltas en espirales de violencia en las que, dada la ventaja demográfica de los blancos, poco podían hacer. A menudo surgían discrepancias entre indios y colonos y, en la mayoría de las ocasiones, se solucionaban de forma violenta. Eran recurrentes las partidas de castigo de colonos armados que respondían a una agresión india y lo hacían contra otras tribus. Es probable que murieran miles de amerindios en este tipo de acciones, que se han registrado en mas de trescientas masacres.

La fiebre del oro se prolongó durante años y, a medida que las reservas de las zonas más superficiales se iban agotando, los mineros se internaban en territorios más inhóspitos y alejados de las ciudades y pueblos, agravando la situación. Una vez constituido como estado, California comenzó a emitir leyes para gravar con impuestos a los buscadores de oro que no fueran estadounidenses[259]. Pero, una vez más, los más perjudicados por las leyes emitidas fueron los propios amerindios cuando se proclamó la Ley para el Gobierno y la Protección de los Indios, que permitió, desde un carácter paternalista, ejercer influencia sobre los nativos y ponerlos a disposición del sistema de trabajo imperante en California, ahondando en la desgracia de las comunidades indias y alejándolas de sus formas tradicionales de existencia. Se incorporaron sin restricciones a las plantaciones y a las actividades mineras, rompiendo sus habituales relaciones sociales.

Esto contribuyó a la muerte de más nativos, obligados a condiciones extremas de trabajo o privados de sus formas de sustento, lo que se ha llegado a conocer como el genocidio de California[260]. Ya durante el dominio español y mexicano de la región se dieron episodios de mortandad, debido

259 Rawls, James y Orsi, Richard (eds), *A Golden State: Mining and Economic Development in Gold Rush California*, Universidad de California, 1999, p. 9
260 Madley, Benjamin, *An American Genocide*, Universidad de Yale, 2016.

fundamentalmente al choque de distintas culturas y a la transmisión de enfermedades, pero no hubo un plan destacado y pertinente para la eliminación de los indios como ocurrió durante la fiebre del oro. Basándonos en el libro de John Browne *Los indios de California*[261], testimonio coetáneo que narra las atrocidades cometidas contra las poblaciones nativas, centradas en la reeducación de los niños, la obligatoriedad del trabajo o la persecución sistemática, no hay duda de que estamos ante un genocidio. Algunos autores[262], recientemente, han sustentado la idea de que lo ocurrido en California fue un genocidio claro, aunque otros postulan que no hubo una intencionalidad y que recurrir a este término puede conducir a una realidad falseada[263].

Una mujer india extrayendo oro [*Hutchings' Illustrated California Magazine*, n.º 10, abril de 1859].

261 Browne, John Ross, *Indians of California*, Colt, 1944.
262 Entre los autores que defienden que lo ocurrido en California como consecuencia de la fiebre del oro fue un genocidio encontramos a Norton, Jack, *Genocide in Northwestern California: when our worlds cried*, Indian Historian, San Francisco, 1979; y Lindsay, Brendan, *Murder State: California's Native American Genocide 1846-1873*, Universidad de Nebraska, 2012.
263 Entre los detractores destacan Hutchinson, William Henry, *California; Two Centuries of Man, Land, and Growth in the Golden State*, American West Publishing Company, 1969.

La ruta Bozeman [Carl Rakeman, s.f.; Federal
Highway Administration, CC BY 2.0 DEED].

El fuerte Laramie [Alfred Jacob Miller, 1858-1860].

EL TRATADO DE FORT LARAMIE (1851)

Hasta que, en 1869, las empresas Unión Pacific y Central Pacific se unieron en el Ferrocarril Transcontinental, facilitando la conexión del este y el oeste del país, las comunicaciones resultaron tediosas. Caravanas de pioneros y diligencias cruzaban aquellos peligrosos y escarpados parajes para llegar a ciudades como San Francisco o San José, pero dejaban claro que California y Oregón eran territorios aislados y de difícil acceso.

El inicio de la ruta se hallaba en Misuri, desde donde partía un calamitoso camino que podía recorrer hasta ocho mil kilómetros internándose en las estribaciones de las Montañas Rocosas y atravesando sus imponentes escarpadas para alcanzar finalmente la costa. En South Pass, la ruta se dividía en tres nuevos ramales que daban servicio hacia tres desconocidos destinos: el primero de ellos era la misma California, que se cubría con la conocida ruta que llevaba su nombre y que se adentraba hasta los principales yacimientos de oro en torno a los ríos Feather y Americano y a una zona al norte en Yreka; el segundo se estableció como la Ruta de Oregón y tenía su destino final en Portland, aunque fue muy transitado después del descubrimiento de oro en Montana, en lo que se definió como la Ruta Bozeman; y el tercero era el camino Mormón, que dirigía a la ciudad de Salt Lake City. Lo que tuvieron en común estas vías es que unieron el este y el oeste y se adentraron en territorios indios. La anexión de Texas y la conquista de los nuevos estados tras el Tratado de Guadalupe Hidalgo, así como la incorporación de California y Oregón a la estructura federal de Washington, estrecharon el círculo y permitieron la movilización de cientos de miles de personas a tierras habitadas por tribus indias. El peso demográfico, una vez mas vencedor, se manifestó en la creación de toda una red de infraestructuras y servicios a lo largo de los caminos y en la consiguiente alteración del orden natural de los amerindios, que vieron con resignación cómo se levantaban pueblos, lugares de paso, campos de cultivo y cómo sus habituales formas de subsistencia, basadas en la caza y la recolección, volvían a estar en peligro. La relación de las tribus con aquella nueva situación se manifestó de dos maneras distintas: la de las que abogaron por el entendimiento con los colonos y, en consecuencia, con el que promovía su movimiento, es decir, el Gobierno de los Estados Unidos; y la de las que consideraban una amenaza la mera existencia de los pobladores occidentales en sus tierras y tomaron las armas para tratar de impedirlo. En el primer caso, los indios firmaron diversos tratados de amistad, como el de Fort Laramie. En el segundo, se embarraron en guerras locales y de carácter bilateral con Washington. El destino de unas y otras siempre fue el mismo: su total anulación y desaparición en favor del avance del modelo de progreso que defendía el Gobierno de Estados Unidos.

Rutas hacia el Oeste [elaboración propia].

La firma del Tratado de Fort Laramie en 1851 se realizó con la intención de suavizar la tensión que se vivía en la zona desde que el tránsito de los pioneros y buscadores de oro había aumentado a través de las rutas antes señaladas. A medida que los intereses de Estados Unidos crecían en el territorio del Oeste a consecuencia de las vetas de oro descubiertas, la presencia del Ejército también aumentaba, de modo que, en esta fecha, la situación era insostenible y el Gobierno apostó por un desenlace pacífico.

La cuestión era que Washington sabía perfectamente que, forzando a los indios a un convenio, ganaría más que empleándose en una guerra. Fort Laramie planteaba el acuerdo de dos partes: por un lado, el Gobierno de Estados Unidos, y por otro, un grupo de tribus que habían sido afectadas por el enorme tránsito de colonos hacia el Oeste. Firmaron el acuerdo delegaciones de las naciones siux, cheyene, arapaho, crow, assiniboine, mandan, gros ventre y arikara, bajo la supervisión del superintendente de Asuntos Indios, D. D. Mitchell, y del agente indio Thomas Fitzpatrick, actuando estos como plenipotenciarios del presidente estadounidense.

El tratado constó de ocho artículos en los que se fijaban las tierras de todas las tribus firmantes (artículo 5) y se postulaba el clima de buen entendimiento tanto entre las naciones indias como entre estas y el Gobierno de los Estados Unidos (artículo 1). El principal problema residía en el artículo 2: «Las naciones mencionadas por la presente reconocen el derecho del Gobierno de los Estados Unidos a establecer carreteras, puestos militares y de otro tipo dentro de sus respectivos territorios»; básicamente, las tribus abrían el tránsito de colonos y permitían la intromisión de Estados Unidos en sus tierras, incluidas las operaciones militares. Y en el artículo 7 se declaraba:

En consideración a las estipulaciones del Tratado, y por los daños que tengan o puedan ocurrir por razón de ello a las naciones indias, partes en el mismo, y para su mantenimiento y la mejora de sus costumbres morales y sociales, los Estados Unidos se obligan a entregar a dichas naciones indias la suma de cincuenta mil dólares por año por el término de diez años, con el derecho de continuar con la misma a discreción del Presidente de los Estados Unidos por un período no superior a cinco años a partir de entonces, en provisiones mercancías, animales domésticos e implementos agrícolas, en las proporciones que el Presidente de los Estados Unidos considere mejor adaptadas a su condición, para ser distribuidas en proporción a la población de las naciones indias antes mencionadas[264].

Con ello, las etnias amerindias se rendían a una peligrosa dependencia del Gobierno estadounidense. Era comprensible pues los inviernos en las llanuras resultaban muy duros y algunas tribus tenían serias dificultades para alimentar a todos sus miembros, pero someterse al tratado a cambio de cincuenta años de manutención —que el Senado estadounidense sometió a una enmienda y dejó finalmente en diez— era prácticamente hipotecar sus destinos y renunciar a sus verdaderas naturalezas. Washington sabía bien lo que hacía cuando afirmaba que serviría para mejorar las costumbres y la moral de aquellas tribus.

Para Estados Unidos no era más que una pequeña cantidad de dinero que la evidencia hacía justificable gastar, mientras que para las naciones indias podía significar la diferencia entre la vida y la muerte. Pero, a la larga, la manutención de un pueblo llevaba consigo el abandono de sus formas de subsistencia, basadas en la caza y la recolección, y el abrazo de una vida dependiente de la beneficencia del Gobierno de Estados Unidos. Cada vez que quisiera crecer o ampliar su presencia en el territorio, no tendría más que amenazar con reducir o eliminar el sustento económico y, cuantos más años lo sufrieran, más complicado sería prescindir del mismo.

---

264 «Tratado de Fort Laramie» (1851). Disponible en Treaty of Fort Laramie with Sioux, etc., 1851; en Kappler, Charles J., *Indian Affairs. Laws and Treaties*, 2, 1904.

PEQUEÑAS GUERRAS POR GRANDES CAUSAS

Como consecuencia de la expansión de colonos y buscadores de oro por el Oeste, algunas tribus entendieron que la única manera de escapar al influjo estadounidense era enfrentándose a él. En un contexto tan desigual y conflictivo, en el que dos culturas chocaban constantemente en la lucha por los recursos y la tierra, las excusas resultaron fáciles. En 1847 estalló una rebelión en la que fueron asesinados catorce colonos, incluido el matrimonio Whitman. Pero recapitulemos, porque el inicio de esta guerra reviste todas las particularidades de las guerras indias y tiene un origen que no es, ni mucho menos, que una partida de indios cayuse masacrara a los colonos de Waiilatpu.

En 1837, el matrimonio Whitman, Marcus y Narcissa, se embarcó en una labor misionera en la región controlada por los indios cayuse, en el centro del actual estado de Oregón, y desde la misma trataron de expandir la fe entre los nativos con la creación de una escuela y la formación en tareas agrícolas. Evidentemente, no todos los cayuse estaban dispuestos a admitir tales prácticas, que, en parte, iban en contra de sus principios y de su particular cosmovisión de la naturaleza, por lo que la tensión se apoderó de una tribu dividida entre los que se dejaron convencer y aquellos otros que querían mantenerse íntegros. El desencadenante de aquella guerra fue, una vez más, el peso demográfico que experimentó la región cuando los Whitman pidieron ayuda y colaboración federal y, en unos pocos meses, se presentaron en la zona más de mil colonos. La confrontación por los recursos, la expansión de los colonos y la imposición de las tradiciones culturales blancas sobre las nativas impulsaron el nacimiento de una tensión constante que terminó por estallar cuando las enfermedades se propagaron por la población cayuse, que acusaba de ello a los granjeros. La matanza Whitman consistió en un ataque de los cayuse contra la población de Waiilatpu que provocó la reacción de las autoridades locales, las cuales armaron una milicia que no tardó en arrinconar a los cayuse en las Montañas Azules. Las escaramuzas se prolongaron durante cinco años más hasta que, en 1855, esta etnia había prácticamente desaparecido de su región, diezmada y consumida por una guerra que ahogó su economía mientras que los colonos se iban expandiendo y haciendo con unas tierras que aquella jamás recuperaría[265].

En el suroeste del territorio de Oregón, cercano a la frontera de California, corría el río Rogue y en su valle se agrupaban una serie de tribus que extraían sus recursos como medio de supervivencia. A partir de 1830 se produjo la llegada de colonos de forma continua y comenzaron entonces los primeros enfrentamientos habituales por la obtención de los recursos. Con todo, fue a partir de dos acontecimientos clave cuando la rivalidad se convirtió en guerra: el descubrimiento de oro en California y el estallido de la guerra cayuse.

Matanza del reverendo Dr. Whitman, de la Misión Presbiteriana [*Eleven years in the Rocky Mountains and a life on the frontier*, Frances F. Victor, 1881].

265 Veáse Ruby, Robert y Brown, John Arthur, *The Cayuse Indians: Imperial Tribesmen of Old Oregon*, Universidad de Oklahoma, 2005.

Los colonos atravesaban el río Rogue atraídos por las vetas de oro del norte de California y encontraron una ruta alternativa al camino de Oregón que discurría precisamente cruzando el Rogue y que ocasionó algunas escaramuzas entre partidas de guerreros nativos y pioneros. Sin embargo, cuando tuvo lugar la matanza Whitman, los inmigrantes escucharon los ecos de su violencia y empezaron a tomar medidas, armando a milicias y exigiendo el apoyo del Ejército para su protección, cuestión que se manifestó crucial en el desarrollo de la guerra que estalló finalmente en 1855. No se trató de un conflicto abierto, sino de una sucesión de escaramuzas que tuvieron su cénit en la grandilocuentemente llamada batalla de Grave Creek Hills[266], en la que se llegaron a enfrentar un par de centenares de guerreros de las tribus del Rogue contra trescientos milicianos y militares del Ejército de Estados Unidos.

En 1856, la mayor parte de las tribus habían sido vencidas, no por la superioridad militar, sino por el peso demográfico de los blancos que habían tomado la región como una zona de paso y establecido sus primeros asentamientos. Casi mil quinientos indios fueron trasladados a las reservas mientras que al menos cien nativos y unos cien blancos resultaron bajas mortales[267].

En 1855, la región habitada por la tribu yakama, en la frontera media de los actuales estados de Washington y Oregón, también fue víctima del atropello de los occidentales. El gobernador del territorio había consumado una serie de pactos con los jefes yakama en los que se prometían numerosas prerrogativas, pendientes de que el Gobierno de Estados Unidos las ratificara, pero aquello nunca llegó. La tierra de los yakama fue invadida a medida que crecía la fiebre del oro en la zona, debido a la atracción de miles de pioneros y buscadores del metal amarillo. Y, como en otras ocasiones, el contacto directo de las tribus con los incipientes

266   Michino, Gregory, Encyclopedia of indian..., p. 37.
267   Schwartz, Earl Albert, *The Rogue River Indian war and its aftermath, 1850-1980*, Universidad de Oklahoma, 1997.

«Primera carga en la batalla de Walla Walla, 1855». Una escena de la guerra yakama [*Reminiscences of an old timer*, George Hunter, 1887].

Teatros de operaciones en las guerras del nororeste [elaboración propia].

asentamientos mineros dio como resultado el asesinato de dos hombres a manos de los yakama, después de que estos hubieran cometido una violación sobre una joven india. El agente de la Oficina de Asuntos Indios Andrew Bolon fue asesinado por los yakama sin el consentimiento de su jefe, Shumaway. Cuando el mandatario indio quiso arreglar las cosas con los representantes de Estados Unidos, que exigían la cabeza de los responsables, el consejo yakama lo destituyó y se dispusieron para la guerra.

Estados Unidos no podía consentir aquella afrenta y desde Fort Dalles fueron movilizadas las fuerzas de la región para hacer frente a la insurrección. Los yakama interceptaron a la columna expedicionaria del Ejército en Toppenish Creek[268] y la victoria india elevó el tono de la rebelión a otras tribus que veían amenazados sus intereses. Varios guerreros de las etnias puyallup y klickitat se unieron a las revueltas, pero otras muchas naciones se mantuvieron neutrales, en parte temerosas de una reacción del Ejército de Estados Unidos que empeorara su situación. El clima de división en torno a los que pretendían guerrear y los que preferían mantenerse al margen, así como la fractura en la misma tribu yakama por la neutralidad de su jefe Shumaway, fue uno de tantos ejemplos en las guerras indias y, probablemente, esa condición minó las posibilidades del éxito militar.

La violencia se extendió por los asentamientos mineros y colonos de White River con el asesinato esporádico de familias enteras, lo que supuso una movilización mayor, no solo del Ejército de Estados Unidos, sino de las milicias locales de voluntarios, que pretendían asegurar sus propios hogares. Los números, como era costumbre, obedecían tan solo a pequeñas refriegas, enfrentando a unos ciento cincuenta guerreros yakama contra poco más de doscientos cincuenta estadounidenses, pero la movilidad de los indios y su estrategia de ataque y retirada podían dilatar el conflicto durante años. Por ello, a los pocos meses de comenzar la guerra, se

---

268 Michino, Gregory, *Encyclopedia of indian...*, p. 35.

pusieron en marcha tácticas consistentes en fortificar los núcleos de población con milicias y voluntarios y emplear a los soldados en la ocupación de las principales áreas de caza de los nativos, con el fin de ahogar sus economías y forzar su rendición.

Un tercer rasgo en común de la guerra yakama con respecto al resto de los conflictos con las naciones nativas fue la colaboración de tribus, su contacto y cooperación, con el Gobierno de Estados Unidos. Los indios snoqualmie, enemigos de los yakama y liderados por Patkanim, se pusieron en marcha en una campaña de caza que pretendía el arresto del jefe nisqually-yakama Leschi, que había comandado la insurrección desde el principio. La división, el hostigamiento tanto de voluntarios como de soldados del Ejército y la intromisión en sus zonas de caza ancestrales forzaron un tratado el 23 de septiembre de 1858[269]; se puso fin a la rebelión, se ahorcó a sus líderes y se trasladó a los yakama a una reserva en la actual localidad de Yakima.

En mayo de 1860 estallaba también un conflicto entre los colonos, apoyados parcialmente por las fuerzas estadounidenses, contra unos indios paiute en alianza con los bannock y los shoshone. El resultado fue el mismo, y las particularidades de la guerra, las habituales: escasas fuerzas enfrentadas; escaramuzas que fueron escalando hasta enfrentar a ambos bandos en combates frontales; choques entre colonos y nativos en disputa por los recursos, especialmente cuando el número de inmigrantes creció ante la fiebre del oro de California y Oregón; y la ruptura de pactos, como el que tuvo lugar entre la tribu paiute y el Gobierno en 1858 relativo al respeto común y que no tardó en saltar por los aires en cuanto los roces menores y los recursos comenzaron a escasear. Esto ocurrió cuando, en 1859, las temperaturas descendieron y el invierno se torno muy duro, lo que implicó caza ilegal e injerencias mutuas.

---

269 «Tratado con la Nación Yakama» (1858). *Treaty between the United States and the Yakama Nation of Indians...*; Washington, 1859.

Las divisiones entre los paiute se hicieron evidentes cuando algunas partidas de guerreros, ajenas a la voluntad general de la tribu, se lanzaron a la rapiña y cometieron asesinatos entre los colonos, liderados por el jefe Numaga. Esto cuestionó los términos del tratado; la población blanca exigió la cabeza de los responsables y los paiute se lanzaron a nuevas incursiones como la de la estación Williams. Estas acciones y los fracasados intentos de llegar a nuevos acuerdos convencieron a las autoridades para armar a sus milicias y vengar lo ocurrido en la estación. Un centenar de *rangers*, poco formados y movidos por las recompensas, se dirigieron al lugar de los hechos y desde allí hacia territorio paiute; resultaron derrotados por los nativos en Pyramid Lake. Ante el desastre, fue reclamado el coronel John Hays, que armó a un poderoso y mejor organizado grupo de milicias y regresó sobre los pasos de sus predecesores. Se cumplía aquí otra de las constantes de las guerras indias, que se habían registrado antes y que acontecerían después: el regreso de fuerzas superiores alentadas por los iniciales éxitos nativos. La batalla de Pyramid Lake tuvo su eco en forma de derrota para los paiute y sus aliados cuando una fuerza muy superior y mejor preparada atacó y provocó su desbandada. Las refriegas persistieron durante meses y, una vez más, los indios no fueron derrotados en el campo de batalla, pues apenas veinte o treinta de ellos murieron en ellas, sino por la presencia cada vez más creciente de blancos en la región. La construcción de un fuerte en las inmediaciones de Pyramid Lake cerró el paso a los cazadores y negó, por tanto, el acceso a los recursos y a sus tradicionales formas de sustento, lo que pudo terminar con el predominio de estos en la zona.

GUERRA MODOC

Uno de los ejemplos paradigmáticos de la conflictividad entre naciones nativas y el Gobierno de los Estados Unidos fueron las guerras modoc. No por el número de combatientes ni por el desarrollo de grandes operaciones, ya que revistieron las mismas características que el resto, pero sí por la ferocidad y las inusuales circunstancias que rodearon la contienda. La nación klamath, formada por las tribus de los klamath, los modoc y los yahooskin (enfrentadas entre sí), tuvieron la mala fortuna de ocupar una franja de tierra, entre los actuales estados de Oregón y California, que se convirtió en una zona de sumo interés para los colonos y pioneros que llegaban desde el este atraídos por las pepitas de oro de sus ríos. Desde la década de los años treinta del

«Grupo de indios warm spring. Nuestros aliados indios en la guerra modoc» [*Harper's Weekly*, 14 de junio de 1873].

siglo XIX, los pioneros atravesaron aquellas tierras y establecieron contacto con las tribus de la nación klamath, tras lo cual se vivieron episodios de violencia entre ambas partes, pero no fue hasta la fiebre del oro cuando aquella relación se tornó peligrosa para los nativos. Tanto que llegaron a firmar un tratado, en 1864, que los despojaba de sus tierras y los encerraba en el contexto geográfico de una reserva.

Aquella firma dilapidaba cualquier opción de la nación klamath de volver a ser libre y Estados Unidos se garantizaba tanto el territorio como la sumisión de los nativos en las siguientes generaciones[270]. Según los términos del convenio, «Las tribus de indios antes mencionadas ceden a los Estados Unidos todo su derecho, título y reclamo a todo el país reclamado por ellos»; ofrecían a cambio una suma de dinero en dólares. Además, otorgaban a los indios ayudas consistentes en «equipos, aperos, semillas, y provisiones». Añadían:

> ... se erigirán en los puntos adecuados de la reserva, tan pronto como sea posible después de la ratificación del presente tratado, un aserradero, un molino harinero, edificios adecuados para el uso del herrero, carpintero y fabricante de carretas y arados, los edificios necesarios para una escuela de trabajo manual y los edificios hospitalarios que sean necesarios»[271],

Se condenaba así a los nativos a renunciar a sus formas de subsistencia y al abandono de sus tradiciones en favor de la asunción de costumbres netamente ligadas a la sociedad liberal. Cuestiones como la promesa de dotar a la comunidad de «un médico, un molinero y dos maestros de escuela» por un periodo de veinte años, vendidas por Washington como adelantos para los nativos, significaban en realidad destruir

---

270 Cothran, Boyd, *Remembering the Modoc War: Redemptive violence and the making of American innocence*, Nueva York, UNC Press Books, 2014.

271 «Tratado del Lago Klamath» (1864). Disponible en Treaty with the Klamath, etc., 1864; en Kappler, Charles J., *Indian Affairs. Laws and Treaties*, 2, 1904.

la cultura indígena y someterla a sus designios. Como parte del tratado, común a todos los acuerdos que se firmaron por aquellos días con otras tribus, se estipulaba:

> Las diversas tribus de indios, partes en este tratado, reconocen su dependencia del Gobierno de los Estados Unidos, y acuerdan ser amistosos con todos sus ciudadanos, y no cometer depredaciones sobre la persona o los bienes de dichos ciudadanos, y abstenerse de llevar a cabo cualquier guerra contra otras tribus indias.

Con ello se aseguraban de que cualquier indicio de rebeldía pudiera ser contestado con total rotundidad en virtud de lo firmado. El séptimo firmante por la parte india, en representación de los modoc, lo hizo como Jack, posiblemente respondiendo a su verdadero nombre: Kintpuash; y fue precisamente él, Capitán Jack, el que primero se opuso a respetar los términos del pacto. Los primeros conatos de sublevación se dieron en 1867. Liderado por Capitán Jack, un grupo de modoc abandonó la reserva para regresar a sus tierras y exi-

Fotografías de estudio de prisioneros modoc en Fort Klamath (Oregon) en 1873. De izquierda a derecha, Capitán Jack, Schonchin John, Boston Charley y Black Jim [Watkins, Yosemite Art Gallery; National Archives].

gir rentas a los colonos que se habían asentado allí, pero las presiones de estos sobre el Gobierno de Estados Unidos provocaron que Jack y los suyos regresaran a la reserva dos años después, tras la firma de una nueva serie de acuerdos auspiciados por los agentes indios. El regreso no fue fácil, pues los klamath, ya asentados en el territorio, iniciaron una campaña de hostigamiento contra los modoc. Su líder ordenó el traslado a otro punto de la reserva, pero fue inútil, pues la presión de los klamath continuó. En ese transcurso, Estados Unidos barajó la posibilidad de enviar a los modoc a la reserva sureña de Yainax, colindante con la de los klamath, pero los modoc, buscando sustento, se internaron más de lo debido en las propiedades de los colonos, despertando el descontento de estos y generando nuevas tensiones. Entretanto, las negociaciones fracasaban y las órdenes de Washington eran evacuar a los modoc de Yainax, protegiendo su integridad frente a los klamath, ya fuera por medios pacíficos o haciendo uso de la fuerza. Así lo decidió el gabinete norteamericano cuando dieron la orden de desalojar a Capitán Jack y los suyos de su asentamiento en Lost River.

Desde Fort Klamath se lanzó una expedición de unos cuarenta soldados, apoyados por voluntarios y milicianos, que llegaron al campamento de Jack y exigieron su rendición y traslado, así como la entrega de sus armas. En el encuentro, que comenzó siendo pacífico y que parecía inclinado a la cooperación, pronto surgieron desavenencias y se produjo un tiroteo que acabó con la vida de un soldado y dos modoc, mientras que otros siete militares y tres guerreros resultaron heridos. La refriega sirvió para que Jack y sus seguidores huyeran en dirección sur, refugiándose en las camas de lava que se encontraban a orillas del lago Tule, conocidas como «la Fortaleza». Se trataba de una extensión de lava solidificada que dibujaba cañones, grietas, cuevas y escondrijos suficientes como para plantear una defensa efectiva con muy pocos hombres[272].

---

272 Michino, Gregory, *Encyclopedia of indian...*, p. 265.

En poco tiempo, el Ejército estadounidense concentró en la zona a más de cuatrocientos efectivos coordinados desde fuertes cercanos y con el apoyo de voluntarios, al mando del coronel Frank Wheaton. La primera escaramuza tuvo lugar al amanecer del 17 de enero de 1873 entre un nutrido grupo de soldados y unos ciento cincuenta modoc, de los cuales tan solo cincuenta se contaban como guerreros. La niebla, el conocimiento del terreno y la privilegiada posición defensiva de los amerindios causaron treinta y cinco bajas y unos treinta heridos entre las fuerzas del Ejército.

Ocho días después, las autoridades decidieron crear una vía para la paz viendo que sería imposible sacar de allí a Jack y a sus hombres sin sufrir un saldo ingente de muertos y heridos. Se puso al mando de la supervisión de las negociaciones al general Edward Canby y, durante el transcurso de estas, fueron cambiando algunos de los plenipotenciarios. No obstante, el 2 de abril se reunieron en las cercanías de la Fortaleza los dignatarios modoc, con Capitán Jack a la cabeza, y los miembros de la comisión negociadora designados por el Gobierno. Las exigencias de Jack fueron demasiado altas para los planes estadounidenses, ya que incluían la retirada de las tropas, el perdón de todos los modoc y la elección de un espacio dónde vivir. El Gobierno planteó que la tribu debería asentarse en la reserva que se designara, tal y como habían establecido en el tratado con los klamath, y que los culpables de delitos de sangre serían sometidos a la justicia. Evidentemente, la mesa de negociaciones fracasó y ambas partes se retiraron.

La situación empeoró en las líneas modoc pues Capitán Jack, pensando que podría alcanzar un trato, optó por seguir negociando mientras que algunos de sus guerreros más radicales, en especial Scarfaced Charlie y Hooker Jim, envalentonados por el éxito defensivo de la Fortaleza y creyendo que eliminando a los líderes locales darían un mensaje claro a los Estados Unidos, se inclinaron por la lucha. Exigieron a Jack que eliminara a los miembros de la comisión de paz y este, temeroso de perder su posición como jefe de la tribu, accedió.

Estados Unidos en la década de 1870 [elaboración propia].

Tres días después se volvieron a reunir, pero Jack siguió apostando por la paz, retrasando las apetencias violentas de sus congéneres. Creyendo que una buena negociación calmaría a ambas partes, Capitán Jack exigió la Fortaleza como reserva, pero no tuvo éxito. Los planes modoc llegaron a los oídos de la comisión, pero, aun así, optaron por un tercer encuentro el 8 de abril, mientras que la paciencia de los indios se iba acabando. También fracasó, porque la presencia de varios guerreros de la tribu alertó a los comisionados del riesgo que corrían y se dilató hasta que, el día 11, volvieron a concertarse negociaciones; a la reunión acudieron algunos guerreros modoc y, sin una voluntad de tregua, estalló un tiroteo que terminó con la vida del general Canby y del reverendo Thomas[273]. El superintendente de Asuntos Indígenas de los Estados Unidos para Oregón, Alfred B. Meacham, fue herido y los demás consiguieron huir a tiempo para salvar sus vidas.

---

273   Cozzens, Peter, *La tierra llora...*, pp. 153-172.

Cualquier acuerdo de paz había sido anulado a través de la violencia y las posibilidades de los modoc se redujeron drásticamente cuando emprendieron aquellas acciones. Probablemente no hubiera cambiado nada y hubieran terminado por desaparecer como tribu, pero, desde luego, la falta de visión de los modoc, pensando que, con la ejecución de los comisionados, Estados Unidos se rendiría, precipitó el desastre[274].

Los estadounidenses regresaron en mayor número. El general al mando, Alvan Gillem, coordinó el ataque de tres regimientos de infantería, dos de caballería, y una batería de obuses que bombardearon la Fortaleza hasta cortar el suministro de agua desde el lago Tule. En total fueron casi setecientos hombres apoyados por milicias locales y voluntarios, mejor armados, enfrentados con apenas cincuenta guerreros modoc que se vieron obligados a huir por un paso no vigilado, otorgando una clara victoria a los Estados Unidos y demostrando, una vez más, que, en las guerras coloniales, la tecnología y la superioridad numérica siempre se imponían. Pero la zona todavía no estaba pacificada y las tropas gubernamentales se dedicaron a buscar a indios de esta etnia por las inmediaciones de la Fortaleza durante los siguientes días. El choque de una patrulla del Duodécimo Regimiento de Infantería formada por sesenta y siete hombres contra una partida de treinta y cuatro modoc liderados por Scarfaced Charlie generó un resultado terrible para los estadounidenses, con veinticinco muertos y cuarenta y dos heridos. Aquel desastre se conoció como Sand Butte. A partir de ese momento, el general Jefferson Davis se encargó de las operaciones y asestó un duro golpe a los modoc en Dry Lake. Aunque la batalla no fue más que una refriega con una decena de muertos, sembró la división entre los modoc: Hooker Jim y Scarfaced Charlie responsabilizaron a Capitán Jack de la derrota. Esto condujo a la división de la ya menguada banda de modoc y a la traición de Hooker Jim, que vendió a Jack en el mes de junio a cambio de obtener el perdón del Gobierno.

---

274 Véase Von Aderkas, Elisabeth, *American indian …*

Con los modoc en desbandada y su jefe capturado, la justicia no tardó en caer sobre los principales responsables de la rebelión y tanto Capitán Jack como sus más significativos lugartenientes fueron ahorcados. El resto de la tribu fue enviado a la reserva india de Oklahoma a convivir con los shawnee. No eran muchos, apenas ciento cincuenta entre hombres, mujeres y niños, que terminaron, años después, regresando a la reserva klamath y mezclándose con sus antiguos enemigos, desapareciendo como otras tantas tribus de Norteamérica. Un final dramático del que no se libraron ni siquiera aquellos que traicionaron a Jack y que evidenciaba una vez más la contundente política de Estados Unidos en los asuntos indios.

Fotografía estereoscópica en el campamento de Alvan Gillem, cerca de Lava Beds (1873). Junto al capitán Oliver C. Applegate (izqda.), la intérprete Winema, su esposo (el colono Frank Riddle) y cuatro mujeres modoc [National Archives].

La masacre del comando del coronel Fetterman (C. D. Graves)
[*Deeds of valor*; Beyer, W. F. y Keydel, O. F.; 1901].

Entierro de los muertos en la batalla de Wounded Knee, en una
fosa común (Trager and Kuhn, 1891) [Library of Congress]

V. FUEGO Y MUERTE EN LAS LLANURAS

La última parada del Gobierno de Estados Unidos para cumplir su sueño del destino manifiesto y «pacificar» el espacio continental que iba desde los puertos de Nueva York y Boston, en el este, a la rica costa oeste californiana pasaba por someter a las tribus indias de las llanuras. En su avance, el Gobierno de Estados Unidos había consolidado su poder en el este del Misisipi y se había adentrado más allá de los Apalaches para después dibujar un arco desde Texas hasta Oregón que dejaba las grandes llanuras como último reducto de las tribus indias. Aunque en un análisis posterior veremos de manera pormenorizada que los enfrentamientos entre las tribus de las llanuras y el Gobierno de Estados Unidos superaron los cuatro centenares, a lo largo de este capítulo nos centraremos en los más paradigmáticos de la historia, con el fin de comprender que todos los elementos de conquista expuestos en los primeros capítulos estuvieron presentes en ellos. Nos referimos a las guerras siux, las navajo y las apache, dramática sucesión rematada con fatal desenlace en la masacre de Wounded Knee, todo ello conocido comunmente como las guerras indias[275].

---

275 Véase *Winning the West. The army in the Indian Wars, 1865-1890*, Army Historical Series, Washington, Office of the Chief of Military History, USA, 2001.

EL GRAZNIDO DEL PEQUEÑO CUERVO

Con el Tratado de Fort Laramie de 1851, los siux dakota cedían parte de su espacio y derechos junto con otras tribus de las llanuras como los cheyene, arapaho, crow, assiniboine, gros ventre y arikara. Sin embargo, los tratados con las bandas sisseton, wahpeton, mdewakanton y wahpakoota fueron los que pusieron la primera piedra para el final de la presencia siux en el territorio de Minnesota y el recién creado estado de Iowa; fueron firmados también en 1851 y obedecían a las mismas condiciones a las que habían sido sometidas todas las tribus. La presión demográfica y militar del Gobierno de Estados Unidos obligó a las bandas siux que ocupaban el territorio a desplazarse y firmar unos acuerdos que dilapidaban sus derechos sobre la tierra. El artículo dos rezaba: «Las mencionadas bandas de indios med-ay-wa-kan-toan y wah-pay-koo-tay ceden y renuncian a todas sus tierras y a todos sus derechos, títulos y reclamaciones sobre cualquier tierra, en el territorio de Minnesota o en el estado de Iowa»[276]. De nuevo, Washington ponía en marcha las leyes para someter a una tribu india; otorgaba a cambio «un millón cuatrocientos diez mil dólares», con una especial asignación a los jefes de la tribu, y comenzaba su occidentalización con medidas como la construcción de «escuelas de trabajo manual; la edificación de molinos y herrerías, la apertura de granjas, cercas y la ruptura de tierras». Uno de los firmantes que aparecía en el texto era el jefe Ta-oya-te-duta, conocido como Cuervo Pequeño.

La redacción del tratado con los indios sisseton y wahpeton no varió demasiado. La cifra de compra ascendió a un millón seiscientos sesenta y cinco mil dólares y en él figuraban algunas prerrogativas monetarias para los grandes jefes. Lo mas interesante de ambos convenios fue lo relativo

---

276 «Tratado con las bandas siux Mdewakanton y Wahpakoota» (1851). Disponible en Treaty with the Sioux-Mdewakanton and Wahpakoota Bands, 1851; en Kappler, Charles J., *Indian Affairs. Laws and Treaties*, 2, 1904.

al artículo tres, que los Estados Unidos modificaron posteriormente. En un principio se iban a pagar diez centavos por acre de tierra, pero finalmente se estipuló que el pago sería realizado con la cesión de una reserva en torno al río Minnesota de unos treinta y dos kilómetros de ancho y doscientos cuarenta de largo[277].

En 1858, Minnesota alcanzó el rango de estado y la población creció vertiginosamente debido al efecto llamada que provocó el reparto de tierras. Los colonos se habían multiplicado por treinta entre 1850 y 1860, llegando a superar los ciento setenta mil, con la consecuente parcelación de la tierra y el incremento de asentamientos, campos de cultivo y ganado, generando, a la vez, una alteración del ciclo natural de vida de las bandas dakota. La reserva se hacía pequeña e insostenible y la dependencia del Gobierno de Estados Unidos iba en aumento. En 1861 había estallado la guerra civil entre los estados del norte y los del sur y el este estaba envuelto en las llamas de la guerra, por lo que los pagos a las tribus dakota en virtud de los acuerdos firmados en 1851 llegaban tarde. Empeorando aún más la precaria situación en la reserva, se daba el hecho de que la Administración de Washington no podía controlar lo que ocurría a miles de kilómetros y la corrupción entre los encargados de hacer llegar el dinero a la nación dakota creció hasta niveles alarmantes.

Las bandas siux dakota, en lugar de subsistir con sus propios recursos, cazando y recolectando como habían hecho durante años, tuvieron que recurrir a mendigar el pago prometido por Estados Unidos, que obviamente no llegaba. No había respuestas de ningún tipo y los agentes indios se lavaban las manos mientras se enriquecían a costa del sufrimiento de sus compatriotas, por lo que no tardó en surgir la rebelión liderada por Pequeño Cuervo.

Tras un incidente en agosto de 1862 en el que murieron cinco colonos, los guerreros wahpeton involucrados

---

277 «Tratado con las bandas siux Sisseton y Wahpeton» (1851). Disponible en Treaty with the Sioux-Sisseton and Wahpeton Bands, 1851; en Kappler, Charles J., *Indian Affairs. Laws and Treaties*, 2, 1904.

en la refriega acudieron a su jefe, Media Voz Rojo, y este a Pequeño Cuervo, líder de los mdewakanton, que, junto con otros líderes y guerreros de la tribu como Gran Águila y Mankato, acordó el asalto a la agencia Lower Sioux, el lugar del que habían partido todas las negativas de dotar de provisiones a las bandas dakota. El objetivo principal fueron los almacenes de comida, armas y municiones, pero en la incursión murieron trece colonos y se desató una ola de violencia en la región que terminó con las muertes de unos doscientos blancos[278] y la toma de decenas de rehenes. Los intentos por sofocar la rebelión no dieron sus frutos y la situación se agravó cuando el destacamento de Voluntarios de Infantería de Minnesota, movilizado desde Fort Ridgely, registró veinticuatro bajas en la escaramuza de Redwood Ferry[279].

El jefe Pequeño Cuervo, Taoyateduta, fotografiado en Washington en 1858 (detalle) [Minnesota Historical Society].

---

278 Carley, Kenneth, *The Dakota War of 1862: Minnesota's Other Civil War*, Minnesota: Sociedad Histórica de Minnesota, 1976.

279 Michino, Gregory, *Encyclopedia of indian...*, p. 118.

No obstante, la potencia de los dakota de Pequeño Cuervo no era suficiente como para tomar las poblaciones más importantes de la zona. Tanto New Ulm como Fort Ridgely resistieron los asedios siux con apenas sus poblaciones civiles, organizadas en milicias improvisadas, y dieron tiempo a que el Ejército organizara una expedición de castigo, pese a las dificultades de suministros y reclutamiento derivadas de la guerra civil (1861-1865).

Al mando del Sexto Regimiento de Voluntarios de Minnesota, formado por cuatrocientos infantes y unos trescientos hombres a caballo, estuvo el coronel Henry Sibley, buen conocedor de las bandas rebeldes, suficiente como para poner en desbandada a los dakota y levantar el asedio sobre el fuerte. Para asegurar las líneas de abastecimiento y evitar el aislamiento de los asentamientos de los colonos, se proyectó una línea de fuertes desde New Ulm hasta la frontera con el estado de Iowa, tratando de ahogar la acción de Pequeño Cuervo. Sin embargo, los dakota emboscaron a un numeroso grupo de voluntarios que viajaba para localizar y rescatar a colonos que hubieran sido atacados por los dakota en toda la región. El campamento de los voluntarios fue asolado por las bandas dakota, con el resultado de trece muertos y cincuenta heridos en la batalla de Birch Coulee[280]. Las escaramuzas y ataques furtivos de los dakota se extendieron por todo el territorio, haciendo complicado el tránsito seguro de blancos y generando una alarma social en la zona, abandonada por unos treinta mil colonos y granjeros[281]. La guerra civil complicaba el envío de refuerzos, pero, con el general John Pope a la cabeza, se destinó el Vigesimoquinto Regimiento de Voluntarios de Wisconsin, puesto a disposición de las fuerzas de Sibley.

---

280 Anderson, Gary, *Massacre in Minnesota: The Dakota War of 1862, the Most Violent Ethnic Conflict in American History*, Norman, Universidad de Oklahoma, 2019.

281 Clodfelter, Micheal, *The Dakota War: The United States Army Versus the Sioux, 1862-1865*, Jefferson, McFarland & Company, Carolina del Norte y Londres, 1998.

Los estadounidenses duplicaban en número a los dakota, que contaban con apenas setecientos guerreros y que fueron forzados a combatir en Wood Lake, el 23 de septiembre de 1862. Aquella fue la última batalla y los guerreros de Pequeño Cuervo se dispersaron. La rendición en masa de los dakota, ante las promesas de Sibley de perdonar a las bandas que aceptaran la paz, se corroboró con la liberación de los 269 rehenes que habían mantenido prisioneros desde el inicio de la rebelión. Pequeño Cuervo huyó hacia el norte pidiendo el asilo y la colaboración de varias tribus lakota y siux, pero obtuvo la negativa de todas ellas, por lo que regresó solo, pues todos sus seguidores le habían abandonado. Fue herido de muerte en un tiroteo casi un año después y, transcurridos dieciséis inviernos, en 1879, sus restos fueron expuestos en el Capitolio del Estado de Minnesota.

La justicia estadounidense cayó sobre las bandas dakota y fueron juzgados y condenados a muerte treinta y ocho nativos, acusados de rebelión y de haber incumplido los acuerdos de 1851. Aproximadamente otros trescientos dakota fueron encerrados en prisión y el resto de los no combatientes, un total de 1658, fueron conducidos a un campamento improvisado bajo la autoridad de Fort Snelling[282]. Las deficientes condiciones sanitarias y alimentarias diezmaron a los dakota, pero la situación no duró demasiado pues el Gobierno de Estados Unidos decretó la expulsión de la tribu del estado de Minnesota y fueron trasladados a una reserva en el territorio de Dakota, en el que el encierro, la enfermedad y la inactividad terminaron por destruir los restos de un pueblo cuyo único delito había sido declararse en rebeldía para intentar sobrevivir.

---

282 Wingerd, Mary, *North Country: The Making of Minnesota*, University of Minnesota, 2010.

NUBE ROJA

El Tratado de Fort Laramie de 1851 había establecido que el paso de colonos y pioneros estaba garantizado, mientras que el Gobierno de Estados Unidos se comprometía a respetar las zonas de caza de las tribus firmantes. No obstante, la realidad fue que la tensión nunca dejó de crecer pues miles de buscavidas atravesaban las grandes llanuras cada año, llamados por la fiebre del oro que se había despertado en California, Montana y Oregón. El aumento demográfico iba acorde al crecimiento de núcleos de población y al descubrimiento de nuevas rutas que unían a los pioneros con sus preciadas pepitas. En 1863 se habilitó el camino conocido como la Ruta Bozeman —en honor a su descubridor John Bozeman—, que unía el sur de Montana con la Ruta de Oregón, conectando así los núcleos de producción con las vías principales de comercio.

La apertura de este camino contravino lo pactado en Fort Laramie años antes y se convirtió en un nuevo punto de desencuentro entre los blancos y las naciones americanas nativas. Un ejemplo lo constituyó la masacre de Sand Creek[283], en la que varios cientos de arapaho y cheyene, en gran parte mujeres y niños, fueron asesinados por el Tercer Regimiento de Caballería de Colorado, el 29 de noviembre de 1864. Esta acción había puesto en alerta a los restantes pueblos nativos, que confiaban cada vez menos en las promesas hechas desde Washington sobre el respeto a los acuerdos de Fort Laramie. Por ello, siux, cheyene y arapaho se mostraban cada vez mas disgustados por las injerencias de los blancos en sus territorios y decidieron atacar la Ruta Bozeman el 26 de julio de 1865, tratando de reducir el número de movimientos a través de sus tierras, en la conocida batalla de Platte Bridge[284]. Una coalición de indios lakota y cheyene que pudo alcanzar los tres mil guerreros se lanzó a una campaña que tenía por

---

283 Michino, Gregory, *Encyclopedia of indian…*, p. 149.
284 *Ibid.*, p. 178.

El jefe siux oglala Nube Roja, ca. 1880 [John K. Hillers,
Charles M. Bell; Beinecke Rare Book and Manuscript Library].

objetivo disminuir la presión ejercida por los fuertes del Ejército y por la creciente demografía blanca en la zona. En las refriegas, veintinueve soldados resultaron muertos y los indios dejaron claras sus intenciones a la hora de defender un territorio que consideraban suyo. Sin embargo, la ofensiva no fue a más. Pese a tener una superioridad momentánea abrumadora, las tribus indias actuaron durante aquel verano y después se replegaron para dedicarse a sus actividades cotidianas, motivadas especialmente por la temporada de caza. Era una concepción distinta de la guerra, que, evidentemente, no iba a servir con Estados Unidos, un país que regresaría con refuerzos y denodadas intenciones a recuperar el territorio.

Además, el descubrimiento de oro y el paso ingente de blancos hacia el Oeste habían reducido los terrenos de caza de los indios, especialmente en las zonas donde pasaba el ferrocarril, que convertía a su mano de obra en un enorme consumidor de carne, por lo que la rivalidad entre tribus también aumentó. Los lakota tenían cuentas pendientes con los crow y llevaban batallando desde hacía décadas por la hegemonía sobre el territorio, redundando en esa división que ya hemos descrito como uno de los grandes problemas de las naciones americanas nativas en su guerra contra los Estados Unidos. Washington aprovechó aquella coyuntura para atraerse a la nación crow como aliada frente a los que consideraba el verdadero peligro, las diferentes tribus siux. Más cuando estas ocupaban un territorio inmenso entre las montañas Bighorn y las Black Hills, en el nacimiento de los ríos Powder, Tongue y Little Bighorn, al que se conocía comúnmente como el país del río Powder. Arapaho, cheyene y bandas lakota se movían por una zona que conformaba un enorme foco de conflicto al servir también de paso a las caravanas de mineros atraídos por el oro de Montana, a través de la Ruta Bozeman.

Platte Bridge tuvo como como consecuencia directa el plan del general Patrick Connor denominado como «expedición del río Powder». Más de dos mil quinientos hombres, incluidos exploradores de las naciones crow y pawnee, se lanzaron a la invasión de esta zona con el fin de garantizar la seguridad de la Ruta Bozeman y someter a los indios hostiles que poblaban aquellas tierras, desunidos tras su éxito en Platte Bridge. Con todo, aunque consiguieron establecer el fuerte Connor y asegurar el tránsito de colonos, no pudieron vencer a las partidas de lakota, cheyene y arapaho. El plan consistió en internarse en el Powder a través de tres columnas que debían unir sus fuerzas, menguadas y completamente inexpertas pues la guerra civil había terminado recientemente y lo único que quedaba en el Oeste para completar las filas del Ejército eran personas que trataban de ganarse la vida y comer tres veces al día. En la masacre del río Powder, el 17 de agosto de 1865, el capitán Frank North y una partida de pawnee que lideraba aniquilaron a los veinticuatro miembros de una banda arapaho; sirvió para completar el rastro que los condujo hasta un poblado en el que pudieron matar a unos cincuenta más, incluidos mujeres y niños. La historia estadounidense bautizó a aquella jornada como la batalla de Tongue River[285], aunque se trató más bien de una masacre.

Las escaramuzas se sucedieron con bajas por ambas partes hasta que el general Connor consiguió reunir a sus tres columnas en las inmediaciones del recién inaugurado fuerte que llevaría su nombre. Pero las condiciones de un terreno hostil y la inoperancia del Ejército, además del hecho de que el propio Connor fue reclamado desde Washington, acabaron con las operaciones y el grueso de las fuerzas retrocedió a Fort Laramie a la espera de nuevas instrucciones. El objetivo de la invasión no se había cumplido más allá de la construcción de Fort Connor y el río Powder seguía en manos de las bandas indias.

Cuando concluyó el invierno de 1865 y la primavera alcanzó este cauce fluvial, las autoridades estadounidenses estaban dispuestas a un diálogo para poner fin al problema de inseguridad que se cernía sobre la Ruta Bozeman. El consejo estaba llamado al fracaso dado que el Ejército estaba movilizando una cantidad importante de fuerzas, al mando del coronel

---

285 Michino, Gregory, *Encyclopedia of indian...*, p. 184.

Henry Carrington, con órdenes de fortificar la Ruta Bozeman sin el consentimiento de las tribus lakota —ni siquiera un acuerdo con ellas—. Un jefe oglala, Nube Roja, se percató de las intenciones del Ejército y abandonó el consejo de Fort Laramie en señal de protesta, lo que sirvió como excusa al Gobierno estadounidense para declarar de nuevo la guerra.

Carrington se internó en el territorio con la intención de fortificar la ruta y construir varios baluartes, entre ellos el Phil Kearny. Los guarneció con una buena partida de infantes, pero la mayoría eran soldados que apenas tenían experiencia en acciones violentas y los pocos que la poseían venían de haber luchado en la guerra civil y estaban poco familiarizados con las tácticas indias.

El desastre se precipitó por varias razones que fueron comunes en casi todas las batallas de las guerras indias. En primer lugar, los oficiales, experimentados en la guerra civil, habían tenido una promoción vertiginosa por la necesidad del conflicto, pero, al terminar este, los que decidieron continuar en las filas castrenses fueron adaptados a rangos más coherentes. Así, Fetterman, enviado como capitán a las órdenes de Carrington, había ocupado el puesto de teniente coronel en la guerra civil. La cuestión principal es que la mayor parte de aquellos oficiales pretendían recuperar sus antiguos grados y la forma más rápida de hacerlo era a través de las acciones bélicas. Aquí se unía la segunda cuestión: el menosprecio por los indios; el propio Fetterman afirmó que con ochenta hombres podría someter a la nación siux, creyendo que aquellos guerreros no eran rival para el Ejército. No obstante, las partidas de combatientes cheyene, arapaho y lakota habían dedicado su existencia a la caza, a la guerra y al rastreo; conocían el terreno y contaban con superioridad numérica, frente a una partida de soldados mal alimentados, poco motivados y, sobre todo, inexpertos. Fetterman pagó las consecuencias de su altanería en la masacre que lleva su nombre, donde todos sus hombres, precisamente ochenta, y él mismo fueron aniquilados. La facilidad fue tal que se cumplió otra de las constantes de las guerras indias, especialmente en las llanuras: la violencia ritual de las tribus. Los soldados de Fetterman fueron mutilados, decapitados, y sus cabelleras, arrancadas, causando un gran estupor en la prensa del momento, especialmente en el este. Las bandas indias, lideradas por Nube Roja, provocaron la derrota más abrumadora de los Estados Unidos hasta el momento y entre las filas de los guerreros figuró uno de los jefes que posteriormente superaría el récord en Little Bighorn, un jovencísimo Caballo Loco.

Estados Unidos salvó el honor de tan tremenda derrota con algunas escaramuzas que tuvieron éxito[286]. Entre ellas destacó la Wagon Box Fight o batalla de los Baúles, en la que se creó una defensa de baúles de munición de los carros y, desde el interior, un pequeño grupo de hombres con armas de retrocarga resistió contra una partida de más de un millar de miembros de la tribu lakota; esa táctica se hizo famosa durante las guerras bóer-zulú y fue conocida como *lager*[287] (lago). Aun así, el coste económico que conllevaba mantener la Ruta Bozeman abierta impulsó a la Casa Blanca a buscar nuevos caminos, que transcurrieron por la Ruta Bridger, y a recomendar a los colonos el uso del ferrocarril para evitar el paso por el territorio del río Powder. Este retroceso en su política expansionista obedecía únicamente a un reagrupamiento y reorganización del Ejército, que ya había conocido una renovación importante en la guerra civil y solo necesitaba tiempo para adaptarse a las llanuras[288].

Las naciones nativas habían vencido, por el momento, y se aseguraban el control de sus tierras después de firmar el Segundo Tratado de Fort Laramie de 1868[289]. Se creaba la Gran Reserva Siux y se reconocía el control de Black Hills, mientras que las naciones cheyene, lakota y arapaho podían

---

286 Field, Ron, *US Infantry in the Indian Wars...*, p. 12.
287 Roca, Carlos, *La auténtica historia de Las minas del rey Salomón*, Nowtilus, Madrid, 2010.
288 Millán, Mariano, «La revolución militar norteamericana (1861-1865)», *Huellas de Estados Unidos, Estudios y Debates desde América Latina*, 2015 pp. 6-27.
289 «Segundo Tratado de Fort Laramie» (1868). Disponible en Treaty with the Sioux-Brule, Oglala, Miniconjou, Yanktonai, Hunkpapa, Blackfeet..., 1868; en Kappler, Charles J., *Indian Affairs. Laws and Treaties*, 2, 1904.

operar en el territorio con menos interferencias occidentales. La retirada de los fuertes del río Powder, como el de Phil Kearny, dejaba las manos libres a las gentes de Nube Roja y aseguraban su dominio sobre aquellas tierras, aunque el tratado escondía una trampa: los siux quedaban circunscritos a un territorio, el que ellos deseaban y consideraban como propio, pero debían abandonar cualquier aspiración de expandirse por otras zonas. Algunas bandas de indios se mantuvieron ajenas a lo pactado y continuaron viviendo fuera de la gran reserva.

El jefe tribal Nube Roja no confiaba en que los estadounidenses mantuvieran su palabra en virtud de lo acordado en Fort Laramie, pero, en lugar de responder ante esa inquietud con más violencia, se instaló en la gran reserva y fue preparando a su gente para lo que estaba por venir, aceptando que el cambio sería inevitable debido a la mayor presencia y capacidad tecnológica exhibida por los occidentales.

El general William Sherman y y los comisionados, en consejo con los jefes siux el fuerte Laramie, Wyoming (1868) [National Archives].

COLINAS NEGRAS, TIEMPOS OSCUROS

El temor de Nube Roja se hizo realidad a partir de 1874. La confluencia de dos hechos marcó el principio del fin de la nación siux: la recuperación parcial del Ejército de Estados Unidos, que ya podía llevar a cabo operaciones de peso en la región del río Powder, y el descubrimiento de vetas de oro en las Black Hills, que desde el Segundo Tratado de Fort Laramie se habían convertido oficialmente en posesión siux. Como Nube Roja vaticinaba, el Gobierno de Washington no se quedaría de brazos cruzados viendo cómo un pueblo nativo ocupaba tierras que por derecho creía suyas y mucho menos podría frenar la ambición de miles de colonos y buscadores de oro llamados por las riquezas que escondía Black Hills.

En 1874, el Gobierno estadounidense envío al general George Armstrong Custer a Black Hills para garantizar la seguridad de las colinas y estudiar su potencial como mina

Estereografías de las Colinas Negras. Caravana de la expedición Custer por el valle de Castle Creek (W. H. Illingworth, 1874) [The New York Public Library].

de oro. Los rumores sobre la existencia de riquezas habían crecido y Custer no hizo más que confirmarlos, aunque se desconoce si su afirmación fue exagerada y lo encontrado en Black Hills era suficiente como para motivar su explotación. En cualquier caso, la confirmación despertó una fiebre del oro en la región, que no pudo impedir que cientos de buscadores se movieran hasta allí despertando la hostilidad de los lakota. Washington se movió en una ambigua posición, tratando de evitar que los colonos atravesaran las Colinas, y entretanto, los principales jefes siux, como el oglala Nube Roja, el brule Cola Moteada y el miniconjou Cuerno Solitario, viajaron a la capital estadounidense para solicitar al presidente Ulysses Grant que se respetaran los términos del Segundo Tratado de Fort Laramie.

Estados Unidos se sentía con fuerza suficiente como para consolidar su dominio sobre las naciones de las llanuras, que años antes habían conseguido resistir al sueño del destino manifiesto. Por aquel entonces nada se interponía en la unión de ambos océanos a través del dominio continental, salvo determinadas tribus, por lo que el gabinete de Grant ofreció la posibilidad a los jefes de mudarse al territorio indio ubicado en Oklahoma, lugar al que habían sido destinados los supervivientes de las cinco tribus civilizadas en la conquista del este del Misisipi. Evidentemente, los jefes indios se negaron a marchar, arguyendo que aquellas eran sus tierras y que durante generaciones enteras las habían habitado, lo que obviamente, tensó las relaciones entre ambos contendientes.

La mayor parte de los siux lakota se conformaron con seguir viviendo en la gran reserva y evitar el conflicto con las autoridades del nuevo país, pero una pequeña parte que vivía fuera de la misma estaba dispuesta a defender sus derechos sobre el territorio que habitaba. Algunas bandas de oglala y hunkpapa, junto con los arapaho del norte y cheyene, se convirtieron en la amenaza más inmediata, aunque probablemente no sumaran a más de dos mil guerreros entre todas. Las fuerzas desplegadas por el Ejército estadounidense no pasaron de más de dos mil quinientos hombres, pero su superioridad tecnológica compensaba el hecho de la inexperiencia y el desconocimiento del terreno, así como las tácticas de lucha contra los indios.

El presidente Ulysses Grant se quitó la careta a finales de 1875 y su gabinete decidió que no haría nada por desalojar a los colonos de Black Hills, pensando que la fiebre del oro y el peso demográfico harían el resto. Sin embargo, las bandas establecidas fuera de la reserva seguían constituyendo un peligro y convocó a los general George Crook y Phil Sheridan a Washington para poner remedio al conflicto que se avecinaba. El general Crook se distinguió en la guerra civil y en pequeños enfrentamientos contra tribus indias como los yavapai (1861) y los snake (1864); su experiencia le valió la confianza de Grant. Por su parte, Phil Sheridan, veterano por su participación en la contienda fraticida y amigo personal de Grant, fue una pieza irremplazable del plan del presidente.

Cuartel general del general Crook en Whitewood (territorio de Dakota), 1876, durante su expedición a las Colinas Negras [National Archives].

Se dio instrucciones a los agentes indios para que promovieran un ultimátum a todos los que se negaban a cumplir lo pactado en el Segundo Tratado de Fort Laramie, que era, básicamente, permanecer entre los límites de la gran reserva. Con todo, aquellas bandas, denominadas antitratado y lideradas *de facto* por el celebérrimo Toro Sentado, hicieron caso omiso a la llamada y se mantuvieron en una posición hostil frente a las exigencias de Grant. Cumplida la fecha, se decretó que el tiempo había sido suficiente y que, sin una promesa clara por parte de las bandas hostiles de regresar a la reserva, el único camino era la guerra.

La primera campaña tuvo lugar en marzo de 1876, al mando del coronel Joseph Reynolds, pero apenas consistió en un cruce de ataques simultáneos con bandas de guerreros cheyene del norte que no dio los frutos deseados. La segunda fue una operación conjunta en la que tres columnas debían converger en la zona de caza de los lakota: la primera, liderada por el general Alfred Terry; la segunda, con el coronel John Gibbon a la cabeza; y la última, capitaneada por el propio general Crook. Este fue detenido en la batalla de Rosebud por bandas lakota y cheyene del norte, lideradas por uno de los grandes protagonistas de lo que estaba por venir, el joven jefe y guerrero Caballo Loco.

Desde la columna de Terry, el entonces teniente coronel Custer fue desviado para explorar el valle del río Bighorn, pero su expedición terminó en un desastre absoluto que los anales de la historia han catalogado como la peor derrota del Ejército de Estados Unidos en suelo patrio. Custer y 267 hombres de su regimiento de caballería[290] murieron entre el 25 y el 26 de junio de 1876 ante una hueste de indios liderados por Caballo Loco[291]. La victoria, que en un principio demostró la superioridad de los nativos en su propio territo-

---

290   Sobre caballeria norteamericana en las guerras indias véase Selby, John, *U.S. Cavalry*, Men at Arms, Osprey Publishing, 1972, pp. 20-31; y Katcher, Philip y Volstad, Ron, *US, Calvary on the plains...*

291   Para más informacion sobre los guerreros involucrados en la batalla, véase Hook, Richard, *Warrios at the Little Bighorn 1876*, Men at Arms 408, Londres, Osprey Publishing, 2004.

rio, se tornó un arma de doble filo a medida que la prensa se fue haciendo eco de la noticia del desastre. El Gobierno de Estados Unidos debía reaccionar ante una situación tan desfavorable y, a partir de ese momento, implementó las medidas para someter a todos los indios de las llanuras. La prueba de ello está en que, para el año 1890, todos ellos habían claudicado.

El efecto Little Bighorn fue tremendo y condicionó el resto de la guerra, tanto por las acciones llevadas a cabo por el Ejército de Estados Unidos como por el hecho de que la victoria india se convirtió en el principio de su desaparición. El Gobierno reforzó su presencia en todas las agencias y especialmente en torno a la gran reserva, para tratar de cortar cualquier tipo de ayuda o vínculo entre los indios resignados y los antitratado. La agencia de Nube Roja fue neutralizada, y el propio jefe, sometido a una total vigilancia para que no pudiera dar ningún tipo de apoyo a sus congéneres fuera de la gran reserva. No obstante, aunque la campaña militar devino un sonoro fracaso y el plan de unir las tres columnas en territorio lakota para someter a los indios rebeldes no fue posible, dio al Gobierno el pretexto que necesitaba para endurecer sus condiciones y proclamar, con el respaldo de la opinión pública, que cualquier indio lakota que se encontrara fuera de la gran reserva sería considerado enemigo[292].

La primera gran victoria de Estados Unidos en la referida contienda fue la que infligió a los cheyene. Al mando del general Ranald Mackenzie, recién llegado al frente tras la batalla de Little Bighorn, una columna atravesó la región del río Powder y lanzó una campaña de acoso contra las aldeas cheyene, ocasionando numerosas pérdidas tanto humanas como económicas a las tribus. Totalmente destruidas, fueron obligadas a moverse a la reserva del territorio indio con sus primos, los cheyene del sur. Las condiciones poco favorables, la compañía y el hecho de estar a cientos de kilómetros de sus tierras (en Oklahoma) fueron suficientes como

---

292 Calloway, Colin, *First People: A Documentary Survey of American Indian History*, Nueva York, Bedford/St. Martin's, 2012, p. 374

Distribución de los principales pueblos siux participantes
en el conflicto [elaboración propia].

para que gran parte de los cheyene se escaparan y volvieran
al norte, en una amarga marcha que terminó con la detención de la mitad de ellos, unos ciento cincuenta, conducidos
a Fort Robinson en calidad de prisioneros. La mayoría sufrió
las consecuencias de una estancia inhumana sin fuego, sin
alimentos y sin agua, lo que motivó un nuevo intento de fuga
que acabó con la vida unos setenta, masacrados por las fuerzas estadounidenses[293].

La segunda parte del plan de Washington consistió en
hostigar a los lakota en su territorio. Lanzó una expedición
al mando de otro de los generales del momento, Nelson
Miles, que después de varios meses consiguió que varias bandas lakota y cheyene se rindieran y aceptaran internarse en
la gran reserva. Al mismo tiempo, la maquinaria estadou-

---

293   Véase Buecker, Thomas R. *Fort Robinson and the American West, 1874-1899*,
      Universidad de Oklahoma, 2003.

nidense se ponía en marcha para dictar leyes sobre la disolución de la Gran Reserva Siux en favor de otras reservas menores, lo que terminaba en la práctica con el territorio que controlaban, mientras que se reducían las raciones de alimentos en las agencias. Como había sido costumbre en toda la expansión norteamericana, el encierro en agencias no solo coartaba la libertad de tránsito de los pueblos nativos, sino que implicaba una serie de circunstancias que condicionaban la existencia de los indios a la «generosidad» de Washington. Ya lo habían hecho con anterioridad: ante un aumento de la hostilidad, se reducían los suministros a una población que dependía enteramente de la benevolencia del Gobierno, especialmente en los crudos inviernos, y, con ello, presionaban para conseguir sus objetivos. Los siux lakota fueron los siguientes en ser sometidos a dicho chantaje, mientras que las bandas antitratado de Toro Sentado y Caballo Loco continuaban con pocas expectativas de rendición. El hijo del oglala Oso Valiente, el jefe brule Cola Moteada e incluso una delegación encabezada por el propio Nube Roja marcharon al norte para parlamentar con los indios antitratado y conseguir un pacto que pusiera fin a la guerra. Dio resultado y varias bandas rebeldes comenzaron a rendirse ante la presión ejercida sobre sus pueblos y el agotamiento de un conflicto que ni demográfica ni tecnológicamente podían ganar.

Uno de los líderes principales que optó por claudicar fue el mismo Caballo Loco, que se entregó en la agencia de Nube Roja en septiembre de 1877 y pasó varios meses en las cercanías de esta, bajo la supervisión del ejército, que dominaba la zona desde Fort Robinson. Caballo Loco era un guerrero y no tardó en comprender que su vida no estaba en aquella reserva, bajo las órdenes de los blancos, por lo que, ante los rumores de su posible huida, fue detenido y, en el forcejeo con los guardias, asesinado por herida de bayoneta. El destino de Toro Sentado, viejo jefe hunkpapa corresponsable de la hostilidad india, fue distinto: huyó a Canadá con varios de sus seguidores y se asentó en el Territorio del

Noroeste, donde tuvo que lidiar con las autoridades canadienses, con los miembros de la etnia de los pies negros (con quien los suyos tenían una enemistad ancestral) y con la falta de alimentos. A pesar de ello, permaneció cuatro años en tierras canadienses, rechazando un indulto presidencial, hasta que, agotados, él y sus ciento ochenta y seis seguidores regresaron al solar estadounidense y se rindieron[294].

Durante los siguientes años, Toro Sentado participó en un espectáculo, impuesto por el Gobierno de Estados Unidos, con el que visitó algunas ciudades del norte del país y de Canadá elevando el mensaje de paz entre las naciones nativas y los Estados Unidos, algo que creó cierta controversia.

Retrato conjunto del jefe lakota Toro Sentado y el famoso empresario de espectáculos Buffalo Bill, ca. 1897 (detalle) [D. F. Barry, Library of Congress].

---

294   Michael y Smith, Johnattan, *The tribes of the Sioux...*, pp. 33 y 34.

Aquellos espectáculos hicieron que ganará mucho dinero y popularidad, pero también lo convirtieron en alguien distinto del que presuntamente afirmó en una ocasión: «... odio a todos los blancos. Nos han quitado nuestra tierra y nos han hecho parias»[295]. No obstante, al igual que Caballo Loco, había batallado durante tantos años por defender el derecho de su pueblo que lo más lógico es pensar en que su rebeldía no había muerto con su rendición. De hecho, de regreso a su vida cotidiana, en 1889 se vio envuelto en la danza del Gran Espíritu, movimiento que el chamán paiute Wovoka trasladó a todas las reservas indias como último acto de rebeldía. Toro Sentado permitió que su gente realizara el baile y, con ello, desafiara a las autoridades estadounidenses, con lo que volvió a situarse en la diana del Gobierno. Evidentemente, alguien con la trayectoria del jefe indio podía representar de nuevo un problema para la estabilidad y la paz en las llanuras que tanto había costado lograr, por lo que fue detenido por varios hombres y en la operación resultó abatido por un tiro en el pecho y otro en la cabeza, ambos a bocajarro. Así concluía la última resistencia siux, con más de dos tercios de los lakota recluidos en las reservas, los cheyene prácticamente aniquilados, y la certeza de que el poder de Estados Unidos era muy superior. La rebelión de los indios antitratado encabezados por Toro Sentado y Caballo Loco no tuvo el apoyo de sus compatriotas y además fue objeto de la hostilidad de tribus enemigas de los lakota como los crow. Quizá con una mayor solidaridad podrían haber aguantado más tiempo, aunque nada hace suponer que el poder estadounidense hubiera renunciado al país del río Powder, mucho menos a las riquezas escondidas en las Black Hills. En la actualidad, los bustos de los presidentes Washington, Jefferson, Roosevelt y Lincoln observan el territorio desde el monte Rushmore como recuerdo de la historia de una gran nación forjada sobre la sangre de los pueblos nativos.

---

295 Hiltzik, Michael, *Imperios de hierro: barones ladrones, ferrocarriles y la creación de la América moderna*, Nueva York, Houghton Mifflin Harcourt Publishing Company, 2020, p. 261.

REDUCTOS DE LIBERTAD

Mientras las llanuras ardían, otros pueblos nativos corrían el mismo destino que los siux lakota. Pese a que la forma de afrontar el avance de los blancos fue muy distinta, la mayor parte de las tribus se encontraron con el mismo desenlace.

Dos ejemplos claros de que las exigencias del destino manifiesto se cumplirían fueron los conflictos que enfrentaron a Estados Unidos con el pueblo navajo y con la tribu nez percé. En el caso de los primeros, la tribu navajo había combatido a los extranjeros desde finales del siglo XVI: inicialmente, contra los españoles y su red de presidios diseminados por lo que hoy es el sudoeste norteamericano; después, frente a los mexicanos, una vez alcanzaron su independencia de la Corona española en 1821-1825; y, finalmente, a partir de la guerra de 1846-1848 y la firma del Tratado de Guadalupe Hidalgo, con los Estados Unidos. Su belicosidad se había perpetuado independientemente de quién fuera el invasor y siempre había combatido para preservar su libertad. En el caso de los nez percé, cuyos territorios se emplazaban entre los actuales estados de Washington, Oregón y Idaho, fueron claramente aliados de Washington, mientras que otros pueblos guerreaban contra ellos: así, durante la famosa contienda cayuse habían ocupado el rol de exploradores al servicio del Ejército estadounidense y de sus milicias regionales; siempre se habían mantenido leales a la Casa Blanca e incluso habían consolidado una zona acotada como suya, lejos del dominio gubernamental. Una situación que no tardó en cambiar y que arrastró a los nez percé al mismo fatal destino.

Regresando a los navajo, su resistencia a ser sometidos por una potencia extranjera era centenaria y, por tanto, se trataba de un pueblo arraigado a un sentimiento muy fuerte sobre la tierra y a un convencimiento enorme de identidad tribal. Una vez terminó la guerra que enfrentó a Estados

Unidos y México, en la que los primeros se apropiaron del norte de los segundos, el problema de las bandas navajo y apache pasó a depender de ellos[296].

Tras una serie de maniobras por parte de las tropas estadounidenses en la zona, en las que demostraron a los navajo la potencia tanto numérica como tecnológica que poseían, los indios empezaron a convencerse de que su presencia podía ser algo inevitable, por lo que se vieron obligados a reunirse, en los albores de 1849, y firmar un tratado en el que se estableció que pasaban a pertenecer a la jurisdicción norteamericana. Se estipulaba: «... a partir y después de la firma de este tratado cesarán las hostilidades entre las partes contratantes y existirán paz y amistad perpetuas; dicha tribu por la presente acuerda solemnemente que no se asociará con, ni dará semblante o ayuda a, ninguna tribu o banda de indios, u otras personas o poderes que puedan estar en cualquier momento en enemistad con el pueblo de dichos Estados Unidos»[297]. Esto suponía trazar unos lazos que, como ya hemos visto en otras ocasiones, relegaban la autonomía del pueblo navajo al cumplimiento de aquel tratado y que quedaban bajo la supervisión y tutela de Washington. Además, el documento dejaba claro el reconocimiento de que su actividad durante los años previos había incurrido en delito: «Todos los cautivos estadounidenses y mexicanos, y todas las propiedades robadas tomadas de estadounidenses o mexicanos, u otras personas o potencias en amistad con los Estados Unidos, serán entregados por los indios navajo a la autoridad militar». Sin duda, el artículo siete mostró el principal foco de conflicto al afirmar: «... el pueblo de los Estados Unidos de América tendrá paso libre y seguro por el territorio de los indios antes mencionados, en virtud de las normas y reglamentos que adopte la autoridad de dichos Estados».

---

296 Sobre los enfrentamientos entre apaches y el Gobierno méxicano, véase Durazo Herrmann, Francisco Julián, «México y la apachería», *Estudios fronterizos* 2.3, 2001, pp. 91-105.

297 «Tratado con la Nacion Navajo» (1849). Disponible en Treaty with the Navaho, 1849; en Kappler, Charles J., *Indian Affairs. Laws and Treaties*, 2, 1904.

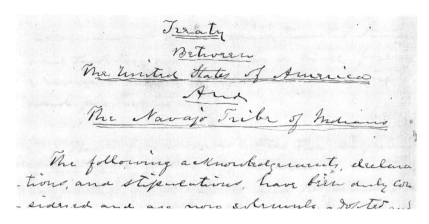

Detalle del Tratado con la Nación Navajo de 1849 [National Archives].

El tratado guardaba muchos puntos en común con otros acuerdos firmados entre Estados Unidos y las tribus nativas a lo largo de todo el siglo y sellaba, a golpe de ley, el destino de esta tribu. Los principales problemas fueron que no todos sus miembros se mostraron conformes con las rúbricas de sus compatriotas y, sobre todo, la enorme tensión que se respiraba en dichas firmas, ya que aquellos habían mantenido su integridad durante siglos y los términos del convenio no eran completamente satisfactorios ni para ellos ni para los colonos que anhelaban el paso y la posesión de aquellas tierras. Por ello, en el proceso de redacción del texto hubo un malentendido que concluyó en un episodio de violencia y la ruptura, *de facto*, de todo lo acordado. Las hostilidades se extendieron durante los siguientes años en forma de pequeñas incursiones y movimientos insignificantes, que se agudizaron cuando el territorio controlado por los navajo sufrió una gran sequía que impidió que se pertrecharan para el invierno de 1857, lo que provocó hambruna y una mayor agresividad de las tribus enemigas de los navajo y de los propios colonos. Estados Unidos perdió a uno de sus hombres y encontró la excusa perfecta para exigir a la tribu la entrega de los asesinos ante la amenaza de invasión de su territorio.

Uno de los jefes navajo, Hastiin Ch'il Haajiní, conocido por su sobrenombre de Manuelito, presentó una dura resistencia a las fuerzas estadounidenses desplegadas en la zona y no en vano lideró la guerra que estaba por venir, sintiéndose incluso con fuerza para asaltar Fort Defiance con más de mil guerreros. Las bajas fueron mínimas, apenas cuatro infantes estadounidenses y siete indios, pero las represalias se hicieron sentir en los siguientes meses con una serie de campañas en las que se castigó tanto al ganado como a los cultivos indígenas, privándolos de su sustento y agravando su delicada situación.

La guerra civil americana trajo consigo un respiro para los seguidores de Manuelito, que incrementaron sus actividades frente a una milicia poco preparada para la guerra contra el

Manuelito, jefe navajo (Charles Milton Bell, 1873-1880) [Library of Congress].

indio. Sin embargo, tras dos años de pequeños triunfos, despertaron entre la población un mayor deseo de terminar con ellos, por lo que, a partir de 1863, los voluntarios de Nuevo México y parte del Ejército comenzaron a elevar el tono de su campaña de destrucción de los soportes de vida de esta etnia. Hay que recordar que la hostil geografía y la escasez de recursos suponían un problema añadido a las pérdidas de guerra y que era francamente complicado recuperarse del asesinato de ganado o de la quema de los cultivos. La mayoría de las bandas navajo fueron rindiéndose a partir de 1864 y solo la de Manuelito aguantó hasta 1866, agotada, sin víveres y acosada continuamente por el ejército. Fueron trasladados a la reserva de Bosque Redondo bajo la vigilancia de Fort Summer[298].

Los nez percé, en cambio, siempre habían colaborado con el Gobierno, beneficiados al mantener la tierra en la que sus ancestros habían nacido. Y lo consiguieron, básicamente, porque ayudaron al Ejército estadounidense en la lucha contra otras tribus o se mantuvieron al margen cuando estallaron guerras como la cayuse[299]. Con todo, sufrieron los mismos problemas que otras tribus habían tenido anteriormente y poco pudieron hacer para afrontarlos, más allá de guerrear contra el invasor[300]. Es interesante resaltar lo acordado en 1855 entre el Gobierno de Estados Unidos y la tribu, cuando ponen por escrito cuestiones relativamente nuevas y no vistas en otro tipo de documentos firmados: mientras que la tribu de «indios nez percé cede, renuncia y transmite a los Estados Unidos todos sus derechos, títulos e intereses», se arroga el derecho de aquellas tierras «para el uso exclusivo y el beneficio de dicha tribu como reserva india; tampoco se permitirá a ningún hombre blanco, excepto a aquellos en el empleo del Departamento Indio, residir en dicha reserva sin el permiso de la tribu y del superintendente y agente»[301].

---

298 Thompson, Gerald, *The Army and the Navajo: The Bosque Redondo Reservation Experiment: 1863-1868*, Tucson, Universidad de Arizona, 1976.
299 Forczyk, Robert, *Nez percé 1877: the last fight*, Oxford, Osprey Publ., 2011.
300 Von Aderkas, Elisabeth, *American indian... op. cit.*
301 «Tratado con la Tribu Nez Percé» (1855). Disponible en Treaty with the Nez Percés, 1855; en Kappler, Charles J., *Indian Affairs. Laws and Treaties*, 2, 1904.

Con esa declaración quedaba claro que la posición de los nez percé era de mayor privilegio que la de otras tribus, aunque no por ello el trato dejaba de ser una trampa a largo plazo. La cuestión principal es que los nez percé renunciaban a sus formas ancestrales de vida a través de pagos monetarios que ascendieron a doscientos mil dólares, como se dispone en el artículo 4, y aceptaban introducir en sus poblados elementos propios del liberalismo estadounidense, que, evidentemente, transformaría a la tribu en sedentaria y productora agrícola frente a su naturaleza cazadora-recolectora. En consecuencia, se tornaban miembros menos activos y combativos.

Indios nez percé y su intérprete. En el centro, el jefe Joseph
(J. W. Hansard, ca. 1850-1865) [The New York Public Library].

De cualquier modo, el *casus belli* estaba servido con lo zanjado en el artículo 8 del convenio: «La tribu mencionada reconoce su dependencia del Gobierno de los Estados Unidos y promete ser amigable con todos sus ciudadanos, y se compromete a no cometer depredaciones sobre la propiedad de esos ciudadanos»; y aquello, precisamente, es lo que ocurrió. El tránsito de colonos era enorme debido a las distintas regiones afectadas por la fiebre del oro y toda la zona se convirtió en un problema que el Gobierno de los Estados Unidos no podía controlar sin faltar a lo pactado con los nez percé, por lo que decidió modificar el pacto y firmar uno nuevo que redujera los términos territoriales de la reserva controlada por la tribu, para evitar que coincidieran con las principales líneas de comunicación.

La presión sobre esta etnia era absoluta y algunos jefes a los que no afectaba la disminucion de la reserva, porque sus tierras ya estaban en lo demarcado en las nuevas fronteras, aceptaron como representantes de la tribu. Evidentemente, los jefes rebeldes, entre los que estaban el viejo jefe Joseph, Husishusis Kute, Hahtalekin, Pájaro Blanco y Looking Glass, no acudieron a la firma del tratado y se postularon en rebeldía. El texto en sí mismo declaraba en su artículo 1: «Dicha tribu nez percé acuerda ceder, y por la presente cede, a los Estados Unidos las tierras hasta ahora reservadas para el uso y ocupación de dicha tribu, guardando y exceptuando tanto de las mismas como se describe en el artículo II para una nueva reserva»[302]; y en el siguiente artículo marcaba los límites, reduciendo la reserva a un diez por ciento de su superficie.

Persuadieron a los jefes indios con una suma que ascendía, según el escrito, a 272 500 dólares repartidos entre ayudas directas, subsidios y un aumento del material agrícola para el provecho de la tribu, lo que constituía una forma más de adoctrinar a los indios en las maneras de vida occidentales y hacerles perder, poco a poco, su naturaleza combativa.

---

302 «Tratado con la Tribu Nez percé» (1863). Disponible en Treaty with the Nez Percés, 1863; en Kappler, Charles J., *Indian Affairs. Laws and Treaties*, 2, 1904.

Las cosas, sin embargo, continuaron de un modo pacífico, y se ratificaron los acuerdos en un tercer tratado en 1868[303]. En 1871 falleció el viejo jefe Joseph y lo sustituyó su hijo, al tiempo que la convivencia entre colonos e indios atravesaba momentos de tensión con alguna que otra incursión, tanto de blancos como de indios, que terminó con víctimas mortales. Después de la estrepitosa derrota del Ejército estadounidense en la batalla de Little Bighorn (1876), y pese a que los nez percé se habían comportado como una tribu aliada, el mando castrense tuvo a bien cuidarse de posibles insurrecciones y evitar que se repitiera la aventura de Toro Sentado y Caballo Loco.

El oficial al mando, Oliver Howard, dictó un ultimátum sobre las bandas de nez percé que aún permanecían fuera de la reserva. Los agravios a los que habían sido sometidos durante años por algunos colonos hallaron su venganza durante el mes de junio de 1876, en el que partidas de guerreros nez percé mataron a varias personas. Al enterarse Howard de aquellos informes, envío más tropas a la zona y comenzaron a incursionar en territorio de esta tribu; fueron detenidas en la batalla de White Bird Canyon[304], donde los occidentales sufrieron treinta y cuatro bajas, y fueron retenidas en la orilla del río Salmon, en la batalla de Cottonwood de 1877[305], sumando otras once bajas, lo que otorgaba a los nez percé sendas victorias y una mayor confianza en que podrían aguantar una guerra contra Estados Unidos. Aunque el nuevo jefe Joseph el Joven resistió el empuje de las fuerzas estadounidenses, tuvo que retirarse de su posición en Clearwater. A pesar de la sucesión de victorias tácticas en las que los indios fueron retirándose e infringiendo pequeños golpes, la superioridad de Howard resultó suficiente como para que los jefes nez percé fueran rindiéndose a medida que avanzaba el verano. El jefe Joseph no tuvo otra

---

303 «Tratado con la Tribu Nez percé» (1868). Disponible en Treaty with the Nez Percés, 1868; en Kappler, Charles J., *Indian Affairs. Laws and Treaties*, 2, 1904.
304 Michino, Gregroy, *Encyclopedia of indian...*, p. 306
305 *Ibid.*, pag. 308.

opción y lo hizo el 5 de octubre de 1877, alegando agotamiento, falta de provisiones y la llegada de un invierno que se antojaba duro[306].

Los nez percé habían pactado con Howard una reserva en su territorio, pero el general al mando, William Sherman, contravino la orden y decretó que la tribu marchase a una reserva en Kansas, alejada por tanto de su tierra y de su clima. Fueron encerrados en la reserva de Kansas bajo la vigilancia de Fort Leavenworth y solo después de las súplicas del jefe Joseph al Gobierno estadounidense, en un viaje que hizo a Washington, posibilitaron que la decisión fuese reconsiderada y su pueblo fuera enviado a las grandes reservas de territorio indio en Oklahoma. Unos años después, en 1885, los nez percé serían de nuevo reubicados en su reserva en el noroeste, pero ya no eran una amenaza ni un problema para Estados Unidos.

Estados Unidos en torno a 1890 [elaboración propia].

---

306 Anderson, Frank, *Chief Joseph and the Cypress Hills*, Saskatchewan, Humboldt, Gopher Books, 1999.

EL ÚLTIMO GRITO DE GERÓNIMO

Otro pueblo que presentó una peculiar hostilidad a ser conquistado fue el apache, muy extendido entre los actuales estados de Nuevo México y Arizona y el norte de México y cuya fama se ha inmortalizado en el cine a lo largo del siglo XX. La imagen de las guerras indias suele esconder siempre a un apache, mostrado como parte de una de las tribus más combativas. Lo cierto es que mantuvieron una resistencia frente a los españoles que trataban de expandirse desde Nueva España tras su conquista en 1521 y, trescientos años después, contra los mexicanos independientes. Como en el conflicto navajo, Estados Unidos heredó el combate contra las tribus apache a partir de su anexión de todo el territorio norte de México en el Tratado de Guadalupe Hidalgo (1848).

A Dash for the Timber (1889), una obra de Frederic Remington en el marco de las guerras apaches. El pintor e ilustrador había sido enviado al Oeste por *Harper's Weekly* para documentar los esfuerzos del Ejército por capturar al jefe Gerónimo.

Las grandes subfamilias —chiricahua, jicarilla y mescalero— que integraban el pueblo apache y la larga extensión que ocupaban conformaron un pueblo descentralizado y con múltiples focos de acción, por lo que Estados Unidos y México prolongaron sus operaciones contra ellos desde 1849 hasta los últimos conatos de resistencia en 1924[307]. La guerra que emprendió Washington contra México estaba llamada, tarde o temprano, a encontrarse de frente con los apache y lo hizo cuando las distintas bandas se unieron a los estadounidenses o a los mexicanos según sus intereses. Un ejemplo claro fueron los apache jicarilla, aliados de Washington en la lucha pero hastiados al poco tiempo del creciente paso de colonos a través de su territorio; esta condición provocó que comenzaran una serie de acciones por parte india como la masacre de los blancos, elevando la tensión con las autoridades estatales y federales. En 1854, el Ejército dio una respuesta a lo que consideraban un problema de seguridad y atacó a la banda de Lobo Blanco, matando a este y a cuatro de sus seguidores, acusados de haber robado cabezas de ganado. El jefe Flechas Rayadas tomó el mando de los guerreros jicarilla y algunas partidas de ute, aliadas tradicionales y enemigas de la ocupación, pero las fuerzas desplegadas por los estadounidenses fueron superiores y terminaron por dispersar a los jicarilla en la batalla del Cañón de Ojo Caliente, contra el cacique Chacón.

Los apaches centrales también garantizaron una ruta segura para los estadounidenses durante la guerra con México. Sus jefes, entre ellos Mangas Coloradas, firmaron en 1852 un pacto de amistad con Estados Unidos, que sometía a los apaches a un papel sumiso. En su artículo 1 menciona: «Dicha nación o tribu de indios a través de sus jefes autorizados antes mencionados reconoce y declara que está legal y exclusivamente bajo las leyes, jurisdicción y Gobierno de los Estados Unidos de América, y a su poder y autoridad se somete por la presente»; y en el 7: «El pueblo de los Estados

---

307 Una buena aproximación en cuanto a las familias apaches, en Hook, Jason, *The Apaches*, Men at Arms 186, Londres, Osprey Publishing, 1987.

Unidos de América tendrá paso libre y seguro por el territorio de los indios antes mencionados, en virtud de las normas y reglamentos que adopte la autoridad de dichos Estados»[308]. Ahora bien: además, el tratado establecía otras cuestiones como la siguiente: «Si cualquier ciudadano de los Estados Unidos, u otra persona o personas sujetas a las leyes de los Estados Unidos, asesina, roba o maltrata de otra manera a cualquier indio o indios apaches, él o ellos serán arrestados y juzgados, y, tras la condena, estarán sujetos a todas las penas previstas por la ley para la protección de las personas y propiedades de las personas de dichos Estados». No parece que se cumplieran siquiera aquellos términos cuando, en 1861, el propio Mangas Coloradas fue capturado y azotado por un grupo de mineros[309].

A partir de la década de 1860, los roces entre colonos e indios aumentaron y, en una de las múltiples escaramuzas, el hijo pequeño de un granjero, John Ward, fue secuestrado junto con unas cabezas de ganado. El teniente al mando en la zona, George Bascom, no tardó en culpar a los apaches de la cuestión y, a pesar de que Cochise, un jefe chokonen chiricahua, se ofreció a ayudarle en la búsqueda del pequeño, Bascom lo detuvo junto con su familia. Cochise consiguió huir y se iniciaron entonces una serie de incursiones con víctimas mortales sobre colonos y viajeros que transitaban la zona, algunos de los cuales fueron mantenidos como rehenes con el fin de realizar un intercambio de prisioneros. Bascom, sin embargo, ahorcó a los familiares de Cochise, alimentando el odio de los apache para los próximos diez años, y precipitó la venganza del jefe tribal, que consistió en múltiples incursiones en territorio tanto estadounidense como mexicano. Lo hizo en alianza con Mangas Coloradas y otros jefes y chamanes apache como Gerónimo. Durante los primeros años creyeron vencer a los estadounidenses cuando anularon el servicio de diligencias y redujeron el número de

---

308 «Tratado con los Apaches» (1852). Disponible en Treaty with the Apache, 1852; en Kappler, Charles J., *Indian Affairs. Laws and Treaties*, 2, 1904.
309 Cremony, John, *Life among the apaches*, Carlisle, Applewood Books, 2010.

efectivos militares. Lo que ocurría realmente es que gran parte de las tropas estaban siendo reclamadas en los frentes del este en la guerra civil (1861-1865).

No obstante, Washington reaccionó a la amenaza apache y envío milicias desde California, que ejercieron cierta presión sobre las bandas rebeldes, hasta el punto de que Mangas Coloradas pidió la paz y acudió a reunirse con los oficiales estadounidenses para firmar un tratado digno para su pueblo. En el encuentro, pese a estar bajo la protección de la bandera blanca, fue capturado, torturado y decapitado, en una acción que elevó el tono del conflicto entre los apache, que nada podían confiar en sus enemigos occidentales. El general James Carleton, al mando, decretó el confinamiento de apache y navajo en reservas, decisión que afectó especialmente a estos últimos, que tuvieron que viajar hasta la reserva de Bosque Redondo, bajo la supervisión de Fort Summer.

En noviembre de 1864, en plena operación para obligar a los indios a acudir a las reservas, una coalición cheyene, apache y kiowa consiguió repeler un ataque ordenado por Carleton y acorralar a sus fuerzas en una casa de adobe. La célebre batalla de Adobe Walls[310] se saldó con pocas víctimas mortales, pero confirmó que los indios de las llanuras no se rendirían fácilmente sin mostrar oposición y empujó a las autoridades militares a considerar un mayor número de efectivos en la zona. En cualquier caso, la llama de la insurrección se iba extendiendo a otros territorios como el de Arizona, donde los indios yavapai y los «apache tonto» se vieron envueltos en un conflicto que duró hasta 1875 y que, como los anteriores, estuvo motivado por el aumento de colonos en su territorio. Sufrieron el mismo desenlace y los amenazaron con ser exterminados en caso de no entregarse a las autoridades e ingresar en las reservas. La espiral de violencia aumentaba, aunque nunca fue igualitaria entre bandos. En la masacre de Wickenburg[311], seis personas fueron ejecutadas por los indios, mientras que la masacre de la Cueva del Esqueleto

---

310 Michino, Gregory, Encyclopedia of indian…, p. 156.
311 *Ibid.*, p. 253.

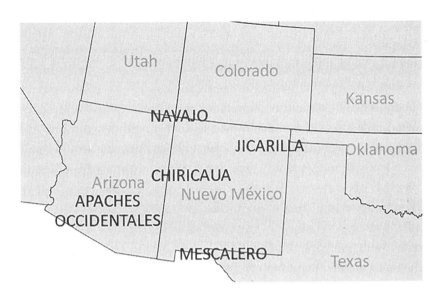

Distribucion de principales pueblos apache
involucrados en el conflicto [elaboración propia].

Prisioneros apache en Texas, rumbo a su exilio en Florida (1886). En primera
fila, tercero por la derecha, Gerónimo; a su lado, su hijo [National Archives].

fue el escenario en el que el general Crook aniquiló a setenta yavapai. Una vez se rindieron, agotados por la presión estadounidense, mil cuatrocientos indios fueron encerrados en la reserva de Campo Verde y enviados después, forzosamente, a San Carlos. En el camino murieron casi cuatrocientos, mujeres y niños incluidos, en lo que se ha recordado como «el día del éxodo», privados de alimento, abrigo y descanso[312].

Otros que tampoco salieron favorecidos por el trato de Washington fueron los apache de la reserva de Ojo Caliente, liderados por el jefe Victorio. En 1879, la orden de que abandonaran la reserva y se trasladaran a San Carlos fue desoída por los apache. El Gobierno se había propuesto unificar allí a todos, pero la lejanía con sus tierras (San Carlos estaba en Arizona) y las malas condiciones de la reserva provocaron la rebeldía de los apache. Victorio huyó de la reserva acompañado de unas doscientas personas, menos de la mitad de ellos guerreros, y se unió a otras bandas, iniciando una guerrilla contra las fuerzas estadounidenses y mexicanas que se prolongó durante un año, hasta el 14 de octubre de 1880. Victorio y algunos de los suyos fueron emboscados y asesinados con crudeza por fuerzas del Ejército mexicano en la batalla de Tres Castillos. Lo sucedió uno de sus guerreros, Nana, pero su fuerza quedó reducida hasta el punto de que se convirtió, simplemente, en un problema de seguridad menor.

Y algo parecido le ocurrió al legendario Gerónimo, cuando su gente fue obligada a marchar a la reserva de San Carlos. Tras una breve resistencia, fue capturado en 1877 y encerrado en la reserva junto con otros miles de compatriotas, pero cuatro años más tarde había reunido un grupo de seguidores leales y decidió huir, regresando de nuevo a México con setecientos guerreros. El general George Crook, puesto al mando de las operaciones, fue enviado para solucionar la situación de los apache, especialmente la de Gerónimo y la de otro jefe apache, Juh, que había huido a México en condiciones muy parecidas. Ambos atendieron a razones y acudieron a la lla-

---

312 Ferg, Alan y Tessman, Norm, *The Mortal Remains of Ethnicity: Material Culture and Cultural Identity at Skeleton Cave*, S.R.I Press, Arizona, 1998.

mada de Crook para ingresar de nuevo en la reserva, pero Gerónimo, poco convencido, no tardó en huir una vez má. Fue perseguido por Crook, pero este fracasó y lo sustituyó el general Nelson Miles, con experiencia contra los siux y los nez percé. La llamada «guerra contra Gerónimo» parece más bien un ajusticiamiento y una muestra por parte de la Casa Blanca de que no toleraría ningún conato de resistencia que amenazara la seguridad nacional y el cumplimiento del destino manifiesto. Y lo parece porque Miles movilizó a una fuerza de cinco mil hombres y varios centenares de exploradores apache y navajo, todos ellos dotados de armamento moderno y de heliógrafos que facilitaban el cerco, contra una fuerza que contaba con Gerónimo y veinticuatro seguidores.

Capturados, tanto él y los suyos como los apache que habían ayudado a su detención, sin distingos, fueron enviados a una reserva en Texas y después a Florida. Algunos de ellos fueron obligados a estudiar, en un claro ejercicio de reeducación, mientras que el propio Gerónimo fue utilizado como atracción turística: cualquiera podía pagar para ver en su celda al que la prensa había retratado como un sanguinario asesino. Años después fue llevado a diferentes exposiciones en Nueva York y San Luis y acabó convertido en una celebridad.

El Gobierno estadounidense sacó todo el provecho que pudo a aquellas exhibiciones, para presentar a los nativos americanos como dóciles y al tiempo como esperpentos, caricaturas de lo que un día fueron. Gerónimo aprovechó su posición para solicitar a Roosevelt un cambio en su política con los apache, pero el presidente tenía claro que eran hostiles y le recordó, apoyando su negativa, el sufrimiento que habían causado. Quizá contribuyó el hecho de que pequeñas bandas apaches siguieron guerreando hasta su ultimo aliento, en 1924. Después, sus miembros fueron pisando una y otra reserva, sufriendo el frío y las enfermedades propias del encierro, hasta recalar en el territorio de Oklahoma con otras decenas de tribus. Gerónimo falleció en 1909 de neumonía y con él se enterraba el hacha de guerra en las llanuras del Medio Oeste americano.

VI. ¿Y DESPUÉS DEL GRAN ESPÍRITU?

«ENTERRAD MI CORAZÓN EN WOUNDED KNEE»

Una vez que las tribus indias habían sido sometidas y Estados Unidos controlaba el territorio continental que iba desde la costa este hasta la oeste, las autoridades de la Casa Blanca decidieron entonces dilapidar cualquier intentó de rebelión y, para ello, como país soberano y democrático, promulgaron una serie de leyes que constituyeron el golpe final para los nativos.

Los indios, vencidos y circunscritos al espacio de las reservas, dependientes totalmente del Gobierno estadounidense, no estaban en condiciones de fraguar una revuelta o, a lo sumo, levantamientos locales, pero Washington sabía muy bien que el tiempo podía curar sus heridas y hacer que aparecieran conatos de violencia contenida si el sentimiento de identidad a una tribu o a una nación continuaba vivo. Por ello, en 1887 puso en marcha una legislación muy agresiva bajo la tutela del senador Henry Dawes, conocida comúnmente como la ley Dawes[313], a la que hemos aludido ya antes. Esta suponía la parcelación de las reservas a disposición de los deseos del Gobierno de Estados Unidos y su entrega a los

---

313 Dawes Act (1887). An Act to Provide for the Allotment of Lands in Severalty to Indians on the Various Reservations (General Allotment Act or Dawes Act), Statutes at Large 24, National Archives.

indios residentes en las mismas, lo que ocasionaba una pérdida de las tradiciones de cada tribu y su vida en común para imponer un sistema basado en la propiedad privada, propio del capitalismo decimonónico. Los indios, además, podían renunciar y vender los terrazgos entregados al Estado, lo que provocó que dos tercios de estos, prefiriendo obtener dinero, malvendieran sus tierras aumentando la superficie federal[314]. Sin duda, los condenaba a la desaparición a cualquier sentimiento común de pertenencia a la tribu en dos o tres generaciones, porque, además, en las reservas se implantaban ya formas de subsistencia relacionadas con la agricultura y la ganadería y se animaba a los indios a asistir a la escuela, como una herramienta más de aculturación.

INDIAN LAND FOR SALE

GET A HOME
OF
YOUR OWN
❊
EASY PAYMENTS

PERFECT TITLE
❊
POSSESSION
WITHIN
THIRTY DAYS

FINE LANDS IN THE WEST
IRRIGATED   **GRAZING**   **AGRICULTURAL**
IRRIGABLE   **DRY FARMING**

Detalle de un popular cartel del Departamento de Interior estadounidense que anuncia la puesta en venta de tierra india, protagonizado por el siux yankton No Temeroso de los Pawnee [United States Department of the Interior, 1911].

---

314 Schultz, Jeffrey, *et al.*, *Encyclopedia of Minorities in American Politics: Hispanic Americans and Native Americans*, Nueva York, Greenwood Publishing, 2000.

El exvicepresidente Curtis, que dio nombre a la ley de 1898, se fotografía con nativos americanos (Harris & Ewing, 1928) [Library of Congress].

Las denominadas cinco tribus civilizadas, que habían sido expulsadas de sus dominios en el este del Misisipi años atrás, estaban establecidas en el territorio indio, que ocupaba buena parte del actual estado de Oklahoma. La condición de aquel traslado, que había afectado a las etnias seminola, cheroqui, chickasaw, choctaw y creek, fue que el territorio propio se mantuviera en el tiempo, pero, en 1898, el Gobierno de Estados Unidos puso a fin a lo prometido y promulgó la ley Curtis. La norma venía a indicar que lo mismo que se había llevado a cabo en el resto de las reservas se trasladaba al territorio indio, con la idea de crear un nuevo estado que obedecería al nombre de Oklahoma. El rigor del clima y la parcelación en unidades más pequeñas dieron lugar a que los nativos perdieran todos sus territorios comunes y tuvieran que mantener a sus familias con tierras poco productivas, lo que aumentó el número de ventas al Gobierno federal. La norma, que oficialmente se llamaba Ley para la Protección del Pueblo del Territorio Indio, no hizo más que finiquitar los últimos resquicios de unidad tribal que quedaban.

Sin embargo, aquella legislación provocó algo más que se escapó al control de las autoridades estadounidenses y que dejó el camino expedito para que triunfara la danza del Gran Espíritu o la «danza fantasma». Durante cientos de años, cada tribu había creado una identidad nacional propia basada en el uso común de la tierra, asentadas sobre grandes extensiones en las que los elementos geográficos habían consolidado las fronteras naturales. Los distintos pueblos se habían relacionado escasamente entre sí, más allá de pequeñas guerras locales o intercambios comerciales. Por tanto, habían surgido naciones como la apache, la comanche, la siux o la creek, con diferencias acusadas pero, sobre todo, con distintas percepciones identitarias de grupo. La reclusión de los indios en reservas, a medida que fueron siendo vencidos en las guerras locales que el Gobierno de Estados Unidos libró con cada una de ellas, y el establecimiento de acuerdos siempre perjudiciales para los nativos conllevaron que comenzaran a tener una relación más compleja. Un ejemplo considerable lo supone el territorio indio en el actual estado de Oklahoma, al que fueron enviadas en primera instancia las cinco tribus civilizadas y que posteriormente fue ocupándose con pueblos que habían sido derrotados por las armas y alejados de sus lugares de origen. De pronto, unos pocos apache tenían relación con la nación creek y los lakota se veían compitiendo por la caza con los choctaw. Cuestiones que elevaron el nivel de las relaciones y eliminaron las fronteras que durante años habían mantenido separadas a todas las tribus. Había decenas de reservas, pero muchas de ellas no eran privativas de una sola tribu, lo que condujo a que de pronto naciera un sentimiento de identidad común que nunca había existido. Sufrían el mismo rigor del clima, pasaban las mismas necesidades, sus hijos padecían la misma hambre y a todos ellos los privaron de sus formas de vida ancestrales. En unos años, sin que jamás se abandonara el sentimiento de pertenencia a una tribu, todos ellos se sintieron identificados con un mismo destino y empezaron a considerarse indios nativos de Norteamérica. Las mentes de todos ellos parecían dispuestas a abrazar una esperanza y llegó la mencionada danza del Gran Espíritu, de mano de los paiute del norte, en la palabra de Wovoka.

La célebre obra de Dee Brown *Enterrad mi corazón en Wounded Knee*[315] constituyó un antes y un después en la percepción de los propios estadounidenses sobre lo que habían sido las guerras indias. A aquel lo siguieron otros autores en busca de esclarecer la verdad sobre la denominada conquista del Oeste. En nuestro texto hemos ido exponiendo pequeños relatos sobre el sometimiento de los pueblos nativos de Norteamérica y, llegados a este punto, hemos de detenernos en la última esperanza real que tuvieron sus protagonistas de rebelarse contra el hombre blanco. Las circunstancias se habían dispuesto para que cualquier conato que sonara a libertad tuviera cabida en las reservas indias. Las principales tribus habían sido vencidas, dispersadas y encerradas; las reservas bullían de gente que malvivía, asaltada por el hacinamiento y los problemas que siempre derivan del mismo: subalimentación, frío, enfermedades y alcohol; y precisamente las leyes que obligaban a ello habían dejado un poso para que los indios tuvieran algo en común, aunque solo fuera el sufrimiento.

Gerónimo, Nube Roja, Cochise... todos los grandes jefes se rindieron ante la superioridad militar de la nueva nación estadounidense, pero ante todo lo hicieron escuchando promesas que garantizaban la tierra y la seguridad de sus pueblos y que tarde o temprano se rompieron. Probablemente, como sugerimos, si hubieran sabido que lo pactado era tan solo palabrería, hubieran luchado hasta la muerte. Y no solo los jefes, sino la mayoría de las naciones nativas. Cuando, en 1889, comenzó a extenderse la danza del Gran Espíritu, muchos vieron la oportunidad de amarrarse a algo, de volver a la rebeldía que durante décadas habían mantenido.

Wovoka, un chamán de la tribu paiute del norte, había bebido de las enseñanzas de su tribu, que años antes ya practicaba danzas que, según sus creencias, servían para estable-

315 Brown, Dee, *Enterrad mi corazón en Wounded Knee*, Madrid, Bruguera, 1973.

Reserva del Río Cheyene, 1890. La banda miniconjou de Alce Monteado,
vigilada por oficiales de caballería e infantería, durante una danza de la Hierba,
precursora de la danza guerrera del Gran Espíritu [Library of Congress].

«La danza fantasma [o «del Gran Espíritu] de los indios siux en
Norteamérica» [*The Illustrated London News*, 3 de enero de 1891].

cer una comunicación con los muertos. El primer día del año 1889, el chamán paiute tuvo una visión y a partir de ahí se convirtió en el profeta de la danza del Gran Espíritu, que básicamente consistía en bailar durante un tiempo en círculos para comunicarse con los muertos. Los guerreros caídos proveerían de fuerza a los vivos y los ayudarían en el combate contra los invasores. Llegaron al extremo de vestir camisas rituales, convencidos de que los protegerían de las balas.

En su cosmovisión se manifestaba como algo posible, una esperanza que no tenían, y, por ello, aquel ritual tardó muy poco tiempo en extenderse de reserva en reserva por toda la costa occidental y después por las llanuras. Los viajeros o cualquier indio con autorización para viajar trasladaron el conocimiento de la danza y los supuestos secretos de su poder a cada rincón de los territorios en los que vivían nativos. Pero, al mismo tiempo, los agentes indios y las autoridades que debían informar a Washington comenzaron a sentir miedo de que aquella actividad fuera realmente tan peligrosa, los primeros por convencimiento y los segundos porque jamás habían visto una unión tan clara entre las tribus. En poco más de un año, todos los pueblos nativos del Medio Oeste practicaban, de una u otra manera, aquella danza. Incluso los lakota lo hacían y Toro Sentado no fue una excepción. Algunas autoridades desconfiaron del viejo jefe hunkpapa que había liderado a los suyos en las guerras siux una década antes y optaron por detenerlo, pensando que su carisma podría ser suficiente como para elevar la hostilidad de la danza. Murió, asesinado, víctima de un malentendido.

Los lakota habían sido la tribu más combativa y la que había infligido la derrota más amarga a los estadounidenses, en Little Bighorn, razón por la que eran los más vigilados de entre todos los indios. El movimiento de jefes lakota por la reserva despertó la inquietud de las autoridades, que vieron una amenaza en el jefe miniconjou Alce Moteado y lo trasladaron por la fuerza a la reserva de Pine Ridge para alejarlo de sus aliados. El líder indio se estableció con su gente cerca del río Wounded Knee y acampó a la espera de instrucciones, pero, cuando las fuerzas estadounidenses fueron a desposeerlos de sus armas, se desencadenó un enfrentamiento que terminó en una masacre. Treinta y un soldados americanos murieron aquel día en el tiroteo, mientras que noventa lakota, la mayoría mujeres y niños, perecieron a causa de las balas y de los cañones apostados en las colinas circundantes que controlaban el campamento de Alce Moteado. Fue una de las mayores masacres y también la última registrada contra los pueblos americanos nativos y supuso la confirmación de que Washington no iba a permitir ninguna dilación en el cumplimiento de su misión. Al menos veinte soldados fueron condecorados con la medalla de honor y la masacre fue recordada como una batalla durante muchos años. En 1965, Wounded Knee fue declarado monumento nacional y hoy es el escenario de un reconocimiento por parte de nativos que cada año honran a sus muertos. La danza del Gran Espíritu decayó y se siguió bailando en círculos mas íntimos, sin tanta repercusión, ya que la mayoría de los amerindios temían que la violencia de Washington se extendiera si lo hacían sus rituales. Así concluyeron las denominadas guerras indias.

Alce Moteado yace muerto sobre la nieve tras la masacre de Wounded Knee, el 1 de enero de 1891 (detalle) [Northwest Photo Co., Chadron, Nebraska].

UN MUNDO NUEVO

Wounded Knee fue la consagración final de unos pueblos que veían, tras muchas vicisitudes, cómo el sueño de la libertad llegaba a su fin, pero no fue, ni mucho menos, el ocaso de las naciones americanas nativas. Pese a la planificada política federal de acabar con sus tradiciones y hundir sus culturas en lo más profundo del olvido, no consiguieron sino despertar un sentimiento de resistencia que perdura en la actualidad. Tras la masacre, las medidas impuestas en las reservas se endurecieron y muchos de los niños indígenas fueron obligados a estudiar en las escuelas, mientras que la vigilancia sobre las lenguas nativas se hacía cada vez más fuerte. Los indios tenían prohibido hablar sus propias lenguas y la educación estaba orientada a anular las tradiciones y conseguir que los más pequeños renegaran de los suyos o, al menos, no confiaran en que eran modelos que seguir[316]. La perseverancia de los pueblos nativos consiguió paliar aquellas políticas y mantener la escasa llama que aún sustentaba lo que en otro tiempo habían sido orgullosas naciones.

El encierro en reservas y la proyección de un sistema que anulaba a las tribus indias y las encorsetaba en espacios reducidos de tierra, bajo la supervisión del Gobierno, tuvieron su final en la Ley de Reorganización India de 1934, momento en el que se pusieron en marcha un conjunto de políticas federales que pretendían la autonomía y mayores cuotas de libertad para los pueblos nativos.

La ley de 1934, dirigida por el comisionado de Asuntos Indios John Collier y respaldada por el mismo presidente de los Estados Unidos, Franklin Delano Roosevelt, trató de anular la normativa de la anterior ley Dawes y posibilitar una integración de las tribus americanas dentro de la estructura federal, pero guardando un grado de autonomía que permitiera su recuperación y el renacimiento de su identidad cul-

---

316 Kawagley, Angayuqaq, «Mi lugar, mi identidad», Pueblos indígenas de hoy, *ejournalUSA*, 14, 6, 2009, p. 11.

tural; sin embargo, fue recibida de manera distinta por las diferentes etnias. El hecho de que la decisión federal fuera sometida a referéndum por cada uno de los pueblos nativos era un avance que se alejaba de la anterior imposición por medio de leyes y, en el peor de los casos, por métodos violentos; aun así, la norma no se ajustaba a cada tribu de manera independiente y algunas de ellas, tan importantes como la nación navajo, no quisieron aceptarla.

Esta ley y la posterior de Reclamaciones Indígenas de 1946 sirvieron para recuperar algunas tierras que el Gobierno de los Estados Unidos tenía reservadas y aún no había vendido a terceros, lo que supuso un fortalecimiento de algunas tribus sobre los campos que poseían e incluso hizo que estas crecieran en extensión. Por el contrario, hacia la mitad de la década de 1950 se alzaban algunas voces en el Congreso de los Estados Unidos que pretendían una continuación de las políticas de terminación, es decir, que reclamaban que las comunidades indígenas fueran asimiladas y formaran parte del país, así como que los nativos se convirtieran en ciudadanos de pleno derecho. Estas políticas incidieron en la desaparición de 61 naciones que perdían su estatus autónomo y su relación directa con el Gobierno federal y estuvieron respaldadas por la Ley de Reubicacion India de 1956.

Con todo, noventa años después, la ley de 1934 sigue vigente con una serie de enmiendas y las comunidades indígenas conservan un estatus de autonomía y una relación directa con el Gobierno federal y estatal. Las reservas son el común denominador y a partir de ellas emanan poderes tribales con autonomía suficiente como para ejercer la justicia y la seguridad, controlar sus propios sistemas educativos y mantener sus tradiciones culturales. Esto ha dado lugar a una recuperación paulatina de las naciones nativas, que pasaron de varios millones a tan solo un cuarto de millón de sus pobladores en los albores de 1890[317] y que ahora constituyen un número censado en alrededor de cuatro millones.

---

317   Report on Indian Taxes and Indian not Taxes, Departamento del Interior, Census Office, Washington, 1894.

Estados Unidos en torno a 1910 [elaboración propia].

Esto representa un pocentaje reducido (1,3) con respecto a los trescientos treinta millones de habitantes que pueblan Estados Unidos. Las 560 naciones nativas están repartidas en poco más de trescientas reservas y ocupan un espacio aproximado de doscientos cincuenta mil kilómetros cuadrados[318], aunque el setenta por ciento de la población amerindia vive o interactúa fuera de sus fronteras[319], lo que ha dado lugar a un mestizaje que arroja cifras que rozan los nueve millones de habitantes.

Los indios nativos ya no se dedican a la caza y a la recolección, viven integrados en el mundo que les rodea como cualqueir estadounidense; no obstante, sus tradiciones siguen presentes. La lengua, elemento identitario que fue prohibido durante los periodos de reeducación que siguieron al sometimiento militar, especialmente centrados en los niños, ha ido recuperando su protagonismo; cierto es que las tri-

---

318 Oficina de Asuntos Indígenas. Consultado en USAGov en Español.
319 Weaber, Jace, Las oscilaciones en la política indígena, Pueblos indígenas de hoy, *ejournalUSA*, 14, 6, 2009, p. 18.

bus minoritarias ven cómo sus lenguas desaparecen cuando fallecen sus ancianos, pero las políticas puestas en marcha por los Gobiernos tribales apuestan por su recuperación y mantenimiento. En algunos estados, como California, prevalecen muchos idiomas originarios y en otros, como Alaska, hasta una veintena de ellos son cooficiales con el inglés. Una peculiaridad de Estados Unidos es que no tiene una lengua oficial federal y son los estados los que fijan tales cuestiones, lo que hace que, en algunos como Arizona, en el que hay una importante poblacion navajo, su idioma sea cooficial.

En cualquier caso, la supervivencia de los nativos en Norteamérica no debe considerarse desde una perspectiva optimista porque hay muchos problemas que solucionar, algunos de ellos arrastrados como un lastre desde la época de la colonización del Medio Oeste y de las mal llamadas guerras indias. Los indios ocuparon un puesto protagonista en cientos de películas del género wéstern y durante décadas fueron representados por la industria cinematográfica más poderosa del mundo como villanos desharrapados y asesinos, lo que estigmatizó a aquellas antiguas naciones como portadoras de una resistencia cruel y desmedida en contra de los intereses de todo un país. Pero aquel no fue el mayor de los problemas, ya que, una vez que la situación se hubo normalizado, lo que sobrevino fue una absoluta invisibilización de las etnias indígenas, encerradas aún en reservas y padeciendo problemas derivados de su sometimiento, particularmente relacionados con la salud y el alcoholismo.

Para llegar a la situacion actual, los indios tuvieron que presentar una dura batalla activista que cambió de nuevo el modelo de terminación por el de autodeterminación, siempre dentro de un ámbito federal muy controlado. Durante la década de los años sesenta del siglo XX, confluyeron una serie de protestas contra las políticas de Washington que abogaban por el reconocimiento de derechos de las minorías. Así, tras el brutal asesinato de Emmett Till y el suceso de los autobuses de Montgomery protagonizado por Rosa

Parks, el Movimiento de Derechos Civiles liderado por Martin Luther King estalló en todo el país y conoció su mayor radicalización en la organización Panteras Negras. Algunos de estos movimientos, como el de los Boinas Cafés, formado por chicanos, y el Movimiento Indio Americano, que agrupaba a representantes de las naciones nativas, tuvieron una gran repercusion en los medios de comunicación de la época, precisamente por acciones que buscaban el reconocimiento social y la visibilización de sus realidades. Los primeros ocuparon la isla de Santa Catalina, en California, alegando su derecho de reclamación por un vacío legal en el Tratado de Guadalupe Hidalgo de 1848; los segundos, es posible que estuvieran involucrados en la ocupación de la isla y antigua prisión de Alcatraz[320], argumentando que, según el Segundo Tratado de Fort Laramie de 1868, cualquier territorio abandonado por el Gobierno de los Estados Unidos podía ser reclamado por las naciones americanas nativas. Así, entre el 20 de noviembre de 1969 y 11 de junio de 1971, un grupo de nativos se hizo con la isla alegando su derecho de ocupación debido a su naturaleza de *terra nullius.* Lo cierto es que en 1963 había habido algún intento fallido aprovechando el cierre de la prisión. Además, el incendio del Centro Indio en la ciudad de San Francisco en 1969 empujó a los nativos a intentarlo.

Resulta paradigmático que los activistas indios procedieran de tan dispares naciones como las creek, navajo, ute, cheroqui, winnebago, mohawk, shoshone o inuit, entre otras, ya que esto refleja el malestar por parte de prácticamente todas las antiguas naciones, sin excepción. Durante un año y medio, más de cuatrocientos activistas ocuparon la prisión apoyados por una buena parte del tejido social de la ciudad de San Francisco, solidarizada con las exigencias de las naciones nativas, que pretendían crear en la antigua prisión un centro cultural indio que supliera las pérdidas sufridas en el anterior incendio de su propio centro de la ciudad.

---

320 Johnson, Troy, *The occupation of Alcatraz Island: Indian self-determination and the rise of Indian activism*, Universidad de Illinois, 1996.

Muelle de la isla de Alcatraz en la ocupación india de
1969-1971 [GOGA Park Archives, CC BY-ND 2.0 DEED].

Algunos actores de Hollywood y bandas de música apoyaron la ocupación de la isla, con visitas, actuaciones en
directo y donaciones. Desde la estación de radio de la prisión, los indios consiguieron emitir programas a través de la
denominada Radio Alcatraz Libre, alcanzando los cien mil
oyentes tanto en la ciudad de San Francisco como en Nueva
York y Los Ángeles. Al mismo tiempo, la repercusión entre
los pueblos amerindios fue enorme y propició otros actos de
protesta como la ocupación, el día de Acción de Gracias, del
Mayflower II, que reproducía el barco homónimo que trajo a
los primeros peregrinos a la costa este.

La aventura terminó por la fuerza tras la accion directa del
Gobierno de Estados Unidos, pero desencadenó un cambio
en las políticas federales hacia las naciones, asumiendo un
aumento de su autonomía y reconociendo, en parte, los problemas que azotaban a los indios. No obstante, las tensiones

continuaron cuando, en 1973, un grupo de activistas lakota del Movimiento Indio Americano y de la Organización de Derechos Civiles Siux Oglala (OSCRO) ocuparon la pequeña localidad de Wounded Knee, lugar simbólico pues casi cien años antes había tenido lugar allí una de las mayores masacres de nativos originarios y el fin de cualquier esperanza de libertad. La toma de la ciudad tenía por objeto la dimisión del presidente tribal Richard Wilson, que había establecido una serie de medidas autoritarias, y las antiguas reclamaciones sobre la mejoría de las condiciones de vida de los indios, lo que provocó una respuesta de las autoridades federales, especialmente del FBI, que acordonaron el núcleo urbano y redujeron a los ocupantes a una situación de asedio. Wounded Knee atrajo a cientos de indios de otras naciones y simpatizantes de su causa, al tiempo que el cerco se iba fortificando y el FBI se apoyaba en unidades del Ejército.

Pasados treinta días, el clima se había complicado con una mayor presencia de fuerzas federales, mientras que los indios habían declarado la nación oglala independiente circunscrita al espacio geográfico de Wounded Knee. Se cortaron todas las líneas de suministro a la localidad, incluidos el agua y la electricidad, lo que ejerció una mayor presión sobre los manifestantes. Sin embargo, el apoyo a la causa india se elevó a los mismos estándares que en la ocupación de Alcatraz y actores de una relevancia indiscutible como Marlon Brando, nominado a los Óscar por su papel en *El padrino*, renunciaron al premio en protesta por la situación en la que vivían los indios americanos. Pero la aventura no duró demasiado y, el día 8 de mayo de 1973, tras 71 días de asedio y un balance de dos activistas y dos agentes del FBI muertos, catorce heridos y un desaparecido, el asedio concluyó con la recuperación de Wounded Knee y el desalojo de los activistas. El gobernador tribal Richard Wilson continuó en el cargo y en los siguientes meses se incrementó la criminalidad en la reserva como consecuencia de la actividad de los Guardianes de la Nación Oglala, de carácter militar y dependientes de sus órdenes directas. Lo cierto es que, unido esto a las protestas de Alcatraz, el Movimiento Indio Americano había forzado un cambio en la hoja de ruta de Washington y una tendencia que iba a dilapidar la terminación en favor de una mayor autonomía para los pueblos indios.

Desde entonces, las condiciones de vida de los indios mejoraron, concretamente porque a la independencia política y judicial en sistemas autónomos tribales le siguieron otras medidas como la Ley Reguladora del Juego Indio de 1988, controvertida por la naturaleza del juego y la relación con los malos usos pero que, en definitiva, sirvió como modelo de financiación de las naciones y de las reservas y como una notable fuente de ingresos. La Declaración de las Naciones Unidas de los Derechos de los Pueblos Indígenas de 2007, aunque carecía de un carácter vinculante, reunía la intencionalidad de la mayoría de los Estados del mundo de reconocer los derechos de naciones y pueblos indígenas, lo que resulta especialmente relevante porque el Gobierno de Estados Unidos apoyó dicha normativa[321].

«Recuerda Wounded Knee». Detalle de un icónico cartel conmemorativo de la ocupación, con la imagen del kiowa Bobby Onco (1973) [Library of Congress].

---

321 Resolución 61/295, de Declaración de las Naciones Unidas de los Derechos de los Pueblos Indígenas.

SIMPLEMENTE, NÚMEROS...

Es fácil acercarse a la situación de los pueblos nativos a través de los datos y percatarse de que el proceso de colonialismo de asentamiento y genocidio descrito a lo largo de este libro dejó una huella profundamente marcada en sus condiciones de vida, incluso en las actuales, arrastradas por varias generaciones. Las tasas de desempleo y pobreza, la adaptación a las formas de vida urbanitas, la disminución de elementos identitarios como las lenguas maternas, la debilidad ante las enfermedades y las altas tasas de mortalidad son elementos presentes en las comunidades indígenas y responden a un lastre que pervive y está directamente relacionado con las políticas estadounidenses que durante décadas encerraron a los pueblos nativos en las reservas.

El estudio de Russell Thornton, ya citado, *American indian holocaust and survival. A population history since 1492* es esclarecedor. Centrándose en análisis previos y estudios censitarios, nos acerca a una realidad difícil de comprender si no es con los datos. En esta parte final de nuestro recorrido, las conclusiones son importantes y, sustentadas sobre números concretos, refuerzan los efectos que la edulcorada conquista del Oeste tuvo para los pueblos indígenas. La primera gran aprecicación debe descansar en la cantidad de indios que poblaban el territorio que hoy comprende los Estados Unidos de América, la cual oscila entre los trece y los cuatro millones según las estimaciones de Dobyns y Denevan[322], respectivamente, y reducida a un cuarto de millón en 1890. Evidentemente, hay que introducir aquí la variable del propio censo, que probablemente no contemple o contabilice a todos los nativos pero que arroja una cifra aproximada que explica el efecto de la colonización del territorio. Desde entonces, las poblaciones nativas fueron recuperando su peso demográfico y se sitúan en la actualidad en torno a los

---

322 Denevan, William, *The native population of the Americas...*, p. 291; Dobyns, Henry, *Estimating aboriginal American population...*, p. 415.

cuatro millones de habitantes, lo que representa algo más del uno por ciento del total poblacional del país.

El porcentaje de incremento de la población europea no tuvo competidor entre los siglos XVI y XIX, con algo mas del cuatrocientos por ciento[323], lo que implicó que buena parte del auge poblacional que experimentó Estados Unidos desde su independencia hasta el final del colonialismo de asentamiento del Oeste se debiera a esa realidad. Un incremento imparable y difícilmente cuestionado por una población nativa escasa y repartida por un enorme territorio, que contrasta con los más de tres millones de alemanes, casi tres millones de irlandeses, dos millones de ingleses y medio millón de escandinavos que terminaron recalando en Estados Unidos a partir de 1818, a los que habría que sumar otros dos millones procedentes de otras naciones como Rusia, Italia o el Imperio austrohúngaro, entre otros. Un total de diez millones desde 1820 a 1880[324].

Ya hemos visto, con algunos ejemplos, cómo las distintas poblaciones nativas fueron descendiendo de manera paulatina, desde la entrada masiva de europeos hasta la finalizacion de la denominada conquista del Oeste, en alarmantes cifras. Y cómo las enfermedades fueron fundamentales para elevar el porcentaje de mortalidad entre los indios, particularmente epidemias causadas por el contacto con los blancos europeos, cuyos sistemas inmunitarios ya habían superado el riesgo de deceso por las mismas; las poblaciones de todas las tribus, casi sin excepción, descendieron en torno al setenta y cinco por ciento en el transcurso del siglo XIX y solo algunas como los cheroqui mantuvieron los mismos niveles[325]. La proporción de epidemias alcanzó, según datos aportados por Ewers y recogidos por Thornton, un total de treinta entre 1690 y 1890 solo entre los indios de Texas, afec-

323 Durand, John, «Historial estimates of world population: an evluation», *Population and Development Review*, 3, p. 259.

324 Borrie, William, *The growth and control of World Population*, Londres, Weindenfedl and Nicolson, 1970.

325 Mooney, James, «The abroginal population of America North of México», en Swaton, John (ed.), Smithsonian Miscelaneous Collections, 80, 1928, p. 8.

tando a todas las tribus de la región[326]. De todas ellas, las de los karankawa, los akokisa, los bidai y los coahuiltecos se extinguieron en su totalidad, otras seis tribus lo hicieron en más de un setenta y cinco por ciento y las restantes cuatro en valores inferiores al cincuenta por ciento. Cifras espectaculares que se trasladaron a todas las regiones del Medio Oeste.

Los valores previos a la colonización y el genocidio nunca se recuperaron. Aunque la población nativa llegara a superar los cuatro millones de habitantes de hoy, las condiciones que rodeaban a las tribus no eran las más adecuadas y ello repercutió claramente en su crecimiento. Después de Wounded Knee, en 1890, fecha que consideramos clave como el final de la resistencia india organizada, la diferencia entre nacimientos y defunciones era negativa, probablemente por las condiciones a las que fueron sometidos los indios en las distintas reservas. Este periodo, que abarca los siguiente treinta años, arrojaba cifras devastadoras en la mayor parte de las tribus[327], debido especialmente a una baja natalidad. La llegada del Estado de bienestar a Estados Unidos tras la Segunda Guerra Mundial conllevó una reducción de la mortalidad que transformó el crecimiento vegetativo de los indios, aunque seguían asaltados por otras cuestiones como la mortalidad infantil: en 1955 se ubicaba en los 60,9 casos por cada mil habitantes, mientras que en el conjunto de la población estadounidense era de 26,4; datos que se han ido recuperando y equilibrando hasta registrarse en 1980 las 13,4 defunciones por cada mil habitantes en los primeros y un 12,6 en los segundos. Esto nos conduce a pensar en una recuperación, lenta y costosa, a lo largo del siglo XX[328]. Actualmente, apenas hay diferencias entre uno y otro colectivo poblacional.

En 1955, 1,42 de cada 10 000 indios moría por cirrosis, cifra que aumentaría en los siguientes años, asentada casi en el doble de la que afectaba al conjunto de los estadounidenses. La diabetes, las enfermedades pulmonares y el suicidio

---

326 Ewers, John, «The influence of Epidemics on the Indian…», p. 108.
327 Thornton, Russell, *American indian holocaust…*, pp. 166-167.
328 *Ibid.*, p. 169.

también resultan más comunes entre las poblaciones indígenas, aunque parecen lejos de generar las enormes cifras de fallecimiento que causan enfermedades cardiovasculares y cerebrales o cánceres[329]. Esto señala una relación directa entre las enfermedades modernas que afectan a los estadounidenses en su conjunto y el estrés de las ciudades que habitan, frente a los males que afectan a la sociedad indígena. Debemos tener en cuenta que la población nativa reside en un setenta por ciento fuera de las reservas, lo que no quiere decir que lo haga en las ciudades: ese treinta restante y la población que, sin habitar en las reservas, lo hace en entornos rurales supone la tendencia contraria a ser afectado por males relacionados con el ritmo de vida más ajetreado de las grandes urbes.

Pese a ello, los porcentajes de indios americanos residentes en las ciudades han ido en aumento desde Wounded Knee. En 1890, el número de urbanitas era inexistente, pero poco a poco fue creciendo hasta que, en 1980, la población india residente en ciudades estadounidenses había llegado al cuarenta y nueve por ciento[330]. Hoy alcanza el sesenta y cinco.

El aspecto positivo de todo esto es que se permitió una mayor integración en los valores de conjunto del resto del país, pero, por otro lado, se producía una disminución del peso cultural de las tribus. Se calcula que solo el treinta y dos por ciento de los indios siguen manteniendo como forma de comunicación habitual su lengua materna nativa, porcentaje que crece hasta el cincuenta y ocho entre los indios que viven en las reservas[331], donde el aislamiento propicia una burbuja cultural y donde, además, las políticas tribales en cuanto a la preservación de los valores culturales tienen una mayor proyección. En cualquier caso, la población indígena se ha recuperado en un tortuoso camino, a partir de 1890, que ha sufrido las variaciones políticas de los Gobiernos federales.

---

329 *Ibid.*, pag 170.
330 Thornton, Russell, Sandefur, Gary y Grasmick, Harold, *The urbanitation of American indians: a critical bibliography*, Bloomington, Universidad de Indiana, 1982, p. 14
331 Thornton, Russell, *American indian holocaust...*, p. 238.

Epílogo
Una guerra que no fue

El epílogo que cierra este libro no puede por menos que llevar este título, con el fin de sintetizar el sentido de nuestro estudio. Y es que lo que comunmente se han denominado «guerras indias» no fueron en realidad tal cosa. La cuestión que planteábamos al principio de estas páginas como hipótesis principal es que Estados Unidos nació y se extendió a lo largo de la geografía que actualmente ocupa gracias a una política colonial que presentó pocas diferencias con respecto a otros sistemas metropolitanos contemporáneos. Se dieron episodios de sometimiento como el colonialismo de asentamiento y el genocidio, aprovechando herramientas o «armas invisibles» que favorecieron el plan estadounidense de expansión. No obstante, la idea que mantuvo Washington fue la de una resistencia indígena que imposibilitaba el progreso natural de una nación en vías de industrialización y la de una guerra entre la civilización y la barbarie, interesada en justificar la eliminación sistemática de las naciones americanas nativas. Por ello, a lo largo de este texto hemos ido demostrando cómo esa hipótesis se cumple y lo hace en varios puntos: la puesta en marcha de políticas destinadas a ello, el uso de acciones y modelos para facilitar su cumplimiento y el sostenimiento de la idea de que fue una guerra.

En primer lugar, las políticas emprendidas por el Gobierno estadounidense para llevar a cabo la expansión continental de su territorio se tradujeron en un oportunismo político y militar que lo expuso a una rivalidad con todas las naciones que tenían intereses en el continente: España, Rusia, Francia, México y, especialmente, Reino Unido. Pero aquellos acuerdos, ventas y capitulaciones nunca tuvieron en cuenta la propiedad de la tierra de las naciones nativas, sobre las que se aplicó una política colonial similar a la de los Estados europeos entre 1885 y los procesos de descolonización. Estados Unidos asistió a la Conferencia de Berlín en 1885: lo hizo como un país colonialista que no obtuvo territorios en el continente africano porque lo que perseguía era afianzar su poder en el americano, libre de las injerencias del resto de potencias. La conquista del territorio y su integración en la realidad política estadounidense han camuflado el hecho de que fue un colonialismo al uso, que podemos definir como de asentamiento. La única diferencia entre Reino Unido, por ejemplo, y Estados Unidos es que el primero creó un imperio colonial controlado por la metrópoli y el segundo integró políticamente ese imperio colonial; la única diferencia entre los zulús y los apaches es que los primeros pudieron recuperar su independencia tiempo después y los segundos siguen perteneciendo al país que los conquistó.

Junto con el colonialismo de asentamiento dirigido desde la Casa Blanca en virtud de la búsqueda del destino manifiesto y la expansión territorial estadounidense, se dio otra dramática realidad basada en el darwinismo social y las teorías de la superioridad racial que imperaban en aquel momento: el genocidio. Al principio de este libro planteábamos las características propias de este drama y veíamos cumplidas todas ellas en las políticas washingtonianas de sometimiento de los nativos, cuestión que se ha pasado por alto dada la magnificiencia y alcance del cine hollywoodiense y la imposición de una cultura maniquea que ha calado a lo largo de generaciones, diferenciando entre buenos y malos. El genocidio fue una realidad: se eliminó a los miembros de un grupo humano, no individualmente sino de manera colectiva; su internamiento y privacion de libertades conllevó un daño grave sobre su integridad física y mental; de manera intencionada, amparándose en las leyes emanadas del Congreso, se planeó la destrucción del grupo; se impusieron políticas destinadas a impedir los nacimientos de indios nativos; y se alteraron las condiciones de los niños trasladándolos a otros lugares, influyendo en su educación y dogmatizándolos a conciencia.

Estados Unidos puso en marcha una serie de herramientas que utilizó, algunas veces de manera deliberada y otras por simple omisión, para conseguir sus fines expansionistas. Cierto es que algunas de estas herramientas no fueron construidas por los estadounidenses con la intención de ser usadas como armas, pero se mostraron muy útiles como tales. Exponíamos en las primeras páginas la influencia del alcohol; el encierro y la reeducación de los más pequeños; el uso de leyes para legitimar las medidas impuestas por la fuerza; el efecto del ferrocarril como medio de exportar el progreso a cada rincón del continente; la aniquilación del bisonte, medio de vida predilecto de las tribus de las llanuras; la manipulación sobre el uso de la violencia para estigmatizar la brutalidad del indio; y el impacto de las enfermedades en todas y cada una de las tribus.

Estos abundantes elementos fueron definidos como armas invisibles o silenciosas, todos ellos coetáneos de la conquista del Oeste y al servicio del hombre blanco. Como hemos podido observar a lo largo de este ensayo, cada una de estas cuestiones fue en detrimento de las tribus nativas y coadyuvó a que el desastre fuera mayor. Individualmente, constituyeron un problema añadido para cada una de las tribus, pero en conjunto, y unidas a las políticas de colonialismo de asentamiento, ganaron un nivel de sinergia mortal.

Sin embargo, la idea que resume todo lo acontencido es el enunciado «la guerra que no fue». El colonialismo, los episodios genocidas y las armas invisibles tuvieron un objetivo muy concreto, que fue someter a los pueblos nativos. Pero estos hechos necesitaban de una fundamentación que legitimara de forma clara por qué unos hombres venidos de otro continente, con una superioridad tecnológica y demográfica absoluta, tenían derecho a someter a poblaciones que vivían allí desde hacia siglos y, sobre todo, por qué estas no tenían derecho a evitar que algo así ocurriera. El sometimiento por la fuerza debía vestirse con una justificación que Washington denominó *guerra*.

Evidentemente, dentro de la definición de *guerra* encontramos elementos que se ajustan al enfrentamiento entre dos grupos humanos utilizando todos los recursos a su disposición para tratar de imponerse sobre el contrario. Estados Unidos utilizó a su ejército y los nativos a sus guerreros, lo que nos obliga a reconocer, desde un punto de vista estrictamente textual, que las llamadas guerras indias lo fueron. Ahora bien, la cuestión es que se pusieron en marcha mecanismos ajenos a este enfrentamiento como el colonialismo, el genocidio o las armas invisibles y que esto también podría valorarse como todo un sometimiento, en el que una fuerza muy superior arrasó, utilizando todos sus medios, a una fuerza menor que nunca tuvo posibilidades de evitar el fatídico desenlace. No obstante, algo que podría discutirse ampliamente deja de tener sentido cuando Estados Unidos procura el uso de todo su poder e influencia para mostrar la conquista del Oeste como una lucha militar y no como un sometimiento. Buscaban obtener su *casus belli*, su pretexto para ampliar el territorio a costa de las posesiones de los nativos americanos, y la guerra es algo que legitima a una nación a alcanzar sus fines. Exaltar la violencia y la resistencia de los amerindios, que al parecer impedían que las líneas de ferrocarril crecieran o que se fundaran nuevas ciudades que aportasen más riqueza al país, era una forma de elevar el común denominador de la opinión pública a su favor y la palabra *guerra* consiguió su propósito.

En este libro hemos comprobado cómo lo que en realidad fue un sometimiento obrado con todos los recursos disponibles se disfrazó de guerra, de una guerra que nunca fue tal.

Bibliografía

ADÁNEZ PAVÓN, Jesús, *Sociedad y Cultura de los indios de Norteamérica*, Madrid, Akal, 1991.

ALI, Tariq y STONE, Oliver, *La historia oculta de los Estados Unidos: Una conversación*, Madrid, Pasado & Presente, 2011.

ALONSO BAQUER, Mariano, *Españoles, Apaches y Comanches*, Madrid, Centro Geográfico del Ejército, 2016.

ANDERSON, Frank, *Chief Joseph and the Cypress Hills*, Saskatchewan, Humboldt Gopher Books, 1999.

ANDERSON, Fred, *Crucible of War: The Seven Years' War and the Fate of Empire in British North America, 1754-1766*, Londrés, Vintage, 2001.

ANDERSON, Gary, *Massacre in Minnesota: The Dakota War of 1862, the Most Violent Ethnic Conflict in American History*, Universidad de Oklahoma, 2019.

ASIMOV, Isaac, *Los Estados Unidos desde 1816 hasta la Guerra Civil*, Madrid, Colección de Historia Universal, 2000.

BEARD, Charles, y BEARD, Mary, *History of the United States*, Nueva York, McMillan, 1921.

BOETA, José, *Bernardo de Gálvez*, Madrid, Publicaciones españolas, 1976.

BORRIE, William, *The growth and control of World Population*, Londres, Weindenfedl and Nicolson, 1970.

BOSCH, Aurora, *Historia de Estados Unidos, 1776-1945*, Barcelona, Crítica, 2005.

BOTELLA ORDINAS, Eva, «Olvidar a John Locke: invasión de América, colonización de España e invasión de Inglaterra», en *Magallánica. Revista de Historia Moderna*, julio-diciembre de 2015.

BROWN, Dee, *Enterrad mi corazón en Wounded Knee*, Madrid, Bruguera 1973.

BROWNE, John Ross, *Indians of California*, Nueva York, Colt, 1944.

BUECKER, Thomas, *Fort Robinson and the American West, 1874-1899*, Universidad de Oklahoma, 2003.

CALLOWAY, Colin, «Los nativos americanos en la guerra Franco-India», *Desperta Ferro*, núm. 34, pp. 14-20, 2018.

CALLOWAY, Colin, *First People: A Documentary Survey of American Indian History*, Nueva York, Bedford/St. Martin's, 2012

CARLEY, Kenneth, *The Dakota War of 1862: Minnesota's Other Civil War*, St. Paul, Sociedad Histórica de Minnesota, 1976.

CHARNAY, Désiré, *Les anciennes villes du Nouveau monde: voyages* d'explorations au Mexique et dans l'Amérique Centrale, Paris, Hachette et cie, 1885.

CHARTRAND, René, French Fortresses in North America 1535-1763: Québec, Montréal, Louisbourg and New Orleans, Oxford, Osprey Publishing, 2005.

CHIPMAN, Donald, Spanish Texas, 1519-1821, Austin, Universidad de Texas, 1992.

CHURCHILL, Winston, A History of the English-Speaking Peoples, Londres, Dodd Mead, 1983.

CLODFELTER, Michael, The Dakota War: The United States Army Versus the Sioux, 1862-1865, Jefferson, Londres, McFarland & Co., 1998.

COTHRAN, Boyd, Remembering the Modoc War: Redemptive violence and the making of American innocence, UNC Press Books, 2014.

COZZENS, Peter: La tierra llora. La amarga historia de las guerras indias por la conquista del Oeste, Madrid, Desperta Ferro, 2016.

COZZENS, Peter, Tecumseh y el profeta. Los hermanos Shawnee que desafiaron a Estados Unidos, Madrid, Desperta Ferro, 2021.

COOK, Sherbune, «The signicance of disease in the extinction of the New England Indians», Human Biology, 45 (1973).

CREMONY, John, Life among the apaches, Carlisle, Applewood Books, 2010.

CRUZ, Alberto, Pueblos originarios en América. Guía introductoria de su situación, Pamplona, Aldea, 2010.

DARWIN, Charles y RUSSELL, Alfred, La teoría de la evolución de las especies, Barcelona, Crítica, 2006.

DÁVILA, Carlos, Nosotros los de las Américas, Santiago de Chile, Editora del Pacífico, 1950.

DEGLER, C. N, Historia de Estados Unidos, Barcelona, Ariel, 1986.

DENEVAN, William, The native population of the Americas in 1492, Wisconsin, Madison, 1976.

DE LA GUARDIA, Carmen, Historia de Estados Unidos, Madrid, Sílex, 2009.

DELORIA, Vine. Custer died for your sins: An Indian manifesto, Universidad de Oklahoma, 1988.

DOBYNS, Henry, «Estimating aboriginal American population: An appraisal of techniques with a new hemisphere estimate», Current Anthropology, 7, (1966).

DOEDEN, Matt, The battle of the Alamo, Houston, Capstone, 2006.

DOVAL, Gregorio, Breve historia de los indios norteamericanos, Madrid, Nowtilus, 2020.

DOVAL, Gregorio, Breve historia de la conquista del Oeste, Madrid, Nautilus, 2017.

DURAZO Herrmann, Francisco Julián, «México y la apachería», Estudios fronterizos, 2.3, 2001, pp. 91-105.

DURAND, John, «Historial estimates of world population: an evluation», Population and Development Review, 3, pp. 253-296.

DURBAN ORTIZ, Roxanne, La historia indígena de Estados Unidos, Madrid, Capitán Swing, 2015.

ELSON, Henry William, «Colonial New England Affairs: King Philip's War», en History of the United States of America. The MacMillan Company, Nueva York, 1904.

EWERS, John, «The influence of Epidemics on the Indian population and cultures or Texas», Plains Anthropologist, 18, 1973.

FERG, Alan y TESSMAN, Norm, The Mortal Remains of Ethnicity: Material Culture and Cultural Identity at Skeleton, Tucson, Cave, S.R.I Press, 1998.

FERNÁNDEZ-SHAW, Carlos, *Presencia española en los Estados Unidos*, Madrid, ICI, 1987.

FERRES, Joâo, «El concepto de América española en los Estados Unidos», *Instituto Universitario de Pesquisas de Río de Janeiro*, 2019.

FIELD, Ron, *US Infantry in the Indian Wars 1865-91*. Vol. 438, Nueva York, Osprey Publishing, 2007.

FIELD, Ron, *The Seminole Wars 1818-58*. Vol. 454, Londres, Osprey Publishing Company, 2009.

FOHLEN, Claude, *La América anglo-sajona de 1815 a nuestros días*, Barcelona, Nueva Clio, 1976.

FORCZYK, Robert, *Nez percé 1877: the last fight*, Oxford, Osprey Publishin, 2011

FOREMAN, Grant, *Indian Removal: The Emigration of the Five Civilized Tribes of Indians*, Universidad de Oklahoma, 1932.

GARCÍA RUÍZ, José Luis, «Las misiones españolas. San Antonio de Valera en Texas», *Laus Hispaniae. Revista de Historia de España, Especial Norteamérica*, 2022, pp. 46-55.

GARRIDO PALACIOS, José, «La presencia española en Alaska. El imperio español en el Pacífico», Laus Hispaniae. Revista de Historia de España, Especial Norteamérica, 2022, pp. 90-99.

GILLES, Havard, *Great Peace of Montreal of 1701: French-Native Diplomacy in the Seventeenth Century*, Montreal, Universidad McGill-Queens, 2001.

GRANT, Susan-Mary, Historia de los Estados Unidos de América, España, Ediciones Akal, 2016.

GRAYMONT, Barbara, *The Iroquois and Revolution*, Nueva York, Syracuse, 1972.

GRENIER, John, *The First Way of War, American War Making of the Frontier, 1607-1814*, New York, Universidad de Cambridge, 2005.

GULLO, Marcelo, *Nada por lo que pedir perdón*, Barcelona, Espasa, 2022.

GULLO, Marcelo, *Madre Patria. Desmontando la leyenda negra desde Bartolomé de las Casas hasta el separatismo catalán*, Madrid, Espasa, 2021.

GUTIÉRREZ ESCUDERO, Antonio, «La colonización francesa en Norte-américa en el siglo XVII», en Navarro García, Luis, *Historia Gde las Américas*, Sevilla, Universidad, 1991.

GWYNEE, C.S., *El imperio de la Luna de Agosto. Auge y caída de los comanches*, Madrid, Turner, 2011.

HAMALAINEN, Pekka, *El Imperio comanche*, Madrid, Península, 2011.

HAWK, Black, *Black Hawk: An Autobiography*, Vol. 19, Universidad de Illinois, 1964.

HILTZIK, Michael, *Imperios de hierro: barones ladrones, ferrocarriles y la creación de la América moderna*, Nueva York, Houghton Mifflin Harcourt Publishing Company, 2020

HÖFFNER, Joseph, *La ética colonial española del Siglo de Oro*, Madrid, Ediciones de Cultura Hispánica, 1957.

HOLLIDAY, J. S y Swain, William, *The World Rushed in: The California Gold Rush Experience*, Universidad de Oklahoma, 2002.

HOOK, Jason y HOOK, Richard, *The American plains Indians*. Vol. 163, Londres, Osprey Publishing, 1985.

HOOK, Jason, *The Apaches*, Men at Arms 186, Londres, Osprey Publishing, 1987.

HOOK, Jason, *Warriors at the Little Bighorn 1876*, Londres, Osprey Publishing, 2012.

HOOK, Richard y JOHNSON, Michael, G, *American Woodland Indians*, Londres, Osprey Publishing, 1990.

HUGUET, Monserrat, «El determinismo tecnológico», *Claves de Razón Práctica*, 2003, pp. 40-46.

HUGUET, Montserrat, *Breve Historia de la Guerra Civil de los EEUU*, Madrid, Nowtilus, 2015.

HUGUET, Montserrat, *Estados Unidos en secesión: De la comunidad de americanos a la sociedad estadounidense*, Madrid, Editorial Universidad de Alcalá, 2016.

HUNTINGTON, Samuel, *¿Quiénes somos?*, Buenos Aires, Paidós, 2004

HUTCHINSON, William Henry, *California; Two Centuries of Man, Land, and Growth in the Golden State*, American West Publishing Company, 1969.

JENNINGS, Francis, *The invasion of America: Indians, colonialism and the cant of conquest*, Carolina del Norte, Chapel Hill, 1975.

JOHNSON, Michael, G., *North American Indian tribes of the great lakes*, Londres, Osprey Publishing, 1993.

JOHNSON, Michael y HOOK, Richard, *American Indian of the Southeast*, Men at Arms 288, Londres, Osprey Publishing, 1995.

JOHNSON, Michael y HOOK, Richard, *Tribes of the Iroquois Confederacy*, Men at Arms 395, Londres, Osprey Publishing, 2003.

JOHNSON, Michael y HOOK, Richard, *American Indian tribes of the Southwest*, Londres, Osprey Publishing, 2013.

JOHNSON, Michael y SMITH, Johnattan, *The tribes of the Sioux Nation*, Men at arms 344, Wellingborough, Osprey Publishing, 2000.

JOHNSON, Michael y HOOK, Richard, *American Woodland Indians*, Men at Arms 228, Londres, Osprey Publishing, 1990.

JOHNSON, Paul, *Estados Unidos. La Historia*, Buenos Aires, Ediciones B, 2002

JOHNSON, Troy, *The occupation of Alcatraz Island: Indian self-determination and the rise of Indian activism*, Universidad de Illinois, 1996.

KATCHER, Philip y VOLSTAD, Ron, *US Calvary on the plains, 1850-1890*, Men at Arms 168, Londres, Osprey Publishing, 1985.

KAWAGLEY, Angayuqaq, «Mi lugar, mi identidad», *Pueblos indígenas de hoy*, *EJournalUSA*, 14, 6, 2009, pp. 10-11.

KOCHAN, James y RICKMAN, David, *The United States Army 1783-1811*, Men at Arms 352, Londres, Osprey Publising, 2001.

LIBERTY, Margot, «Population trends among present-day Omaha Indians», *Plains Anthropologist*, 20 (1975).

LINDSAY, Brendan, *Murder State: California's Native American Genocide 1846-1873*, Universidad de Nebraska, 2012.

LÓPEZ FERNÁNDEZ, José Antonio, *Las guerras indias de Norteamérica, 1513-1794. La expansión europea y la resistencia de los pueblos indios*, Zaragoza, HRM Ediciones, 2021.

LÓPEZ FERNÁNDEZ, José Antonio, *Las guerras indias en Norteamérica, 1811-1891. La ofensiva estadounidense*, Zaragoza, HRM Ediciones, 2021.

LÓPEZ SANTOLINO, Alfredo, *Permanencia cultural de España en Nueva Orleans*, Nueva Orleans, Sociedad Española, 2008.

LOSURDO, Domenico, *Contrahistoria del liberalismo*, Barcelona, El Viejo Topo, 2005.

MADLEY, Benjamin, *An American Genocide: The United States and the California Indian Catastrophe, 1846–1873*, Universidad de Yale, 2016.

MALDWYN A. Jones, *Historia de Estados Unidos (1607-1992)*, Madrid, Cátedra, 2001.

MANCHACA, Martha, *Recovering History, Constructing Race: The Indian, Black, and White Roots of Mexican Americans*, Austin, Universidad de Texas, 2001

MAURIS, Andre, *Historia de los Estados Unidos*, Barcelona, Surco, 1957.

MCRORY, Stanley, *Lord Loudoun in North America*, New Haven, Universidad de Yale, 1993.

MICHINO, Gregory, *Encyclopedia of indian wars. Western battles and skirmishes*, 1850-1890, Missoula, Mountain Press, 2015.

MILLÁN, Mariano, «La revolución militar norteamericana (1861-1865)», *Huellas de Estados Unidos, Estudios y Debates desde América Latina*, 2015 pp. 6-27.

MONGE Fernando, «Un largo camino de lágrimas: La política india de los Estados Unidos de América», *Revista de Indias*, 217, 1999.

MOONEY, James, «The abroginal population of America North of México», en SWATON, John (ed.), *Smithsonian miscelaneous Collections*, 80, 1928.

MOORE, William, *Guerras Indias de los Estados Unidos*, Madrid, Aldebarán, 1993.

MURO BENAYAS, César, «Apaches y comanches. La pacificación de Nuevo México», *Laus Hispaniae. Revista de Historia de España, Especial Norteamérica*, 2022, pp. 66-79.

NORTON, Jack, *Genocide in Northwestern California : when our worlds cried*, San Francisco, Indian Historian, 1979.

ORTEGA Y MEDINA, Juan, *La evangelización puritana en Norteamérica*, Ciudad de México, FCE, 1976.

PAZ TORRES, Margarita, «La tradición de los indios Lakota: sociedad y mitología» en Jiménez, María Dolores *et al*.lí, *Espacios míticos: historias verdaderas, historias literarias*, Publicaciones del Área de Teoría de la Literatura y Literatura Comparada de la Universidad de Alcalá, de la Universidad Nacional Autónoma de México (UNAM), y del Centro de Estudios Cervantinos, Madrid, 2014.

PECKHAM, Howard, *Pontiac and the Indian Uprising*, Universidad de Chicago, 1947.

PLANTE, Trevor (ed.), *Military Service Records at the National Archives*, Washington, 2009

RAWLS, James y ORSI, Richard (eds), *A Golden State: Mining and Economic Development in Gold Rush California*, Universidad de California, 1999.

REINFELD, Fred, *Pony Express*, Universidad de Nebraska, 1973.

REMOND, René, *Historia de los Estados Unidos*, Vol. 53, Madrid, Publicaciones Cruz O., SA, 2002.

RENDON LOZANO, Rubén, *Viva Tejas*, San Antonio, Alamo Press, 1985.

RESTALL, Mathew, *Los siete mitos de la conquista española*, Barcelona, Paidos, 2004.

ROCA, Carlos, *La auténtica historia de Las minas del rey Salomón*, Madrid, Nowtilus, 2010.

RODRÍGUEZ, Andrés, «Florida Hispanica y rehispanizada. Herencia española en el sudeste americano», *Laus Hispaniae. Revista de Historia de España, Especial Norteamérica*, 2022, pp. 100-111.

RUBY, Robert y John Arthur BROWN, *The Cayuse Indians: Imperial Tribesmen of Old Oregon*, Universidad de Oklahoma, 2005.

SÁNCHEZ, Luis Alberto, *Breve historia de América*, Buenos Aires, Losada 1965.

SCHULTZ, Jeffrey *et al.*, *Encyclopedia of Minorities in American Politics: Hispanic Americans and Native Americans*, Nueva York, Greenwood Publishing Group, 2000.

SCHWARTZ, Earl Albert, *The Rogue River Indian war and its aftermath, 1850-1980*, Universidad de Oklahoma, 1997.

SEBRELI, Juan José, *El asedio a la modernidad*, Buenos Aires, Sudamericana, 1965.

SELBY, John, *U.S. Cavalry*, Men at Arms, Londres, Osprey Publishing, 1972

SPUDE, Robert y TODD, Delyea, *Promontory Summit, May 10, 1869*, Cultural Resources Management, Intermountain Region, National Park Service, 2005.

STONE, Oliver y KUZNICK, Peter, *La historia silenciada de Estados Unidos: Una visión crítica de la política norteamericana del último siglo*, Madrid, La Esfera de los Libros, 2016.

TAIAIAKE, Alfred, *Wasase: Indigenous pathways of action and freedom*, University of Toronto Press, 2005.

THOMPSON, Gerald, *The Army and the Navajo: The Bosque Redondo Reservation Experiment 1863-1868*, Univ. de Arizona, Tucson, 1976.

THORNTON, Russell, *American Indian Holocaust and Survivial. A Population History since 1492*, Universidad de Oklahoma, 1990.

THORNTON, Russell, SANDEFUR, Gary y GRASMICK, Harold, *The urbanitation of American indians: a critical bibliography*, Bloomington, Universidad de Indiana, 1982, p. 14

TRIGGER, Bruce G. y WILCOMB E. Washburn (eds.), *The Cambridge history of the native peoples of the Americas, 1: North America (part 1)*, Universidad de Cambridge, 1996.

TUHIWAI SMITH, Linda, *A descolonizar las metodologías: investigación y pueblos indígenas*, Santiago, Chile, Lom Ediciones, 2016.

VON ADERKAS, Elizabeth, *American Indians of the Pacific Northwest*. Vol. 418, Londres, Osprey Publishing, 2005.

WEABER, Jace, «Las oscilaciones en la política indígena», *Pueblos indígenas de hoy*, ejournalUSA, 14, 6, 2009, pp. 16-18.

WISSLER, Clark, «Changes in population profiles among the northern plans Indians», *Anthropological papers of the American museum of natural history*, 26 (1936).

WHITE, Richard, *The Middle Ground: Indians, Empires, and Republics in the Great Lakes Region, 1650-1815*, Universidad de Cambridge, 1991.

WINGERD, Mary, North Country, *The Making of Minnesota*, Universidad de Minnesota, Minneapolis, 2010.

WOOD, Gordon, *La revolución norteamericana*, Barcelona, Mondarori, 2003.

ZINN, Howard, *La otra historia de los Estados Unidos*, Logroño, Pepitas de Calabaza, 2021.

Belloc, Hilaire, *Historia de Inglaterra desde los orígenes al siglo XX*, Buenos Aires, CS Ediciones, 2005.

— Tratado de Ryswick.
— Paz de Utretch.
— Tratado de París.
— Tratado de Fort Stanwix.
— Tratado de Greenville.
— Ley de Remoción India.
— Tratado con los Chocktaw de Dancing Rabbit Creek.
— Tratado de Nueva Echota.
— Tratado de Adams-Onís.
— Tratado de Payne's Landing.
— Tratado de Cahuenga.
— Tratado de Guadalupe Hidalgo.
— Tratado de Fort Laramie (1851).
— Tratado de Fort Laramie (1868).
— Tratado del Lago Klamath (1864).
— Tratado con las bandas siux Mdewakanton y Wahpakoota (1851).
— Tratado con las bandas siux dakota Sisseton y Wahpeton (1851).
— Tratado de 1849, entre Estados Unidos y la tribu Navajo.
— Tratado Nez percé con Estados Unidos de 1855.
— Tratado de Estados Unidos con los Nez percé en 1863.
— Ley Dawes, 1887.
— Report on Indian Taxes and Indian not Taxes, Departamento del Interior, Census Office, Washington, 1894.